普通高等教育应用创新系列教材

大学生
职业生涯发展实践指导教程

◎ 李静 蒋芳 李霞 主编

科学出版社

北京

内 容 简 介

本书以追求幸福人生——职业生涯的成功为主旨,通过系统介绍职业生涯规划的基本理论和具体实施步骤,引导学生在探索职业环境、认识自我的优势与劣势的过程中,学会决策的方法,学会调整自我,适应环境,建立个人品牌,保持个人品牌特色。本书以笔者身边优秀的学生、劳模、学生作品等为案例,深入浅出地阐明理论,层层推进;引入职业生涯咨询辅导的技术,让学生在体验中学会思考;给予学生具体方法,促进学生制订职业生涯规划的行动。

本书可作为在校大学生的学生用书,职业生涯规划与就业指导教师的教学用书,也可供社会人员自学参考。

图书在版编目(CIP)数据

大学生职业生涯发展实践指导教程/李静,蒋芳,李霞主编. —北京:科学出版社,2023.6

普通高等教育应用创新系列教材
ISBN 978-7-03-075527-8

Ⅰ. ①大… Ⅱ. ①李… ②蒋… ③李… Ⅲ. ①大学生-职业选择-教材 Ⅳ. ①G647.38

中国版本图书馆 CIP 数据核字(2023)第 083415 号

责任编辑:王京苏　刘巧巧/责任校对:姜丽策
责任印制:霍　兵/封面设计:有道设计

科 学 出 版 社 出版
北京东黄城根北街 16 号
邮政编码:100717
http://www.sciencep.com

三河市宏图印务有限公司印刷
科学出版社发行　各地新华书店经销

*

2023 年 6 月第 一 版　开本:787×1092　1/16
2025 年 8 月第十一次印刷　印张:19 1/4
字数:453 000

定价:38.50 元
(如有印装质量问题,我社负责调换)

编 委 会

主　编： 李　静　蒋　芳　李　霞

副主编： 高　薇　陈瑞平　李艳琼
　　　　　谭　姝　葛　娟

参　编： 王远霞　李忠岘　邓月婷
　　　　　陆俊汕　杨　飞

前　言

党的二十大报告提出："实施就业优先战略。就业是最基本的民生。强化就业优先政策，健全就业促进机制，促进高质量充分就业。"高校承担着培养德才兼备、德智体美劳全面发展，堪当民族复兴大任的建设者和接班人的重任，解决"人到哪里去"（人岗匹配）是高校职业生涯发展教育的核心使命之一。职业生涯规划是否合理将直接影响每一位大学生的未来前程。

本教材以追求幸福人生——职业生涯的成功为主旨，从生涯发展和适应的视角构建教材框架。本教材共包含八个项目。项目一是唤醒生涯规划意识，项目二是探索职业环境，项目三是探索自我，项目四是调适人职冲突，项目五是确立职业目标，项目六是绘制生涯路线图，项目七是管理职业生涯，项目八是打造个人职业品牌，项目九是搭建职业生涯发展平台。本教材在学生是自己生涯的设计者、建构者的教学理念引导下，以促进学生的思考和行动为落脚点，每个项目下设有学习目标、生涯名言、生涯困惑、思维导图、基本理论与知识、体验活动与生涯行动、学习总结、推荐阅读/观看等模块。

本教材具有以下特点：①注重价值引领，将"小我"融入"大我"，人生价值的实现贯穿始终。②注重操作性，从学生的实际情况出发，针对不同的理论知识，设计不同主题的体验活动，活动形式灵活，操作简单，便于师生互动。③突出校本化。本教材选用云南国土资源职业学院的名师、优秀学生的简历和规划作品等案例，具有一定的示范性。④具有一定的可读性。拓展阅读、推荐阅读/观看有利于开阔学生的视野。

本教材从学生实际情况出发，针对不同的理论知识，设计了相关的体验活动。活动形式灵活，操作简单，有利于教师采用灵活的授课形式，有助于师生间的互动，能够有效激发学生的学习兴趣，达到较好的课堂效果。每个任务后的生涯行动意在强化学生的行动力和执行力，促使学生有所感悟，有所行动。

本教材由云南国土资源职业学院多年从事职业生涯规划指导工作的教师共同编写，由李静、蒋芳、李霞担任主编，高薇、陈瑞平、李艳琼、谭姝、葛娟担任副主编。其中，李艳琼负责项目一的编写，谭姝、葛娟负责项目二的编写，李霞、陈瑞平负责项目三的编写，蒋芳负责项目四的编写，高薇负责项目五的编写，李静负责项目六、七、八、九的编写。参加编写的人员还有王远霞、李忠岘、邓月婷、陆俊汕、杨飞。最后，本教材由李静、蒋芳、李霞统稿。

本教材在编写过程中，参考了许多同类教材和文献资料，汲取了其中的许多精髓，同时还借鉴了一些专家学者的理论和观点，也得到了广大师生的支持和帮助，在此表示衷心的感谢！

  由于编写水平有限，本教材难免有疏漏和不足之处，真诚地欢迎广大读者提出宝贵建议与意见，以便我们更好地修订与完善本教材。

编 者
2023 年 3 月

目　录

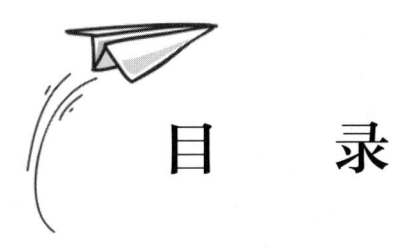

前言
项目一　唤醒生涯规划意识 ··· 1
　　学习目标 ·· 1
　　生涯名言 ·· 1
　　生涯困惑 ·· 1
　　思维导图 ·· 2
　　任务一　解锁幸福人生的核心密码——成功的职业生涯 ········· 3
　　任务二　解密求职过程的顺畅通达——成功的学涯规划 ········ 13
　　任务三　解答复兴伟业的考问——生涯实践的落脚点 ··········· 19
　　学习总结 ··· 26
　　推荐阅读 ··· 26

项目二　探索职业环境 ·· 27
　　学习目标 ··· 27
　　生涯名言 ··· 27
　　生涯困惑 ··· 27
　　思维导图 ··· 28
　　任务一　探索飞翔的起点——专业对应的职业群 ················· 29
　　任务二　探索职场通行证——职业资格制度 ······················· 38
　　任务三　探索职业内情——差异化的职业素养要求 ·············· 45
　　任务四　探索职业"星空"——职业道德要求 ····················· 53
　　任务五　探索行业"风口"——形势与政策分析 ·················· 64
　　学习总结 ··· 74
　　推荐阅读 ··· 75

项目三　探索自我 ·· 76
　　学习目标 ··· 76
　　生涯名言 ··· 76
　　生涯困惑 ··· 76

思维导图 ·· 77
　　任务一　认识自我 ·· 78
　　任务二　本色工作——探索职业性格 ··· 83
　　任务三　快乐工作——探索职业兴趣 ··· 94
　　任务四　高效工作——探索职业能力 ··· 111
　　任务五　坚定工作——探索职业价值观 ·· 123
　　任务六　调适自我内在冲突 ··· 133
　　学习总结 ·· 136
　　推荐阅读 ·· 136

项目四　调适人职冲突 ·· 137
　　学习目标 ·· 137
　　生涯名言 ·· 137
　　生涯困惑 ·· 137
　　思维导图 ·· 138
　　任务一　认识人职冲突 ··· 139
　　任务二　"演技"高超——调适兴趣与性格的冲突 ························· 143
　　任务三　自得其乐——调适兴趣与职业的冲突 ······························ 149
　　任务四　活在当下——调适价值观与职业的冲突 ·························· 157
　　任务五　积极进取——调适能力与职业的冲突 ······························ 161
　　学习总结 ·· 163
　　推荐阅读 ·· 164

项目五　确立职业目标 ·· 165
　　学习目标 ·· 165
　　生涯名言 ·· 165
　　生涯困惑 ·· 165
　　思维导图 ·· 166
　　任务一　应用职业决策模型 ··· 167
　　任务二　理性最优解——生涯决策平衡单 ···································· 180
　　任务三　助力目标实现——SWOT 分析法 ···································· 184
　　任务四　打破非理性的信念 ··· 188
　　学习总结 ·· 192
　　推荐阅读 ·· 192

项目六　绘制生涯路线图 ··· 193
　　学习目标 ·· 193
　　生涯名言 ·· 193
　　生涯困惑 ·· 193
　　思维导图 ·· 194

任务一　绘制学涯路线图 ………………………………………………… 195
　　任务二　绘制职业生涯路线图 …………………………………………… 206
　　学习总结 ……………………………………………………………………… 211
　　推荐阅读 ……………………………………………………………………… 211

项目七　管理职业生涯 ………………………………………………………… 212
　　学习目标 ……………………………………………………………………… 212
　　生涯名言 ……………………………………………………………………… 212
　　生涯困惑 ……………………………………………………………………… 212
　　思维导图 ……………………………………………………………………… 213
　　任务一　评价自己的职业生涯规划 ……………………………………… 214
　　任务二　评估并调整职业生涯规划 ……………………………………… 219
　　任务三　设计个人职业生涯规划书 ……………………………………… 224
　　学习总结 ……………………………………………………………………… 228
　　推荐阅读 ……………………………………………………………………… 228

项目八　打造个人职业品牌 …………………………………………………… 229
　　学习目标 ……………………………………………………………………… 229
　　生涯名言 ……………………………………………………………………… 229
　　生涯困惑 ……………………………………………………………………… 229
　　思维导图 ……………………………………………………………………… 230
　　任务一　解读个人职业品牌 ……………………………………………… 231
　　任务二　定位个人职业品牌 ……………………………………………… 235
　　任务三　包装个人职业品牌 ……………………………………………… 238
　　任务四　推广个人职业品牌 ……………………………………………… 243
　　学习总结 ……………………………………………………………………… 246
　　推荐阅读 ……………………………………………………………………… 246

项目九　搭建职业生涯发展平台 ……………………………………………… 247
　　学习目标 ……………………………………………………………………… 247
　　生涯名言 ……………………………………………………………………… 247
　　生涯困惑 ……………………………………………………………………… 247
　　思维导图 ……………………………………………………………………… 248
　　任务一　求职洞悉，确定意向 …………………………………………… 249
　　任务二　求职增效，精修简历 …………………………………………… 256
　　任务三　求职练兵，模拟面试 …………………………………………… 264
　　任务四　求职制胜，稳定心态 …………………………………………… 273
　　任务五　求职无忧，维护权益 …………………………………………… 281
　　学习总结 ……………………………………………………………………… 290
　　推荐阅读/观看 …………………………………………………………… 291

参考文献 ……………………………………………………………………………………… 292

附录 …………………………………………………………………………………………… 293

    附录一　云南国土资源职业学院职业生涯规划书案例 …………………………… 293

    附录二　职业世界说明书 ………………………………………………………… 293

    附录三　首届全国职业生涯规划大赛评分标准 …………………………………… 294

项目一　唤醒生涯规划意识

学习目标

知识目标：理解什么是成功的职业生涯；了解职业生涯规划的概念、流程及理论；了解大学的含义与意义，大学生涯的发展任务；了解平衡轮及生涯九宫格的内容及作用。

能力目标：能利用生涯彩虹图分析自己的生涯阶段、生涯角色和生涯任务；能根据简历的基本框架，设计自己的未来简历；能够利用生涯九宫格及平衡轮进行大学生活的规划。

素质目标：能够对自己的现在和未来进行积极的思考，探索人生的理想与目标；调整好心态，树立大学生的角色意识；构建科学的生涯规划，将个人发展与国家复兴伟业相融合。

生涯名言

一个人若是看不到未来，就掌握不了现在；一个人若是掌握不了现在，就看不到未来。

——金树人

生涯困惑

小静是某高职院校建筑工程专业的大一新生，来自普通农村家庭。她很想通过接受高等教育，来改善自己的处境，改变自己的人生。来到大学之后，小静发觉自己不知从何下手。"我以为这个专业会教给我快速赚钱的方法，但是每天上课的内容比高中还枯燥。高中的时候，我想着上大学就好了，但是来到大学之后，反而不知道该怎么办了。"小静每时每刻都想改变处境，却不自觉地将时间一分一秒地消耗在玩手机和胡思乱想中。"想要改变处境，我该从哪里开始呢？"小静发出了自己的疑问。

思维导图

项目一 唤醒生涯规划意识

- 学习目标
- 生涯名言
- 生涯困惑
- **任务一 解锁幸福人生的核心密码——成功的职业生涯**
  - 【案例导入】彭明兴老师的职业生涯
  - 【知识链接】一、有价值的人生　二、成功的职业生涯
  - 【体验活动】绘制"生命线"——打开人生的画卷
  - 【知识链接】一、生涯、职业生涯、职业生涯规划的概念
    二、职业生涯规划的流程
  - 【体验活动】绘制人生的彩虹图
  - 【知识链接】一、生涯彩虹图　二、舒伯的生涯发展理论
  - 【知识拓展】其他生涯理论
  - 【生涯行动】写下我的"个人宣言"
- **任务二 解密求职过程的顺畅通达——成功的学涯规划**
  - 【案例导入】小吴的蜕变之路
  - 【知识链接】一、大学的含义与意义
    二、学涯规划的含义与意义
  - 【知识拓展】高职大学生生涯发展任务
  - 【体验活动】模拟求职现场：我们凭什么用你？
  - 【知识拓展】人-职匹配理论
  - 【体验活动】优中选优
  - 【知识链接】认识简历
  - 【生涯行动】设计个人的未来简历
- **任务三 解答复兴伟业的考问——生涯实践的落脚点**
  - 【体验活动】绘制平衡轮
  - 【知识链接】平衡轮介绍
  - 【体验活动】制作圆满大学九宫格
  - 【知识链接】一、生涯九宫格助力大学生全面成长
    二、将个人发展融入复兴伟业
  - 【体验活动】时间到哪里？——时间馅饼图
  - 【知识链接】时间管理
  - 【生涯行动】制订本学期规划
- 学习总结
- 推荐阅读

任务一　解锁幸福人生的核心密码——成功的职业生涯

案例导入　彭明兴老师的职业生涯[①]

彭明兴，男，湖北武穴人，本科学历，正高级工程师。现任云南国土资源职业学院建设工程学院院长。1986~1990年，中专就读于昆明地质学校地质调查与找矿专业；2003~2008年，本科就读于长安大学资源勘查工程专业。

1990年7月，主动要求支援边疆，到地质矿产部新疆地质矿产局第一地质大队工作；1991年，参加新疆伊宁市勘探项目；1992年至1997年6月，参加了7幅图的1∶5万区域地质矿产调查工作；1997年7月至2000年，承担阿尔金两个国土资源大调查项目和两个新疆维吾尔自治区地质矿产勘查开发局管矿产普查项目；2001年至2004年3月，任分队长、技术负责，承担国土资源大调查项目、矿产普查项目；2005~2010年，任大队副总工程师，兼项目经理、技术负责，承担国土资源大调查、新疆维吾尔自治区地勘基金项目；2010年至2013年3月，任大队副总工程师，负责3个分队及物化探大队实验室的技术管理工作。2013年4月至2018年3月，任云南宏昆矿业有限公司总工程师、云南地矿总公司（集团）第三勘查院总工程师；2018年4月至今，担任云南国土资源职业学院建设工程学院院长。2006年破格获高级工程师职称，2011年获正高级工程师职称。

彭明兴老师先后荣获新疆维吾尔自治区先进生产者、中国地质学会"第一届野外青年地质贡献奖——金罗盘奖"、新疆维吾尔自治区"开发建设新疆奖章"、新疆维吾尔自治区青年岗位能手、新疆维吾尔自治区科技进步奖二等奖、中国地质调查成果奖二等奖、新疆"358"项目二等奖、新疆维吾尔自治区地质矿产勘查开发局优秀党员等多项荣誉称号。曾荣任新疆维吾尔自治区党委直属机关工作委员会党代会党代表、云南省矿产资源储量评审事中事后监督检查专家、云南省区域地质调查专家、2020年云南省绿色矿山建设评估专家库专家、云南省矿产资源储量评审专家、云南省住房和城乡建设职业教育教学指导委员会主任委员。

如今，彭明兴劳模创新工作室已成立。彭明兴老师将发挥劳模业务专长、技术优势和创新创造能力，大力开展技术攻关，不断提高学校的自主创新能力，争取更大的成绩，为推动学校的高质量发展做出新的更大贡献。

思考：彭明兴老师是用什么来实现他生命的价值的？

[①] 云南国土资源职业学院网络编辑部. 名师风采——省级先进生产者彭明兴正高级工程师. http://www.yngtxy.edu.cn/info/1084/5733.htm[2020-07-02].

> 知识链接

一、有价值的人生

人生价值由三部分组成：社会价值、自我价值以及人格价值。人的社会价值是个人对社会需求的满足。一个人对社会的贡献越大，他的社会价值就越高，即社会价值大小是由人对社会的贡献多少所决定的。一个人的人生有社会价值，即指人作为价值客体能满足他人、集体和社会的需要，对他人、集体和社会有一定的积极作用。

但我们在强调人生价值在于对社会的贡献时，绝不能忽视人的自我价值和人的人格价值。自我价值是个人对自身需求的满足。个人通过努力，满足自身的生理、物质和精神方面的需求，即自我贡献和自我尊重。人格价值是指社会对个人需求的满足，特指作为人的权利、地位和尊严，人格价值人人平等。实现人生价值就是实现自我价值、人格价值和社会价值的统一，缺少任何一环都不是完整的人生价值。在市场经济的现实生活中，一个人对社会的贡献越大，提高自我价值、获得人格价值的机会就越多。一个人的物质生活需求是有限的，而精神生活享受是无限的。只有立足于高层次需求，将自我实现与社会需要结合起来，才能创造人生的最大价值。

二、成功的职业生涯

每个人来到这个世界，都面临一个终生的问题，即人生要有价值，人生价值要由低一级水平不断地向高一级水平递进。在现代社会，职业在人生发展中起着越来越重要的作用，并且在人的生涯历程中占据了相当长的时光。所以，成功的职业生涯与有价值的人生有着重要的关系。

（一）什么是成功的职业生涯

职业成功是指一个人所累积起来的积极的与工作相关的成果或心理上的成就感。虽然人人都渴望获得职业上的成功，但是人们心目中的成功标准常常是不一样的。德尔提出了职业成功的五项度量标准，具体如下。

进步：动机来自对提高的需求，包括专业水平和组织层级阶段。

安全：在组织中有稳定的地位。

激励：受到工作性质和内容的激励。

自由：获得自主权的需要并受到建立自己的工作环境的激励。

平衡：获取非工作利益的平等和高价值。[①]

中国人民大学劳动人事学院周文霞教授提出了"基于中国情境的职业成功观"。"基于中国情境的职业成功观"是一个三因子的结构，三个因子是内在满足、外在报酬与和谐平衡。内在满足包括同行的认可、尊重、贡献、自由、技能等；外在报酬包括地位、金钱、权力等；和谐平衡是工作和家庭的平衡，身心健康等。[②]

---

① Del B C. Managing New Professionals: A Multi-career Success Guide for Contemporary Workers. San Francisco: Bath Press, 1986.

② 周文霞，白玛央吉，李育辉. 我国大学生职业成功观差异及其对择业倾向的影响. 中国人力资源开发，2009，26（11）：89-92.

（二）成功的职业生涯是解锁幸福人生的核心密码之一

"幸福"一词在《现代汉语词典（第 7 版）》中的解释是"使人心情舒畅的境遇和生活；（生活、境遇）称心如意"。成功的职业生涯往往能使人获得自我成就感、满足感、幸福感，能促进个人自觉提高自身素质，发挥自我潜能，做出更多有益的贡献。因此，成功的职业生涯是解锁幸福人生的核心密码之一。

> **小贴士**
>
> **成功的职业生涯类型**
>
> 根据国内外一些学者的研究，成功的职业生涯类型大致有以下四种，我们可以此作为自己在制订生涯规划时，把握自己走向成功职业生涯，获得幸福人生的参考。
>
> - 攀登型——敢于接受挑战，具有冒险精神，灵敏捕捉机会，实现职业生涯的螺旋式上升和自我完善过程。
> - 安全型——追求固定、安全的工作，受人尊重，成为"圈内人"，实现职业生涯的长期稳定。
> - 自由型——追求职业的自我控制，而非被动受制，实现职业生涯的多样性发展。
> - 进取型——追求职务或专业水平的权威性，实现职业生涯达到组织和系统的最高地位。

体验活动 绘制"生命线"——打开人生的画卷

要求：请学生们准备好一张白纸、一支铅笔，在白纸上画出图 1-1。

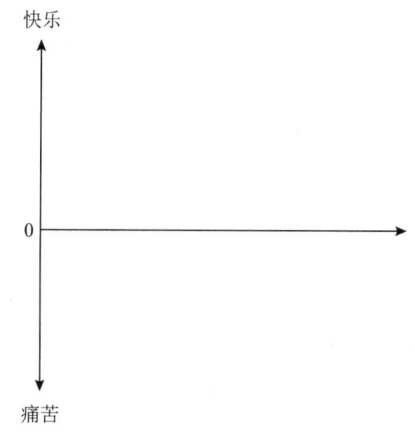

图 1-1 空白"生命线"

说明：

（1）横轴代表年龄。原点代表生命的起点 0 岁，终点代表自己预测的终寿。纵轴代表快乐或痛苦指数。

（2）填上现在的年龄和自己预测的终寿的年龄。

（3）回忆生命的过往中，对自己有重要影响或者最难忘的五个事件。

（4）标出未来最想做的三件事，或最想实现的目标。

（5）积极影响的事件画在横轴的上方，消极影响的事件画在横轴的下方。以横轴上的时间点为起点画射线，射线的长短代表对自己影响的大小。

思考：

（1）过去的事情在当时对你有什么影响？现在对这些事情的看法是什么？

（2）展望未来，你想成为一个什么样的人？

（3）现在的你，能为未来做些什么？

知识链接

一、生涯、职业生涯、职业生涯规划的概念

（一）生涯的概念

"生涯"一词最早出自《庄子·内篇·养生主》："吾生也有涯，而知也无涯。以有涯随无涯，殆已！已而为知者，殆而已矣！为善无近名，为恶无近刑，缘督以为经，可以保身，可以全生，可以养亲，可以尽年。"这里，"生"是指人生或生命，"涯"是指边界或界限。庄子的这句话道出了"生涯"的特性之一：人的生命是有限度的，即人生的长度是有极限的。

《现代汉语词典（第 7 版）》对"生涯"的解释是"指从事某种活动或职业的生活"，如军旅生涯、教师生涯。

美国著名的心理学家舒伯指出，"生涯"是指生活中各种事件的演进方向和历程，它统合了个人一生中各种职业和生活角色，由此表现出个人独特的自我发展形态。换言之，生涯是一个人一生中所从事的工作、所担任的职务、所扮演的角色的总和。

（二）职业生涯的概念

职业生涯是一个人一生的工作经历，特别是职业、工作待遇、职位的变动及工作理想实现的整个过程。职业生涯是人一生中重要的历程，人们从 20 岁左右参加工作，到 60 岁左右退出职场，职业生涯约占人生的 1/2，也是人生中精力最旺盛、创造力最强的时期。

（三）职业生涯规划的概念

职业生涯规划，也称职业生涯设计，是指在知己知彼的基础上确定自己的职业生涯发展方向、目标和路径，并采取有效行动去达成目标的过程。知己，指的是对自身条件

的充分认识和全面了解,包括认识自己的能力、兴趣、性格和价值观以及由此发展出的职业自我概念;知彼,是指对准备从事的职业及其行业需求趋势、相关组织等信息的有效掌握,包括社会环境、经济环境、组织环境、人力资源需求和晋升发展机会等。在了解自我的基础上确定适合自己的职业方向、目标,并制订相应的计划,可以有效避免就业的盲目性,降低就业挫折的可能性(图1-2)。

图 1-2 如何规划自己的职业方向?

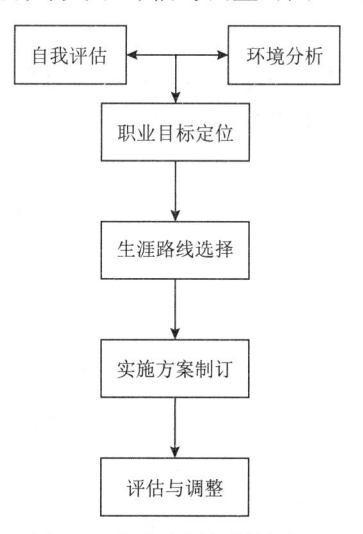

二、职业生涯规划的流程

职业生涯规划理论在我国兴起的时间不长,很多人没有真正接触过职业生涯规划,即使想做规划也不知道该如何进行。其实,职业生涯规划是可以遵循一定的流程和内容来操作的。一般职业生涯规划的制订分为六个步骤,即自我评估、环境分析、职业目标定位、生涯路线选择、实施方案制订、评估与调整(图1-3)。

图 1-3 职业生涯规划的流程

（一）自我评估

自我评估的目的是认识和了解自己，以便能做出正确的职业生涯规划和职业选择。自我评估的内容主要包括职业性格评估、职业兴趣评估、职业技能评估和职业价值观评估，是要弄清自己想干什么、能干什么等问题。

（二）环境分析

职业生涯规划要充分认识和了解相关的环境，评估环境因素对自己职业生涯发展的影响，分析环境的特点、发展变化情况，把握环境因素的优势与限制，了解本专业、行业的发展趋势等。

（三）职业目标定位

确立目标是制订职业生涯规划的关键。职业目标包括人生目标、长期目标、中期目标与短期目标，它们分别与人生规划、长期规划、中期规划和短期规划相对应。大学生可通过 SWOT 分析、生涯决策平衡单等方法定位自己的职业目标。

（四）生涯路线选择

生涯路线的选择要满足阶段性个人能力培育和积累的要求，要能最终满足目标职位所需具备的能力要求。在选择个人生涯路线时，可从三个方面考虑：①你希望朝哪一条路线发展，主要考虑自己的理想、动机，确定目标取向；②你适合朝哪一条路线发展，主要考虑自己的性格、兴趣、特长、技能、经历、学历等，确定能力取向；③你能够朝哪一条路线发展，主要考虑自身所处的职业环境，确定自己的机会取向。

（五）实施方案制订

生涯路线所确定的内容很大程度上是一些阶段性的目标，要实现这些阶段性目标，我们还应制订针对每一阶段的实施方案。实施方案的主要内容包括：学历提升计划，工作经验计划，结合个人生命周期、家庭周期和职业发展周期三者的综合计划。这些实施方法要有明确的内容、完成时间、达到的效果、需要做的资源准备等详细内容。

（六）评估与调整

职业生涯规划在实施过程中，会受到众多不断变化因素的影响，因此，职业生涯规划也不是一成不变的。为了使职业生涯规划更具有实际的指导意义，我们还要对规划进行评估和优化调整，并做出修订方案。修订的内容包括：职业的重新选择；生涯路线的选择；人生目标的修正；实施措施与计划的变更；等等。

体验活动　　绘制人生的彩虹图

我们一生中要扮演很多角色，每一种角色都诠释着不一样的内容。我们体会着作为学生徜徉在知识海洋的快乐，体会着作为子女被牵挂、关爱的幸福，体会着作为挚友携手并进的美好……未来我们也会体会职业生涯中的酸甜苦辣。现在，请同学们描绘出一幅自己的多重角色生涯彩虹图（图 1-4）。彩虹长度代表时间的长短，彩虹宽度代表投入精力的大小。把自己已经扮演或者正在扮演的角色年龄段用实线描下来；根据自己的期望，在相应的扇形涂色。幸福感、成就感越高的，用越暖的颜色，如红色、黄色等，反之用冷色，如蓝色、紫色等。看看自己的人生彩虹是否平衡、美好。

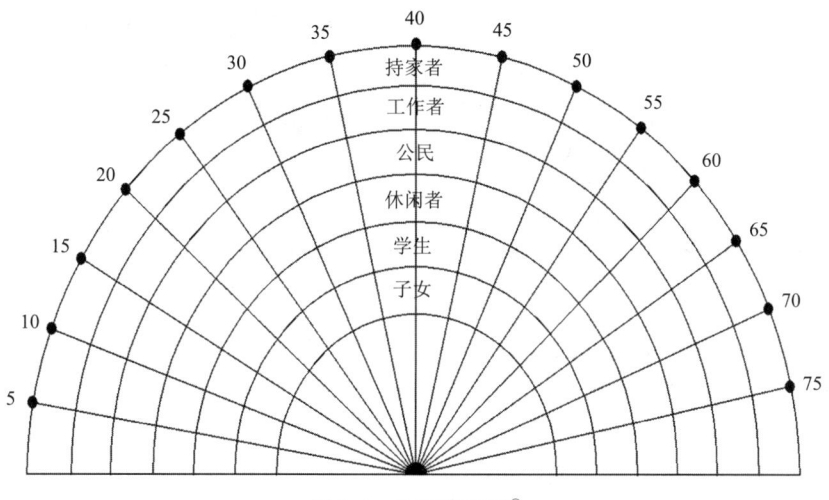

图 1-4　生涯彩虹图[①]

要求：
（1）先用铅笔勾画出每个角色的起止年龄。
（2）在每个角色的不同年龄阶段涂上阴影，阴影的面积代表该角色在此阶段投入时间和精力的多少。
（3）合理分配同一年龄阶段不同角色的阴影面积占比。
（4）标出自己现在的年龄，找出过去、现在、未来扮演的角色，并描述每一个角色的理想状态。

知识链接

一、生涯彩虹图

1976～1979 年，舒伯在英国进行了为期四年的跨文化研究，随后，他提出了一个更为广阔的新观念——生活广度、生活空间的生涯发展观。这个生涯发展观，除了原有的

[①] 顾剑. 大学生心理健康导读. 上海：立信会计出版社，2011.

生涯发展阶段理论之外，较为特殊的是舒伯加入了角色理论，并将生涯发展阶段与角色彼此间交互影响的状况，描绘成一个多重角色生涯发展的综合图形，舒伯将其命名为"生涯彩虹图"（图1-5）。

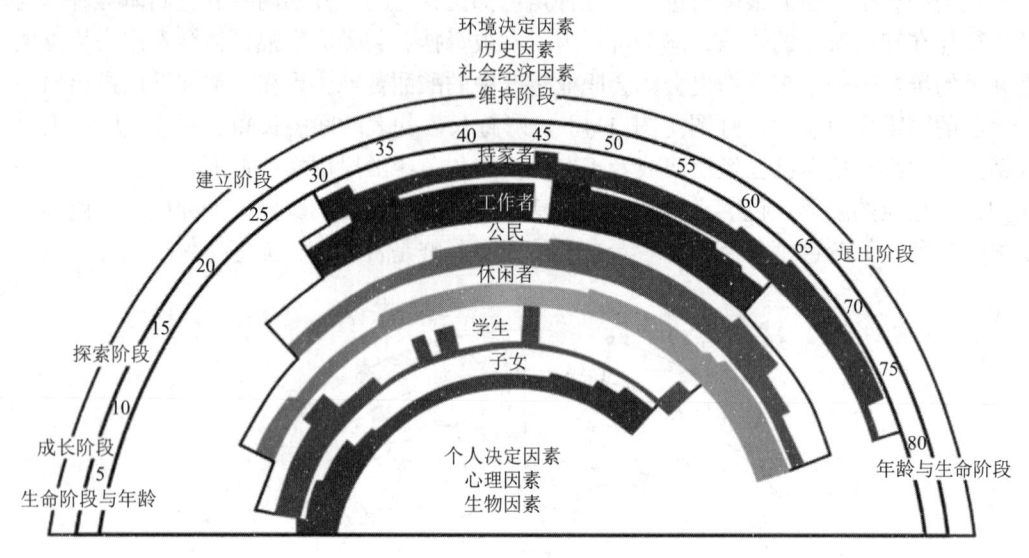

图 1-5　生涯彩虹图

在生涯彩虹图中，横向层面代表的是横跨一生的长度，纵向层面代表的是纵观上下的生活空间，由一组职位和角色所组成，分成子女、学生、休闲者、公民、工作者、持家者六个不同的角色，它们相互影响交织出个人独特的生涯类型。舒伯认为在个人发展历程中，随年龄的增长而扮演不同的角色，图的外圈为主要发展阶段，内圈部分长短不一，表示在该年龄阶段各种角色的分量；在同一年龄阶段可能同时扮演数种角色，因此彼此会有所重叠，但其所占比例分量则有所不同。对于大学生来说，对个人所扮演的主要角色和相应角色应有一个清晰的认识和合理的分配，兼顾主次、综合平衡、协调发展。

二、舒伯的生涯发展理论

舒伯经过长期的研究，提出了生涯发展理论。该理论的核心是"生涯发展形态研究"，他将生涯发展阶段划分为成长、探索、建立、维持与衰退五个阶段（表1-1）。

表 1-1　舒伯的生涯发展阶段

生涯发展阶段	年龄	主要任务
成长阶段	0～14岁	自我概念的形成阶段。儿童通过和客观世界互动增进对自己的了解，同时发展对工作的正确态度，并了解工作的意义
探索阶段	15～24岁	自我概念进一步明朗。青少年通过社会实践对职业世界进行初步探索，明确自己感兴趣的工作领域，最终实现职业偏好

续表

生涯发展阶段	年龄	主要任务
建立阶段	25~44岁	这一阶段人们开始在已经选择的工作领域建立自己的事业，获得职位上的晋升并固定下来
维持阶段	45~64岁	这一阶段人们的主要任务是维持并巩固上一阶段的成就和职位，应对后来者对自己的挑战
衰退阶段	65岁及以上	这一阶段人们受年龄限制，身体机能下降，职业生涯面临结束并开始退休生活

在上述舒伯的生涯发展阶段中，每一阶段都有一些特定的发展任务需要完成，每一阶段都须达到一定的发展水准或成就水准，而且前一阶段发展任务的达成与否关系到后一阶段的发展。在以后的研究岁月中，舒伯对发展任务的看法又向前跨了一步。他认为在人一生的职业生涯发展中各个阶段同样要面对成长、探索、建立、维持和衰退的问题，因而形成"成长—探索—建立—维持—衰退"的循环（表1-2）。

表1-2 循环式发展任务

生涯阶段	青年期（14~24岁）	成长期（25~44岁）	中年期（45~64岁）	老年期（65岁及以上）
成长期	发展适合的自我概念	学习与他人建立关系	接受自身的限制	发展非职业性的角色
探索期	从许多机会中学习	寻找心仪的工作	辨识新问题解决方法	寻找合适的退隐处所
建立期	在选定的领域中起步	投入所选定的工作	发展新的应用技能	追求未完成的梦想
维持期	确定目前所做的选择	致力维持工作的稳定	巩固自我防备竞争	维持生活乐趣
衰退期	减少休闲时间	减少体能活动时间	专注于必要的活动	减少工作时间

通过生涯发展理论，个体可以清楚地看到自己处在生涯发展的哪个阶段，因此，大学生在这一阶段一定要对自己进行充分探索，同时积累足够的社会实践经验，才能在毕业时顺利实现与职业的合理匹配。例如，一个大学一年级的新生，必须适应新的角色与学习环境，经过"成长"和"探索"，一旦"建立"了较固定的适应模式，同时"维持"了大学学习生活之后，就要开始面对另一个阶段——准备求职。原有的已经适应了的习惯会逐渐"衰退"，继而对新阶段的任务又要进行"成长""探索""建立""维持""衰退"，如此周而复始。

知识拓展　其他生涯理论

其他生涯理论还包括生涯建构理论、社会学习理论、明尼苏达工作适应理论等。

生涯行动 写下我的"个人宣言"

请用心思考你究竟想成为什么样的人。并庄严地写下对自己的承诺。

我想成为这样的人：

1. _____

2. _____

3. _____

年　月　日

任务二　解密求职过程的顺畅通达——成功的学涯规划

案例导入　小吴的蜕变之路

2016年，中专毕业的小吴考入云南国土资源职业学院地质灾害调查与防治专业，但他不甘心于专科学历，三年后，他成功考入本科院校昆明理工大学勘查技术与工程专业。目前，他就职于云南省地质工程第二勘察院有限公司技术发展中心。在专科就读期间，他很明白自己想要什么，该做什么，不该做什么。每个学期，他都认真完成各门课程的学习，曾获国家励志奖学金。他担任大学生记者团团长，院学生会副主席，带领团队出色地完成了各项任务，获校级优秀学生会干部称号。他积极参与学校的工学结合项目，并利用假期，主动让学长介绍兼职工作，曾参与过元谋天缘岩土工程勘察有限公司和昆明名基岩土工程勘测有限公司的部分项目。这些兼职经历，让他对职场、工作的内容、方法和环境有了更深的了解，感受到地质灾害防治工作的社会价值，他渐渐地爱上自己所学的专业。"守职而不废，处义而不回"是他最喜欢的一句话。

思考：背负学历之痛的小吴同学，是如何完成自我蜕变的？

知识链接

一、大学的含义与意义

（一）大学的含义

大学被称为"人类社会的动力站"，大学是一个民族文明教化的中心，更是一个对全球有影响力、说服力的文化平台。就大学的外显性而言，人们普遍认为大学之"大"在于：一是有"大家"，即思想解放、高瞻远瞩、勇于进取的大学领导；二是有"大师"，即德高望重、造诣精深、诲人不倦的教授专家；三是有"大业"，即环境幽雅、校舍充足、设施先进、图书资料丰富的办学资源；四是有"大度"，即囊括大典、网罗众家、学术自由的大学涵养；五是有"大雅"，即博学厚德、求真务实、崇尚文明、美化人生的大学氛围；六是有"大学生"，即风华正茂、与时俱进、全面发展的大学主体。大学承担着培养人才的任务，大学是倡导社会文明的先锋，大学要坚持以立德树人为根本，以理想信念教育为核心，培育和践行社会主义核心价值观，弘扬中华优秀传统文化和先进文化，培养学生的社会责任感、创新精神和实践能力。

（二）大学的意义

大学学习、生活的主要意义，在于以下几个方面。

（1）完善人格。一个人在受过大学教育后要知道，人追求的不应该仅仅是个人或者是个体家庭的幸福，还应该具有团结统一、爱好和平、勤劳勇敢、自强不息的精神；应当增强法治观念，遵守宪法、法律、法规，遵守公民道德规范，遵守学校管理制度，具有良好的道德品质和行为习惯；应当刻苦学习，勇于探索，热爱劳动，积极实践，努力掌握现代科学文化知识和专业技能；应当积极锻炼身体，增进身心健康，提高个人修养，培养审美情趣。

（2）规划人生。美国临床心理学家梅格·杰伊（Meg Jay）博士（《决定性的十年》一书的作者）说过："20～30岁个性的改变要比生命中其他十年的改变大得多，处在二十几岁的好处同时也是坏处就在于：你所做的每个决定都将改变你的余生。"大学是人生新的起点，选择开启大学生活的正确方式至关重要。

（3）学会学习。第一，应该学会自学。大学的学习方式不同于高中时期，课堂上不可能教会所有的东西，因此，大学学习要懂得追根溯源。学习能力的提升，才是大学学习的最大收获。第二，将终身学习理念转化为内在需求。大学阶段的结束不是学习的结束，而应该是又一个学习的开始。第三，有持之以恒的精神。子曰："譬如为山，未成一篑，止，吾止也。譬如平地，虽覆一篑，进，吾往也。"大学生在未来会面临重重考验，持之以恒的精神是应对未来工作和生活的利器。

（4）学会思维。大学学习，最主要的目的是提升理性思维。在快速发展的21世纪，创造性思维是提升职业胜任力和职业竞争力的重要因素。大学是开发创造性思维的最佳时机。大学生应积极参加各类实践活动，多读好书，做一个有思想的人，凡事都要问个"为什么"，不笃信权威，敢于挑战传统思想。

（5）独立思考。大学既是学习之地，也是筑梦之地。从高中进入大学，是从基础教育阶段向高等教育阶段迈进的过程。在大学期间，大学生要学会独立思考，切忌人云亦云，随波逐流。大学生既要学会如何学习，又要明白为什么学习，更要清楚如何学习、学什么。

大学生涯是大学生追求自我实现的重要阶段，大学生涯的成就将为自己未来职业生涯的成功奠定基础。因此，大学生应利用宝贵的大学时间，科学有效地进行职业生涯规划。

说一说

请说出你上大学的理由。

理由可能是：

1. 改变自己乃至家庭的命运。
2. 将来找一份好工作。
3. 提升自己的学历，获得一个好文凭。
4. 增长见识，增强信心。
5. 遇见更优秀的人。
6. 锻炼独立的能力。
7. 增添美好的人生回忆。
8. 提高品德修养。

……

二、学涯规划的含义与意义

（一）学涯规划的含义

学涯规划是"学业生涯规划"的简称，主要指的是学历教育阶段的学业生涯规划。换言之，就是学生通过解决学什么、怎么学、什么时候学等问题，以确保自身顺利完成学业，成功实现就业或开辟事业。

（二）学涯规划的意义

大学生进行学涯规划有以下四点意义。

一是能够帮助大学生明确大学阶段个人发展的主要方向，树立积极向上、乐观的态度，找准职业定位。

二是能够使大学生充分认识自己，积极发挥自身优势，找到职业成功的有效途径，把"我想做的"和"我能做的"创造性地结合起来，发掘自身潜力，增强个人实力，提高核心竞争力。

三是为成为"职业人"做准备，提升就业竞争力。古语有云："凡事预则立，不预则废。"现在，没有提早做好职业生涯规划，临到毕业拿着简历到处跑或是在网上"海投"碰运气的大学生不在少数。学涯规划能够帮助大学生集中时间与精力尽早做准备，并为实现职业目标付诸行动，在众多的竞争者中脱颖而出。

四是有助于大学生实现人生目标，收获有意义的人生，实现全面和谐发展。通过各个短期目标的实现，激发大学生为实现人生目标不断进取。

知识拓展　高职大学生生涯发展任务

高职大学生生涯发展任务详见表1-3。

表1-3　高职大学生生涯发展任务

阶段	目标	主要任务	完成任务的途径
大一	适应大学学习生活，了解自己的专业及就业前景	①了解本专业的学习内容、学习要求和就业情况；②转变角色、掌握方法，投入专业学习；③参加学校活动，丰富课余生活；④学习计算机、英语等技能	①与院系老师、学长进行交流；②选修与职业生涯发展相关的通识课程，尝试规划自己的校园生活；③有选择地参加社团活动；④利用院系资源了解本专业情况；⑤利用假期或课余时间做兼职
大二	掌握专业知识、操作技能，提高综合素质	①学习专业知识，并具备一定的应用能力；②锻炼自己的组织、协调、沟通、应变等各种能力；③在实践锻炼中，提高自己的责任感、耐性和对挫折的承受力；④提高英语口语、计算机能力；⑤学有余力的学生，可考虑学习与所学专业、自身兴趣或是择业方向有关的知识	①参加学生会、社团，或兼职、社会实践等活动；②利用选修课或网络课程等多种途径，扩大自己的知识面；③通过学校提供的实习信息，组织的实习招聘会，了解实习的有关事项，利用假期进行实习

续表

阶段	目标	主要任务	完成任务的途径
大三	对毕业去向有所计划,落实毕业去向,圆满完成学业	①取得一定的学习成果;②考虑毕业去向,如就业、创业、升本、参军等,制订计划,并行动	①做好就业去向的选择;②参加与未来职业领域相关的实践锻炼,完成目标更为明确的实习;③学习并强化求职技巧;④了解搜集工作信息的渠道,当年的就业政策,筛选招聘信息,寻找目标;⑤积极参加求职,不断提高就业竞争力

体验活动　模拟求职现场:我们凭什么用你?

查阅招聘网站,找一则自己喜欢的工作岗位招聘信息。假设你现在正在这家公司面试,请用心回答一个问题:"请说出至少三点该公司非用你不可的理由。"这个问题决定你是脱颖而出还是被淹没在招聘的洪流中。

软件技术专业的小明给出的三个理由是:

理由1　我可以利用C语言帮公司开发或者完善客户系统,让检索更简单。

理由2　我是一个学习能力很强的人,我曾用两个月的时间学习一门外语,并能进行日常交流。

理由3　这个工作是我喜欢的,我会全身心地投入,为公司取得更大的成果。

知识拓展　人-职匹配理论

大学生无论是在写简历时还是在求职中,都需要遵守人-职匹配的原则。用人单位在衡量一个毕业生是否符合他们岗位用人需求时,也会考虑求职者与岗位用人需求是否匹配。这里都用到了一个理论,即人-职匹配理论。人-职匹配理论是关于人的个性特征与职业性质一致的理论,是现代人才测评的理论基础。人-职匹配有两大理论,分别是弗兰克·帕森斯的特质因素理论、约翰·霍兰德的职业兴趣理论。

（一）弗兰克·帕森斯的特质因素理论

美国波士顿大学教授弗兰克·帕森斯（Frank Parsons）根据自己多年的研究,在1909年提出特质因素理论。所谓"特质"是指个体的性格、价值观、社会兴趣、行为偏好等,可以通过特定的检测工具进行检测并进行评估。所谓"因素"是指个体在社会工作中为实现事业成功而必须形成的有利条件,可以通过对不同行业的工作模式加以论证得出结果。

帕森斯认为,每个人都有属于自己的独特的人格模式,每种人格模式都能找到与之相适应的职业。根据特质和因素,帕森斯认为可通过三步进行职业选择（图1-6）。

```
第一步  →  第二步  →  第三步
```

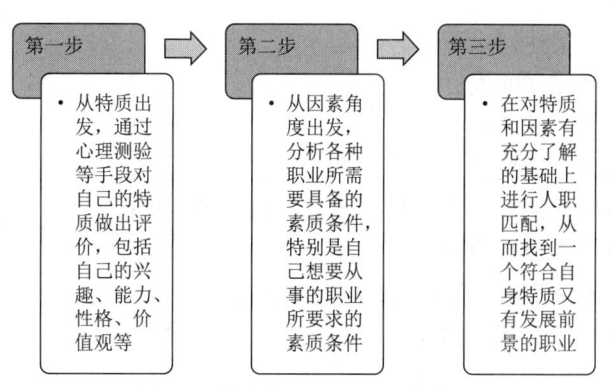

- 从特质出发，通过心理测验等手段对自己的特质做出评价，包括自己的兴趣、能力、性格、价值观等
- 从因素角度出发，分析各种职业所需要具备的素质条件，特别是自己想要从事的职业所要求的素质条件
- 在对特质和因素有充分了解的基础上进行人职匹配，从而找到一个符合自身特质又有发展前景的职业

图 1-6　帕森斯的职业选择三步法

（二）约翰·霍兰德的职业兴趣理论

美国职业指导专家约翰·霍兰德（John Holland）于 20 世纪 60 年代，在特质因素理论的基础上，创立了职业兴趣理论，亦称"职业人格理论"（vocational personality theory）。他认为，人格类型、兴趣与职业密切相关，职业满意度、职业稳定性和职业成就取决于人格与环境特性之间的适配性。其理论的核心观点如下。

（1）职业选择是个人人格的延伸和表现，个人的兴趣类型即人格类型。

（2）同一职业团队内的人有相似的人格，因此他们对很多的情境与问题会有相类似的反应，从而产生类似的人际环境。

（3）人格类型可分为六种，即现实型、研究型、艺术型、社会型、企业型和常规型。每个人都属于其中的一种人格类型，人所处的环境、从事的职业也可以分为这六种类型。个人的人格与环境之间的适配和对应，是职业满意度、职业稳定性与职业成就的基础。

体验活动　优中选优

请同学们自己查找本校优秀毕业生简历三份。说一说，你认为哪份简历最优秀，并说明理由。

知识链接　认识简历

一、简历的概念

汉语中，简历由"简"和"历"两个字组成。"简"可以解释为简约，而不是简单；"历"可以解释为经历、履历、学历等。顾名思义，简历就是对个人学历、经历、特长、爱好及其他有关情况所做的简明扼要的书面介绍。

二、简历的内容

简历内容包括：求职者的基本信息、求职意向、教育背景、实践经历、所获荣誉等。

一份好的简历，需要表达好以下内容。

（1）你是一个什么样的人；

（2）你的教育背景如何；

（3）你拥有哪些专业技能；

（4）你参与过哪些课外活动，具有什么样的实习经验；

（5）你具有哪些职业资格及资质认证；

（6）你是否具有能证明上述内容的事实证据；

（7）你对目标职位的匹配描述；

（8）你对目标职位的兴趣和热情；

（9）你能给用人单位带来的价值；

（10）你对用人单位的熟悉程度。

三、简历的作用

简历是求职者递给公司的第一张名片，被喻为求职的"敲门砖"。简历一直被认为是毕业找工作时才需要的东西，其实对于大学一年级的学生而言，如果能够了解简历并结合自身的特点有的放矢地写出简历的框架，确定一个或多个可行的求职意向，也就明确了前进的方向。简历如同一份学习任务书，面对缤纷繁杂的大学生活，有了任务书，就能对照着用实际行动来进行填充。这对我们今后求职过程的顺畅通达是非常重要的。

招聘与求职的过程是招聘方与求职者相互了解、相互匹配的过程。对求职者来说，写简历的目的就是推销自己，在有限的空间和时间内，展示与职位需求匹配的个人特质及价值，同时，简历也是个人学涯规划结果的重要表现。

生涯行动 设计个人的未来简历

请同学们根据自己的心仪岗位，参考优秀学生的求职简历，设计一份个人的未来简历。

任务三 解答复兴伟业的考问——生涯实践的落脚点

体验活动 绘制平衡轮

我们的生命如同车轮,不停向前转动。生命车轮的平稳需要不同元素的支撑。这些元素就是我们生命中非常重要的东西,如个人成长、自我实现、职业发展、财务状况、健康状况、娱乐休闲、家庭生活、朋友他人等。

要求:

(1)列出生命中非常重要的八个元素。

(2)请根据自己的实际情况,给平衡轮上每个元素的满意程度打分(区间取值为1～10分,1分最差,10分最满意)。

(3)从平衡轮(图1-7)中,你注意到了什么?

(4)你想改变的是哪些元素?这些元素改变的优先顺序是什么?

(5)采取什么行动会提高这些元素的满意度?

(6)你的行动计划是什么?

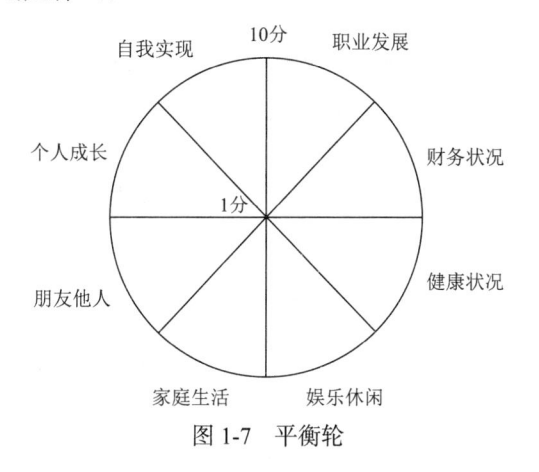

图1-7 平衡轮

知识链接 平衡轮介绍

平衡轮像是一个马车轮,被8根辐条分成了8个部分,每个部分代表着一个元素(图1-8)。我们可以定义每一部分代表什么含义。平衡轮的优点是可以把我们脑子里闪现的纷繁复杂的想法直观地列出来,我们能站在全局的角度去看,非常清晰。它是能同时激发我们的意识和潜意识参与的工具。

列举元素并均分，
如同切蛋糕

每个元素如同车轮辐条，
只有所有辐条都平衡了，
轮子才能滚动起来

图 1-8　平衡轮介绍

标准版本的生涯平衡轮内容如图 1-9 所示。

（1）职业发展——你在职业中不断进步变化，不断自我更新。

（2）财务状况——你的资金状况。

（3）健康状况——你的身体、心理健康状况。

（4）娱乐休闲——有益身心的娱乐休闲活动，在非劳动及非工作时间内有益身心的业余生活。

（5）家庭生活——未婚者，指自己的原生家庭；已婚者，指自己和配偶的小家庭。

（6）朋友他人——你的朋友与对你来说重要的他人。

（7）个人成长——知识、能力、眼界、心灵的成长。

（8）自我实现——可以与工作有关，也可以与工作无关，只要是能发挥你的天赋，实现你的价值的事。

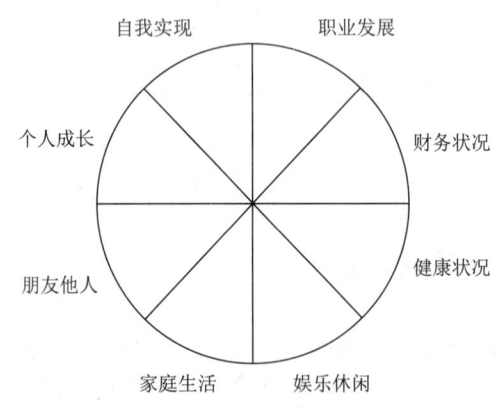

图 1-9　标准版本的生涯平衡轮

生涯平衡轮可以帮助我们认清自己的现状，察觉到平时忽略的部分，找出希望有所改变的关键点，从而协调好自己的学习与生活。

> **体验活动**　　制作圆满大学九宫格

金树人在他所著的《生涯咨询与辅导》一书中提出了生涯九宫格的概念，将人们的生涯发展概括为九个方面：学习进修、职业发展、人际交往、个人情感、身心健康、休闲娱乐、财务管理、家庭生活、服务社会。结合金树人的生涯九宫格，我们将大学生涯也划分为九个方面（表1-4）。

表1-4　生涯九宫格

学习进修	职业发展	人际交往
课程表上要求的课程有哪些？ 除了课程表上的内容，你还需要学习什么？ 基于自己未来的职业目标，你需要积累什么？ 你的学习习惯怎样？	你对理想职业的要求有哪些？ 你为此可以做哪些准备？ 你现在做得怎么样？	你感觉难以应对的人有哪些？ 哪些场合让你感觉不自在？ 为了将来更好地适应社会，你打算从交往哪些人开始？
个人情感	身心健康	休闲娱乐
你怎么看待爱情、友情？ 你建立并维系亲密关系的能力如何？ 重要他人对你的影响有哪些？	你有没有坚持运动的习惯？ 适合你的运动方式有哪些？ 你如何保持自己的心情愉悦？ 你如何处理焦虑、压力、沮丧等不良情绪？	你有哪些兴趣爱好？ 你业余时间会做哪些事情让自己感受创造性和成就感？ 除了学习、工作之外，你做什么来愉悦自己？
财务管理	家庭生活	服务社会
你每个月的生活费是如何管理的？ 你是否了解过一些个人理财知识？ 你是否尝试过为自己增加一些收入？ 财富在你未来的生活发展中比重如何？	你和父母的关系如何？ 你是否从内心接纳并且尊重你的父母？ 父母对你是影响还是掌控？ 你和父母的关系是如何影响你今天的人际交往的？	你是否参加过一些志愿服务？ 你怎样理解一个大学生的社会责任感？ 你怎样看待社会公益组织？ 你是否有过创业的想法？ 你觉得创业需要思考哪些问题？

要求：

（1）请对每个宫格中的问题进行思考，并对满意度进行打分。满分为100分，60分视为及格。

（2）你觉得可以做些什么来提高满意度，请写下来。

> **知识链接**

一、生涯九宫格助力大学生全面成长

人的发展是一个全面、系统的概念。大学期间，学习是最重要的任务，但这并不意味着可以忽视其他方面素质的提高，步入职场，更依靠综合素质的强大。为此，生涯规划专家总结了大学期间需要完成的九大任务，称之为"生涯九宫格"，如图 1-10 所示。

学习 进修	职业 发展	人际 交往
个人 情感	身心 健康	休闲 娱乐
财务 管理	家庭 生活	服务 社会

图 1-10　生涯九宫格的九大任务

二、将个人发展融入复兴伟业

从本质上讲，生涯规划并不完全是职业生涯方面的规划，也包括生活规划、健康规划、家庭规划、情感规划、理财规划等与大学生活全部内容有关的规划，是大学生活全面系统的布局，也是人的全面发展的需要。从社会需要综合素质高、全面发展的人才这个角度来看，生涯规划成为大学生的重要工具，也是生存与发展的必备能力。怎样才能不虚度人生？2013 年 5 月 2 日，习近平总书记在给北京大学考古文博学院 2009 级本科团支部全体同学的回信中指出，"只有把人生理想融入国家和民族的事业中，才能最终成就一番事业"[1]。

新中国成立以来，我国已经制定了 14 次五年规划（计划），与历次"五年"时期相比，"十四五"时期是我国全面建成小康社会、实现第一个百年奋斗目标之后，乘势而上开启全面建设社会主义现代化国家新征程、向第二个百年奋斗目标进军的第一个五年，具有里程碑的意义。[2] 而全面建设社会主义现代化国家也必将是我们这一代人的历史使命。

亲身奋斗去实现中华民族伟大复兴这一宏伟目标，是当代青年的历史际遇和使命担当[3]。作为新时代青年，在工作、学习和生活中，我们要树立远大的理想，要敢于做先锋，要积极拥抱新时代。"得其大者可以兼其小。"国家好，民族好，大家才会好。只要每个人都以民族复兴为己任，自觉把人生发展融入国家复兴伟业，敢于有梦、勇于追梦、勤于圆梦，就能在实现中国梦的伟大实践中创造自己的精彩人生。[4] 把个人发展融入国家复兴大业中，同频共振，这是自我的选择，也是国家的召唤。

---

[1] 习近平给北京大学学生回信勉励当代青年. http://edu.people.com.cn/n/2013/0505/c1053-21366441.html[2013-05-05].
[2] 刘世昕，胡春艳，邢婷. 把个人发展融入国家复兴大业 新征程召唤强国一代. 中国青年报，2020-11-16（2）.
[3] 刘世昕，胡春艳，邢婷. 把个人发展融入国家复兴大业 新征程召唤强国一代. 中国青年报，2020-11-16（2）.
[4] 求是网评论员. 求是网评论员：把人生理想融入复兴伟业. http://www.qstheory.cn/wp/2022/05/04/c_1128619624.htm [2022-05-04].

> **体验活动** 时间到哪里？——时间馅饼图

要求：

（1）先画一个圆（图 1-11），代表昨天的 24 小时。

（2）盘点昨天 24 小时内个人活动的用时情况，并在圆圈内画出占比情况。如睡觉 8 小时，则把圆的 1/3 切割出，作为睡眠占有。

（3）观察各种活动的占比情况，看有没有时间利用不合理之处。

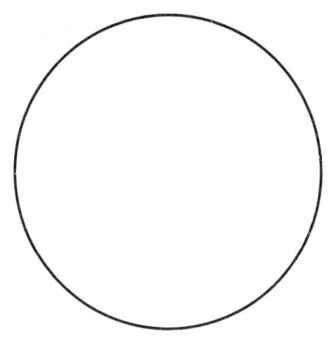

图 1-11　时间馅饼图

> **知识链接** 时间管理

一、认识时间管理

我们每个人都是在时间的长河中开始人生旅程的，每个人的生命都是在时间中发展的。谁能够把握好时间，谁就能更早接近成功。时间是恒定、不可改变的，可以改变的是我们对时间的管理。时间管理是指为了提高时间的利用率和有效性，而对时间进行合理的计划和控制及有效安排与运用的管理过程。

二、时间管理的方法

时间管理的重点在于如何分配时间，如何花更多的时间达成更多的目标。以下介绍三种时间管理的方法。

（一）四象限法

按照重要和紧急的程度，四象限法对时间进行了划分，分为四个象限：又紧急又重要、重要但不紧急、既不重要又不紧急、紧急但不重要（图 1-12）。

第一象限：又紧急又重要。处于这个象限的事情是需要马上处理的，如即将到来的考试、一周后要交的实验报告作业等。

第二象限：重要但不紧急。处于这个象限的事情是可以分阶段处理的，如建立人际关系、期末考试、有规律地复习、锻炼身体等。

第三象限：既不重要又不紧急。处于这个象限的事情是可以避免或延迟行动的，如看视频、玩游戏等。

第四象限：紧急但不重要。处于这一象限的事情是需要酌情处理的，如有访客、接电话、别人交代的事等。

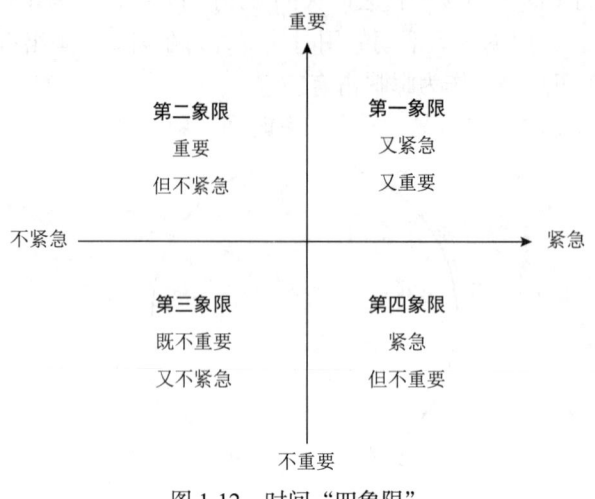

```
                        重要
                         ↑
          第二象限        |       第一象限
          重要            |       又紧急
          但不紧急        |       又重要
                         |
  不紧急 ─────────────────┼───────────────── 紧急
                         |
          第三象限        |       第四象限
          既不重要        |       紧急
          又不紧急        |       但不重要
                         |
                         ↓
                        不重要
```

图 1-12　时间"四象限"

（二）分类法

美国管理学家莱金提出，有效利用时间，每个人都需要三个阶段的工作目标：长、中、短期目标，即分别在 5 年内、6 个月内以及现阶段要达到的目标。他又将每阶段的目标分级，分为非常重要（A）、重要（B）、不太重要（C）三级。

A 级任务：最重要的任务，只能由当事人单独完成或其所在的团队执行。

B 级任务：一般任务，部分可以交由他人完成。

C 级任务：价值最小的任务，但是每天的学习工作中都有大量此类任务，即一些常规工作，如文件阅读、电话联络、档案整理等行政事务。

运用分类法对时间进行管理，可以帮助我们认清事情的优先顺序，把重要的事情放在重要的时间段处理，可以提高工作效率。如每天完成 1~2 项 A 级任务，另外安排 2~3 项 B 级任务，其他时间留给 C 级任务。

（三）时间统计法

大学生应该对自己每天的时间消耗进行记录和综合分析，判断时间使用的整体情况和浪费情况，以采取适当的措施节约时间。

拓展阅读

"4D"原则简介

美国学者 J.W. 李和 M. 皮尔斯在《时间管理的艺术》中提到"4D"原则：Do

it now（必须立刻做）；Do it later（拖一拖再做）；Delegate（委派别人去做）；Don't do it（丢掉不管）。人们遇到每一件事情时，都有上述4种选择。你可以问自己几个问题再决定如何选择：

（1）我的目标是什么？（对自己的需求要有确切的了解）

（2）这项活动与目标的关系如何？（确定某项活动与目标的相关关系是高、中或低，相关或不相关）

（3）与其他工作相比，这项工作的优先程度如何？（决定新工作的优先程度）

（4）我需要暂时放下优先活动而先处理这项工作吗？能否由其他人代替去做？（确保新活动不与更重要的活动相抵触）

如果某件事情既不能满足自己目标的要求，又与优先的工作相抵触，可采取丢掉不管的策略，以节省时间和精力；如果与你的目标相关，但属于无相关意义的工作，或者信息资料不完善的工作，可以拖一拖再做；一些处于非优先地位的工作，如果下属可以胜任，则可委派给下属去做；剩下来的是你必须亲自动手去做的工作。在你必须亲自动手去做的工作中，也可以分先后顺序，把最重要或最紧迫的工作放在最优先的位置，先做或者放在处于最有效的工作时间段去做。

生涯行动　制订本学期规划

请同学们根据生涯九宫格的内容，制订本学期的规划（表 1-5），并坚持每周做计划执行的周总结（表 1-6）。

表 1-5　本学期的学期规划

学期目标	达成此目标的好处	目标达成的衡量	达成此目标的障碍	克服障碍的途径或措施	完成时限

表 1-6　学期规划执行情况　　　　　　　　　　第　　周

目标的执行情况	
自我评价（1~5分）	
调整	

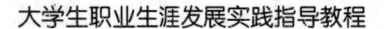

学习总结

在完成本部分的学习后，小静唤醒了潜藏在自己内心深处的生涯意识，解锁了幸福人生的核心密码，明白了什么是有价值的人生，什么是成功的职业生涯，成功职业生涯与幸福人生的关系。通过绘制"生命线"，小静打开了自己的人生画卷，回忆生命的过往，展望未来的人生。通过绘制生涯彩虹图，小静了解了生涯发展的阶段及自己的生涯角色，用心思考了自己想成为什么样的人，并庄严地写下了"个人宣言"。小静知道了求职过程顺畅通达的原因是拥有一个成功的学涯规划。通过小吴的蜕变之路，小静了解了大学的含义与意义、学涯规划的含义与意义；通过模拟求职现场，小静了解到人-职匹配的重要性；通过优中选优的体验活动，小静对优秀简历有了初步的认识。为了实现成功的学涯规划，实现求职就业的顺畅通达，小静根据自己的学业和专业，设计了个人未来简历。小静解答了复兴伟业的考问。通过绘制平衡轮，小静列出了自己生命中最重要的八个元素，把自己脑海中纷繁复杂的想法直观地列了出来，站在全局的角度，找出了自己希望有所改变的关键点，以期协调好自己的学习与生活。通过制作圆满大学九宫格，小静从九个方面对圆满大学生活进行了思考，以提高自己的综合素质，助力自己全面发展，成长为社会需要的人才，在实现复兴伟业的伟大实践中创造自己的精彩人生。最后，小静运用时间管理的方法，制订了本学期的规划，并坚持每周做计划执行的周总结，以落实生涯实践任务。

推荐阅读

1. 〔加〕布赖恩·费瑟斯通豪. 远见——如何规划职业生涯 3 大阶段. 苏健译. 北京：北京联合出版公司，2018.

2. 〔美〕泰勒·本-沙哈尔. 幸福的方法：哈佛大学最受欢迎的幸福课. 汪冰，刘骏杰译. 北京：中信出版社，2013.

项目二　探索职业环境

学习目标

知识目标：了解专业与职业的联系、专业对应的职业群；了解职业资格制度；了解职业道德、职业素养的基本内容；了解职业探索的内容与途径，了解行业探索的内容与途径。

能力目标：掌握获取职业信息的渠道和分析的维度，能够探索出目标职业环境。

素质目标：明晰专业与职业对应的方向，确定未来职业发展的目标，积累职业所需的胜任素质能量，打造个人的职业核心竞争力，实现职业的可持续发展。

生涯名言

不闻不若闻之，闻之不若见之，见之不若知之，知之不若行之。

——荀子

生涯困惑

小静最近在网上看到几则新闻报道："房企纷纷破产，纷纷裁员，很多地产项目停建，与房地产行业相关的上下游产业，如建筑施工单位、监理单位、设计单位、咨询单位等均受到地产行业的影响，房地产行业及相关行业的就业情况面临较大的冲击。"小静是建筑工程专业的大学生，房地产行业是建筑工程专业就业的对口行业。小静对房地产行业最为熟悉，看到这些报道，小静开始有些迷茫，不知道除了房地产行业，自己还能在哪些行业就业，自己该如何做好专业技能的积累、综合素质的提升，以便未来能应对竞争较为激烈的就业环境。

思维导图

- 项目二 探索职业环境
  - 学习目标
  - 生涯名言
  - 生涯困惑
  - 任务一 探索飞翔的起点——专业对应的职业群
    - 【体验活动】调查专业对应的职业群
    - 【知识链接】一、认识专业 二、职业群的含义
      　　　　　　三、专业对应的职业群
    - 【知识拓展】专业学习的价值
    - 【体验活动】通过生涯人物访谈获取职业信息
    - 【知识链接】一、获取职业信息的渠道 二、职业探索的内容
    - 【生涯行动】撰写岗位说明书
  - 任务二 探索职场通行证——职业资格制度
    - 【案例导入】小李求职顺利的故事
    - 【知识链接】一、职业资格 二、职业资格证书
    - 【知识拓展】一、职业技能鉴定
      　　　　　　二、职业资格与职业生涯发展的关系
    - 【生涯行动】探索你需要的职业资格证书
  - 任务三 探索职业内情——差异化的职业素养要求
    - 【案例导入】小周的就业之路
    - 【知识链接】一、职业素养的概念与内容
      　　　　　　二、职业素养对职业发展的重要性
    - 【体验活动】企业招聘公告中隐藏的玄机
    - 【知识链接】一、胜任素质的概念及三个识别特征
      　　　　　　二、不同职业的职业素养要求
    - 【体验活动】用人单位心目中的好员工
    - 【知识链接】职业素养的培养
    - 【知识拓展】"π型人才"的能力维度与企业关注的核心能力
    - 【生涯行动】提升你的职业素养
  - 任务四 探索职业"星空"——职业道德要求
    - 【案例导入】郑志明：冲在前头，干在实处
    - 【知识链接】一、职业道德的定义与特点 二、职业道德的基本内容
      　　　　　　三、职业道德在大学生职业生涯中的作用
    - 【知识链接】一、不同职业的职业道德要求 二、职业道德的培养
    - 【知识拓展】工匠精神
    - 【生涯行动】修炼你的职业道德
  - 任务五 探索行业"风口"——形势与政策分析
    - 【体验活动】了解形势与政策
    - 【知识链接】一、正视当前大学生就业形势 二、大学生就业政策
    - 【体验活动】调查专业对应的行业信息，撰写行业探索分析报告
    - 【知识链接】一、认识行业 二、行业探索的内容
      　　　　　　三、探索行业的途径
    - 【体验活动】踩准时代的"风口"——赚取属于自己的红利
    - 【知识链接】如何突围——多元化的成长通道
    - 【知识拓展】职业探索的四个自信目标
    - 【生涯行动】撰写《职业世界说明书》中的行业调研
  - 学习总结
  - 推荐阅读

任务一 探索飞翔的起点——专业对应的职业群

体验活动　调查专业对应的职业群

每个小组通过访问专业课教师、辅导员、校友，以及进入二级学院的官网和学校就业网站搜集有关本专业的信息，完成专业与对应职业群的调查，并填写下表。

我学的专业是：_____

本专业的培养目标是：_____

本专业所开设的课程有：_____

其中专业核心课程有：_____

每门课程所掌握的知识、技能可应用于什么场景：_____

_____

校友中从事与本专业直接相关的职业名称有：_____

校友中从事与本专业间接相关的职业名称有：_____

知识链接

一、认识专业

（一）什么是专业

专业是教育部门根据社会分工需要和学科体系的内在逻辑而划分的学科门类，如旅游管理、环境地质工程、工程造价、市场营销、数控技术、城乡规划等专业。专业是学科和职业之间的桥梁，它按照学科进行划分，对应着一定的职业群。专业也是职业发展的基础，它为若干相近的职业群提供必要的基础知识和基本技能。

（二）专业的分类

《职业教育专业目录（2021年）》将高等职业教育专科专业分为19个专业大类、97个专业类、744个专业。其中，19个大类为：农林牧渔大类、资源环境与安全大类、能源动力与材料大类、土木建筑大类、水利大类、装备制造大类、生物与化工大类、轻工纺织大类、食品药品与粮食大类、交通运输大类、电子与信息大类、医药卫生大类、财经商贸大类、旅游大类、文化艺术大类、新闻传播大类、教育与体育大类、公安与司法大类和公共管理与服务大类①。

二、职业群的含义

职业群是一个集合概念，一般由基本操作技能相通，工作内容、社会作用以及从业者所应具备的素质相近的若干个职业构成。高等职业学校教育以就业为导向，我们现在所学习的每一个专业，都对应着将来要从事的工作或职业。比如：电气信息类专业毕业生，一般会进入电子、电气类的企业；水利水电专业毕业生，一般会进入水利类用人单位，如水电站、水利枢纽工程建设单位；等等。

三、专业对应的职业群

不同的职业需要不同的知识、技能及品德、身体条件，而不同的知识和技能则是专业的主要内容。从经济和效率的角度来看，我们所选择的专业应该是职业目标所需要的知识和技能。然而从专业与职业的相关性来讲，它们并不都是一一对应的关系，而是呈现出一对一、一对多、多对一等非常复杂的相互关系。比如，数控机床专业所对应的职业是企业中负责数控机床操作与维护的技师。同时，又有些专业的职业方向比较宽泛，比如，经济学专业的毕业生可以从事企业管理、经济学研究、新闻记者、营销策划、经济分析、高校教师等多种职业。对于某一职业，如新闻记者，它可以接收经济学、新闻、中文、哲学、历史等许多专业的毕业生。因此，我们在做职业生涯规划的时候，首先要研究和分析专业与职业的相关性。②

下面具体介绍专业与职业群的对应关系。

《中华人民共和国职业分类大典》（2022年版）将我国目前的职业分为八个大类。第一大类：党的机关、国家机关、群众团体和社会组织、企事业单位负责人；第二大类：专业技术人员；第三大类：办事人员和有关人员；第四大类：社会生产服务和生活服务人员；第五大类：农、林、牧、渔业生产及辅助人员；第六大类：生产制造及有关人员；第七大类：军人；第八大类：不便分类的其他从业人员。这八大类每一类都可以划分为一类职业群，这里列举一些专业与职业群的对应关系（表2-1）及专业与职业对应关系（表2-2）。

表 2-1　专业与职业群的对应关系③

专业大类	对应的职业类别
加工制造类	第二大类：专业技术人员 第三大类：办事人员和有关人员 第四大类：社会生产服务和生活服务人员

---

① 各专业可查询教育部官网（http://www.moe.gov.cn/s78/A07/zcs_ztzl/2017_zt06/17zt06_bznr/zhijiao/）进一步了解其详情。
② 张恒亮. 第三章 如何选专业（二）. http://edu.people.com.cn/n/2013/0118/c354478-20252373.html[2013-01-18].
③ 国家职业分类大典修订工作委员会. 中华人民共和国职业分类大典（2022年版）. 北京：中国劳动社会保障出版社，2022.

续表

专业大类	对应的职业类别
土木水利工程类	第二大类：专业技术人员 第三大类：办事人员和有关人员 第七大类：军人
交通运输类	第二大类：专业技术人员 第六大类：生产制造及有关人员 第七大类：军人
信息技术类	第二大类：专业技术人员 第三大类：办事人员和有关人员 第七大类：军人
资源与环境类	第一大类：党的机关、国家机关、群众团体和社会组织、企事业单位负责人 第二大类：专业技术人员 第五大类：农、林、牧、渔业生产及辅助人员
能源类	第二大类：专业技术人员 第三大类：办事人员和有关人员 第七大类：军人
商贸与旅游类	第一大类：党的机关、国家机关、群众团体和社会组织、企事业单位负责人 第三大类：办事人员和有关人员 第四大类：社会生产服务和生活服务人员
财经类	第一大类：党的机关、国家机关、群众团体和社会组织、企事业单位负责人 第二大类：专业技术人员 第四大类：社会生产服务和生活服务人员
文化艺术与体育类	第一大类：党的机关、国家机关、群众团体和社会组织、企事业单位负责人 第二大类：专业技术人员 第四大类：社会生产服务和生活服务人员
社会公共事务类	第一大类：党的机关、国家机关、群众团体和社会组织、企事业单位负责人 第三大类：办事人员和有关人员 第四大类：社会生产服务和生活服务人员

表 2-2 专业与职业对应关系[①]

序号	专业类别	职业类别
1	美术、工艺与设计	产品设计师、纺织面料设计师、平面设计师、摄影师、插画师、珠宝设计师、服装设计师、化妆师、室内设计师
2	表演艺术、媒体与新闻	音乐家、演员、电视/电影导演、电视/电影制片人、摄像师、音响师、作家、新闻记者、编辑
3	销售、营销与广告	销售人员、商店经理、采购员、房地产经纪人、市场营销人员、市场研究员、广告客户经理、公关人员

---

① 英国 DK 出版社. 职业百科：走进社会的理想工作指南. 张蕾，彭发胜译. 北京：电子工业出版社，2017.

续表

序号	专业类别	职业类别
4	行政与企业管理	客户服务经理、人力资源经理、项目经理、管理顾问、私人助理、活动经理、慈善筹款人、翻译
5	动物、农业与环境	兽医、动物护理员、动物园管理员、农场管理员、园艺工人、景观建筑师、生态学家
6	科学与研究	生物技术学家、微生物学家、药理学家、食品科学家、海洋生物学家、刑侦学家、地质学家、材料学家、气象学家、天文学家、宇航员
7	信息技术与计算机应用	软件工程师、系统分析员、数据库管理员、网络工程师、信息技术支持主管、网页设计师、游戏开发员、网络安全分析师
8	金融、法律与政治	银行经理、证券交易人、投资分析师、会计师、精算师、财务顾问、经济学家、诉讼律师、辩护律师、政治家
9	工程与制造	土木工程师、钻井工程师、化学工程师、机械工程师、汽车技术员、电气工程师、电信工程师、航空航天工程师
10	建筑	建筑师、结构工程师、工料测量师、城市规划师、建筑工人、施工经理、木匠、电工、水管工
11	运输	航空飞行员、空中交通管制员、交通规划师、船长、列车司机、卡车司机、物流经理
12	安全与紧急服务	士兵、武装部队飞行员、海军水手、海军陆战队突击队员、海岸警卫队员、警察、狱警、缓刑监督官、情报员、消防员、急救医护人员
13	体育、休闲与旅游	体育专业人士、私人教练、美容师、酒店经理、旅游代理人、航空公司乘务员、厨师、博物馆馆长
14	健康与医学	医生、护士、助产士、药剂师、放射技师、理疗师、语言治疗师、职业治疗师、验光师
15	社会关怀与教学	心理学研究者、心理咨询师、社会工作者、青年工作者、疗养院经理、托儿所工作人员、小学教师、中学教师、高等教育讲师、图书管理员

知识拓展 专业学习的价值

（一）专业锻造独特思维

专业学习的过程，是培养学习能力、思维能力的过程。通过专业学习，可以培养人们各方面的综合素质，这比掌握专业知识本身更重要。专业给人们提供了一种思维方式，也促使每个人养成了各自独特的思想特点，但只有与人生的经历相结合时，专业才对人产生影响。比如，管理学的人都喜欢谈论组织结构，新闻学的人重视宣传的力量、口号的力量，社会学的人有强烈的集体观念和"社会人"概念。也许我们并不会把自己的专业挂在嘴边，但是专业却会在我们的脑海中打下深刻的烙印。[①]

[①] 孙逸炀. 文科专业四大误解辨析. 高中生（高考），2010，10（6）：44-45.

（二）专业提升综合素养

大学教育不同于中学阶段以基础知识传授为主的教育，它更是一个人全面发展和全面塑造的开始。一般来说，一个具有完善人格的个体是由知识体系、能力体系和价值观体系共同构筑而成的，三者应均衡发展。首先，任何一门学科领域都是由基本概念、基本理论和基本方法构成的，因此学习任何一门专业，都可以达到掌握一套学习方法的目的。在这个以终身学习、终身教育为背景的社会里，学会"如何学习"能让我们终身受益。其次，大学生有必要在大学里接触各个学科领域，包括自然科学、社会科学、人文科学等，努力成为一个受社会青睐的一专多能的人才。

（三）专业打造美好未来

学习一门专业可以使我们的人生更美好，专业性的人生也许就在不同专业的排列组合间进行。专业可以为我们打开一扇通往某个职业目标的大门，相关专业知识会为我们进入某个行业打下基础。如果进行合理规划，还可以让专业背景更加吸引人。比如，学经济管理的学生从事新闻传播工作，专门报道财经类消息，做财经评论，进入专业类经济媒体；学教育学的学生从事人力资源工作。而且有时候专业打开的门并不仅仅是一扇，选择哪个方向，要靠我们自己去慢慢摸索。

体验活动　通过生涯人物访谈获取职业信息

梳理你所学专业的典型就业职位，选择其中一个职位，寻找生涯人物，确定访谈对象，根据生涯人物访谈的流程，完成访谈并记录。

生涯人物访谈

一、生涯人物访谈记录

访谈时间：

访谈方式：

访谈团队成员（姓名+学号）：

被访谈人：

被访谈人简介：

访谈目的：

访谈内容：

问题1：

问题2：

问题3：

……

二、生涯人物访谈总结

知识链接

一、获取职业信息的渠道

获取职业信息的渠道有很多。这里介绍十种常见且有效的获取职业信息的渠道。

（一）生涯人物访谈

1. 生涯人物访谈介绍

生涯人物访谈是通过与职场人士的会谈而获取一个行业、职业或企业内部信息的一种职业探索活动。通过访谈，在校大学生能够了解工作环境、工作内容、入职标准和核心素质要求，进一步明确职业目标，正确认识自己的优势和不足，从而制订更加合理的大学学习、生活和实践计划。

2. 生涯人物访谈流程

（1）初步确定自己感兴趣的职业或岗位。可以借助一定的工具（如霍兰德职业兴趣测试）分析自己，结合自己的兴趣、性格、技能、价值观、教育背景和已掌握的职业知识列出自己感兴趣的几个职业。

（2）寻找生涯人物并确定访谈对象。借助亲朋好友、老师同学、他人推荐或行业协会等途径来寻找相关职场人士，确定访谈对象。

（3）结合目标职业信息设计访谈问题。访谈问题包括生涯人物职业的工作现状、发展路径、职业的素质、能力要求、工作任职资格、上升路径、主要工作内容、工作市场前景等。

（4）预约生涯人物。以电话预约效果最佳，说明自己的采访目的、找到对方的途径、采访所需要的时间等，确认采访的时间和地点。

（5）采访生涯人物。①采访对象的要求。找一位正在从事你想从事的职业的资深工作者。②采访方法。效果最好的是到被访对象所在单位（或营业场所等）面对面地采访，这样你可以对自己感兴趣的职业的工作环境有一个实地的了解，并录下一段被访对象真实的工作、生活情景，也可以用电话采访，用邮件或书信采访。③采访问题（以下问题只做参考，可自行发挥）。请介绍一下您是如何找到这份工作的，在这个工作岗位上，您的主要职责是什么，这份工作需要什么样的知识、技能及经验，什么样的个人品质或能力对本工作来讲是重要的，参加什么培训，取得什么证书对这份工作是必要的，工作单位对刚进入该领域的新员工提供哪些培训，该职位的晋升路线是什么，这份工作的初级、中级和高级职业薪水大约是多少，您如何看待这份工作的发展前景，您认为我在大学期间应该做些什么才能进入这个工作领域，请您再对所有大学生提一点建议。

（6）访谈结果整理。将访谈结果整理成一篇访谈报告并通过PPT展播、情景演绎、报告讲解等多种形式呈现。

（二）学校就业网站的信息公布

每所高校都有专门的工作人员负责收集、整理就业信息并核实发布。这类职业信息准确度高、时效性好，是大学生获得职业信息的主要渠道。

（三）大型专业网站

许多大型的专业网站[如前程无忧网（https://www.51job.com）、新华英才网（https://www.chinahr.com）、国家大学生就业服务平台（https://www.ncss.cn/）、校联人才网（https://www.job9151.com）、BOSS直聘（https://www.zhipin.com）等]均登载了大量的职业信息。大学生可以通过搜寻这些专业网站，提炼自己需要的职业信息。

（四）学职平台

学职平台（https://xz.chsi.com.cn/home.action）是由教育部学生服务与素质发展中心（原全国高等学校学生信息咨询与就业指导中心）建设，隶属于学信网，依托教育大数据，搭建学生、高校和企业三位一体平台。学职平台包含专业洞察、职业测评、职业探索、职业人物、职业微视频及就业指导课六部分。其中，涵盖千余个专业方向，内容翔实全面，指导性和借鉴性强，能为大学生快速了解目标职业、进行职业选择提供有力的信息支持。

（五）行业协会

每个行业都有行业协会之类的组织，有的还不止一个，这些组织管理和协调整个行业事务。例如，想了解建筑业，就可以从它的协会——中国建筑业协会和国际建筑业协会等来了解。这些机构一般都有相应的网站和定期或不定期的出版物，对其所在行业的报道和分析无疑是最权威、最全面的。

（六）视听信息

在生活中，我们每天都能从报纸、期刊、电视及广播等新闻媒体（如《高校毕业生就业手册》等书籍，《21世纪人才报》等报刊，《职来职往》《天生我才》等电视节目）上见到各种各样的招聘信息，这些招聘信息一般都会注明所招聘人员的岗位要求、薪资情况。大学生可以把自己感兴趣的职业信息搜集、整理起来，形成该职业当前最基本的资料。

（七）人才交流会

每年各大城市都会举办不少的人才交流活动，这些活动可以为大学生提供大量真实可靠的职业信息。例如，云南省大中专毕业生就业服务中心每年都会主办专门面向大学毕业生的招聘活动。

（八）实习与实践

对于在校大学生而言，参加社会实践与各种形式的实习和兼职也是获取职业信息较好的选择。许多规模比较大的用人单位，如企事业单位、高校等常常有招聘实习生的机会。通过实习，大学生可以深入了解用人单位的管理体制、发展潜力，更为全面和深刻地了解职业环境、企业环境以及岗位环境的情况。

（九）实地参观

如果有条件的话，大学生可以到企业所在地进行参观和现场考察。若条件不允许，展览会也是提供一线企业信息的好场所。亲自去参加一个行业的展览会，会有很大的收获。大学生可以通过学校、父母或亲朋好友等寻找这种机会。

（十）他人经验

大学生可以利用学校提供的机会和资源，向校友了解相关的职业信息；还可以借鉴他人的面试经验，总结出自己想要的信息。

视频课程　如何快速了解一个职业

二、职业探索的内容

职业探索，就是对目标职业进行理论分析和实际调研的过程，目的是对目标职业有充分的了解，并在明确自身和职业的差距中制定求职策略，从而有效地规划大学生活。职业中有一些通用的研究因素，通过研究这些因素就可以很全面地了解一个职业，这些因素共有十个，我们称之为"职业十项"。

（1）职业描述。具体包括职业名称、各方对其的定义。

（2）职业的核心工作内容。每个职业都有核心的工作职责，职责背后对应的就是工作内容。了解职业的核心工作内容，有利于了解完成工作内容背后的需要胜任的工作能力。

（3）职业的发展前景及其对社会和生活的影响、作用。具体包括三个方面：一是职业在国家阶段发展中的作用；二是职业对社会和大众的影响；三是职业对生活领域的影响。职业的发展前景，尤其是国家的导向以及社会的普遍需求是促进职业发展的动力。

（4）薪资待遇及潜在收入空间。职业是社会分工的产物，职业根据参与社会分工的量来确定相应的报酬，在不同的行业、企业、岗位上还有一些潜在的收入空间。

（5）岗位设置及不同行业、企业间的差别。了解职业的岗位设置，能加深对职业外延的理解，知道职业的具体岗位后，就可以针对性地与自己比较，也是知道职业有什么的重要标志。

（6）入门岗位及其职业发展通路。入门岗位是指针对应届毕业生的工作，职业的一些中低端岗位是面向大学生开放的。还要了解一个岗位对应的职业发展道路是什么，这个岗位有哪些发展途径，最高端岗位是什么。

（7）职业标杆人物。无论是在国内还是在国外，每个职业都有自己的标杆人物。研究职业标杆人物及其奋斗轨迹，可以加深对职业的了解，也会找到在这个职业领域奋斗的途径。

（8）职业的典型一天。职业的典型一天，更多的是在访谈中完成的，可以知道身处这个岗位的人的一天是怎么度过的，从早上到回家的时间都是怎么安排的。了解职业的典型一天是怎样的是判断自己是否适合这个职业的重要指标。

（9）职业通用素质要求及入门具体能力。职业通用素质要求是指从事这个职业的一般的、基本的要求。个人通用素质能力，就是能把这个工作做好要具备的能力。通过对职业的外在素质要求的了解，对比自己是否能够胜任这个工作。

（10）工作与其所需的思维方式和内在品质。一定的思维方式和内在品质是做好工作的保证，有些工作对人的内在要求是很高的，如态度、意志品质等，这些是判断自己是否适合和喜欢一个职业的核心标准。[1]

生涯行动　撰写岗位说明书

根据生涯人物访谈结果撰写岗位说明书（表2-3），了解自己专业对应的岗位信息。

表2-3　岗位说明书

岗位名称：
所属部门：
岗位描述：
任职要求： （1）教育水平： （2）专业： （3）能力： （4）个人素质： （5）性格特点： （6）心理特质：
工作职责与任务：
工作时间：
工作环境：
岗位绩效管理：
岗位晋升路径：

---

[1] 郭虎. 大学生职业发展新编教程. 银川：宁夏人民教育出版社，2012.

任务二　探索职场通行证——职业资格制度

案例导入　小李求职顺利的故事

小李自从来到某学院学习宝玉石鉴定与加工专业，他就喜欢上了这个专业，毕业后想做珠宝玉石鉴定工作。在校期间，小李对前两届学生的就业状况进行了调查，同时了解到珠宝玉石鉴定机构特别青睐成绩突出、日常表现优异、具有相关职业资格证书的毕业生。于是在学校的前两年时间里，他着手探索珠宝鉴定师岗位的要求，培养自己相关职业素质，考取中国地质大学（武汉）珠宝学院珠宝鉴定师资格证书、珠宝玉石质量检验师的资格证书，掌握了珠宝玉石鉴定基本技能。小李还利用寒暑假到珠宝玉石鉴定机构进行实习。等到毕业的时候，他如愿进入某珠宝玉石鉴定机构，从事他所期望的珠宝玉石鉴定工作，实现了自己的梦想。

思考：职业资格证书在小李的求职中具有什么作用？

知识链接

一、职业资格

职业资格是对从事某一职业所必备的学识、技术和能力的基本要求。1994年劳动部和人事部颁发的《职业资格证书规定》，明确了职业资格包括从业资格和执业资格。

从业资格是指从事某一专业（工种）学识、技术和能力的起点标准。从业资格通过学历认定或考试取得。

执业资格是指政府对某些责任较大、社会通用性强、关系公共利益的专业（工种）实行准入控制，是依法独立开业或从事某一特定专业（工种）学识、技术和能力的必备标准。执业资格通过考试方法取得。

小贴士

2021年人力资源和社会保障部推出的《国家职业资格目录（2021年版）》显示：列入目录的专业技术人员职业资格共59项，其中，准入类33项，水平评价类26项；技能人员职业资格13项。两项合计国家职业资格共72项。[①]

[①]《国家职业资格目录（2021年版）》公布！哪些新进入，哪些已退出，速看！ http://www.gov.cn/fuwu/2021-12/04/content_5655798.htm[2021-12-04].

二、职业资格证书

职业资格证书是表明劳动者具有从事某一职业所必备的学识和技能的证明。它是劳动者求职、任职资格凭证，是用人单位招聘、录用劳动者的主要依据，也是境外就业、对外劳务合作人员办理技能水平公证的有效证件。

（一）职业资格证书的类别

职业资格证书分为以下两类。

一类是准入类职业资格证书。指关涉国家安全、公共利益、人身健康、生命财产安全等，且有严格法律法规设置依据的职业（工种），由国务院劳动人事及相关业务行政主管部门通过学历认定、资格考试、专家评定、职业技能鉴定等方式进行综合评价，对合格者授予国家职业资格证书。按照相关规定，对个体而言，只有拿到证书才能进入相关行业工作岗位。也就是说，此类工作必须要持证上岗，企业不得招募无证人员上岗就业。

另一类是水平评价类职业资格证书。一般分为五个等级，从低到高依次为：五级（初级）、四级（中级）、三级（高级）、二级（技师）、一级（高级技师）。不同级别代表不同的技能等级水平。这类证书主要针对具有较强专业性和社会通用性，技术技能要求较高，行业管理和人才队伍建设确实需要的职业（工种）。[①]

（二）职业资格证书考试

大学生可以通过中国人事考试网（http://www.cpta.com.cn/），关注相关类别职业资格考试时间、报名通道等信息。职业资格证书考试报名流程如下。

1. 网上注册

之前未在中国人事考试网注册的报考人员，须提前完成注册。已经在中国人事考试网注册过的人员无须重新注册，使用原账号登录报考。注册流程如下。

（1）在报名登录界面，点击登录按钮下方"新用户注册"，进入报名协议界面，认真阅读并接受报名协议。

（2）阅读"注册须知"后点击"接受"按钮，进入注册信息录入界面，按照要求录入数据，完成后输入验证码，点击"提交"按钮，再次确认个人信息，验证无误后完成注册信息录入。

（3）报名系统自动核验报考人员身份信息、学历学位信息，核验完成后方可继续报名。

（4）上传个人照片，此时上传的照片将直接用于制作资格证书，一经上传完成不得修改。照片文件上传前，要使用"全国资格考试网报平台证件照片审核处理系统"按要求处理（此软件在中国人事考试网首页"工具下载"栏目下载；只有审核工具软件处理生成的照片才能识别上传，使用其他软件处理的照片无法上传至报名系

[①] 李秀英，隋灵灵. 大学生职业发展与就业指导. 北京：北京理工大学出版社，2010.

统；2018年2月22日以前注册的用户无须更换照片，新注册报考人员须按新规提交白底照片）。

注册完成后，报考人员须保管好本人的用户名及密码，以防影响报考及后续流程。

2. 网上报名

报考人员使用本人注册的账户登录中国人事考试网，选择考试项目和报名省（自治区、直辖市）后进行网上报名，报名流程如下。

（1）仔细阅读相关公告和提示信息，确定自己符合所有报考条件后进行信息填报。

（2）报名信息填报，要如实、准确填写本人信息。

（3）选择是否使用告知承诺方式，如选择不使用或选择使用后撤回，将无法再改回告知承诺方式报名，须进行人工核查。

（4）核对信息无误后再进行"确认"操作，信息确认后，报考人员将无法自行修改报名信息。

3. 网上缴费

信息确认并通过报名系统自动核验后即可在网上缴费，报考人员在缴费前务必再次核对报名信息，缴费确认后所有信息不可修改，已缴费即视为报名成功。

4. 准考证打印

登录中国人事考试网自行打印准考证。

（三）职业资格认证

职业资格认证是由人力资源和社会保障部、国资委商业技能鉴定与饮食服务发展中心等各相关部委通过学历认证、资格考试、专家评定、职业技能鉴定等方式进行评价，对合格者授予国家职业资格证书。职业资格认证的方式有资格考试、专家评定两种。

> **小贴士**
>
> **国家职业技能鉴定中心**
>
> 国家职业技能鉴定中心是由人力资源和社会保障部职业技能鉴定中心，以及中国就业培训指导中心共同开发的对国家职业技能从业人员实行在线管理的网络服务平台，主要提供全国各省（自治区、直辖市）的职业技能证书查询服务。

（四）职业资格证书查验

打开中国人事考试网，点击"证书查验"（图2-1）。

图 2-1　中国人事考试网"证书查验"页面

登录"证书查验"页面（图 2-2）。

图 2-2　登录"证书查验"页面

已在中国人事考试网"全国专业技术人员职业资格证书查询验证系统"或"全国专业技术人员资格考试报名服务平台"（http://zg.cpta.com.cn/examfront/login/initLogin.htm）注册过的查询人员，直接登录。首次登录的需要先进行用户注册。

填写用户注册信息并提交（图 2-3）。

图 2-3　填写用户注册信息并提交

点击提交后再进行登录。登录时，需要认真阅读服务须知。点击"同意"按钮后，即可进入"证书查验"页面（图 2-4）。输入证件号码、姓名、管理号及图形验证码进行查验。

图 2-4　"证书查验"页面

知识拓展

一、职业技能鉴定

（一）什么是职业技能鉴定

职业技能鉴定是一项基于职业技能水平的考核活动，属于标准参照型考试。它是由考试考核机构对劳动者从事某种职业所掌握的技术理论知识和实际操作能力做出客观的测量和评价。职业技能鉴定是国家职业资格证书制度的重要组成部分。

（二）职业技能鉴定的目的

职业技能鉴定的目的是提高劳动者素质，建立技能人才成长通道；引导职业教育和培训与生产实践及经济发展相结合；促进统一开放、竞争有序的人力资源市场建设；促进就业、推动经济社会发展。

（三）职业技能鉴定的主要内容

国家实施职业技能鉴定的主要内容包括职业知识、操作技能和职业道德三个方面。这些内容是依据国家职业标准、职业技能鉴定规范（即考试大纲）和相应教材来确定的，并通过编制试卷来进行鉴定考核。

（四）职业技能鉴定的对象

（1）各类职业技术学校和培训机构毕（结）业生，凡属技术等级考核的工种，逐步实行职业技能鉴定。

（2）企业、事业单位学徒期满的学徒工，必须进行职业技能鉴定。

（3）企业、事业单位的职工以及社会各类人员，根据需要，自愿申请职业技能鉴定。

（五）职业技能鉴定的实施机构

职业技能鉴定作为考试活动的特殊表现形式，与各类考试活动的重要区别在于其评价的内容是劳动者从事具体职业活动的工作能力，通常要求在工作场所进行操作技能的考核。职业技能鉴定所（站）是经劳动保障行政部门批准具体实施职业技能鉴定的考试和考核场所。一般而言，社会通用工种的鉴定活动由国家职业技能鉴定所负责实施，特有工种的鉴定活动则由行业特有工种职业技能鉴定站负责实施。[①]

二、职业资格与职业生涯发展的关系

职业资格是职业生涯发展的前提和基础。当前，"双向选择，竞争上岗"已成为就业的主要形式。有学历并且具备多种职业资格的人才越来越受欢迎。拥有职业资格，可供选择的职业范围将更广阔，在职业生涯发展过程中也会更有优势。比如，旅游管理专业的毕业生，如果除了有学历证书，还有导游证和全国计算机等级考试证书，便具备了一定的竞争力；如果还有外语水平等级证书，那就可以到涉外单位竞争岗位了；如果再有机动车驾驶证，就更具竞争力。

《中华人民共和国职业教育法》第十一条明确规定："实施职业教育应当根据经济社会发展需要，结合职业分类、职业标准、职业发展需求，制定教育标准或者培训方案，

---

① 胡宪武. 百姓生活百事典. 长春：吉林科学技术出版社，2012.

实行学历证书及其他学业证书、培训证书、职业资格证书和职业技能等级证书制度。国家实行劳动者在就业前或者上岗前接受必要的职业教育的制度。"

生涯行动　探索你需要的职业资格证书

（1）与你就业有关的职业资格证书有：_____

（2）与你专业相关的职业资格证书有：_____

（3）你现在获取的职业资格证书有：_____

（4）根据你的发展方向、就业目标和理想职业要求，选择你需要的职业资格证书：

_____

（5）对于你目前还没有的职业资格证书，制订你的报考计划。

_____

_____

任务三 探索职业内情——差异化的职业素养要求

案例导入 小周的就业之路

某网络公司招聘软件技术人员，条件是软件技术专业本科毕业生。小周是某高等职业院校市场营销专业的学生，平时爱好广泛，在学好本专业之余，还辅修了软件技术专业，通过了微软认证考试，并积极参加学校的课外科技活动，具有较强的实际动手能力。看到招聘信息后，小周进行了冷静的自我分析，然后勇敢地敲开了公司人力资源办公室的门。刚开始招聘人员看到小周的学历没有达到本科，就想婉言拒绝。可在看到小周展现出丰富的实践经验和良好的职业素养后，招聘人员改变了主意。招聘人员专门向总经理做了汇报，请求特聘小周。总经理了解情况后，特批予以录用。小周成功获得了一份好工作，心里非常高兴。

思考：什么是职业素养？小周为什么能获得用人单位的青睐呢？

知识链接

一、职业素养的概念与内容

职业素养是人类在社会活动中需要遵守的行为规范。个体行为的总和构成了自身的职业素养，职业素养是内涵，个体行为是外在表象。职业素养的三大核心是职业信念、职业知识技能和职业行为习惯。[1]

（一）职业信念

职业信念是职业素养的核心。那么良好的职业素养包含哪些职业信念呢？应该包含良好的职业道德、正面积极的职业心态和正确的职业价值观意识。这些是一个成功职业人必须具备的核心素养。良好的职业信念包括爱岗、敬业、忠诚、乐于奉献、正面、乐观、用心、开放、合作及始终如一等。

（二）职业知识技能

职业知识技能是做好一项职业应该具备的专业知识和能力。俗话说"三百六十行，行行出状元"。没有过硬的专业知识，没有精湛的职业技能，就无法把一件事情做好，也就不可能成为"状元"。所以，必须坚持不断地关注行业的发展动态及未来的趋势走向；要有良好的沟通协调能力，懂得上传下达、左右协调，从而做到事半功倍；要有高

---

[1] 谢罗奇. 大学生职业发展与就业指导. 湘潭：湘潭大学出版社，2011.

效的执行力。研究发现：一个企业的成功，30%靠战略，60%靠企业各层的执行力，只有 10%靠其他因素。[①]执行能力是每个职场人必须修炼的一种基本职业技能。此外，还有很多需要修炼的基本技能，如职场礼仪、时间管理及情绪管控等，这里不一一罗列。

（三）职业行为习惯

职业行为习惯就是在职场上通过长时间的学习、改变、形成而最后变成习惯的一种职场综合素质。信念可以调整，技能可以提升。要让正确的信念、良好的技能发挥作用，就需要不断地练习、练习、再练习，直到成为习惯。

二、职业素养对职业发展的重要性

案例

相比大多数还在为就业难苦恼的大学应届毕业生，张同学在找工作上颇为顺利。刚毕业，一向喜欢市场企划的他就如愿以偿地签约某大型综合性企业市场企划岗位。张同学的择业为什么这么顺利？他具备了怎样的素质让用人单位对他刮目相看？在大学，他又是如何准备的呢？大学四年，张同学先后拿到了大学英语六级证书、全国英语口语二级证书、剑桥商务英语高级证书、全国计算机等级考试二级合格证书、普通话水平测试一级甲等证书。他还根据自己的专业和目标，考取了助理物流师证，取得了机动车驾驶证。这些证书为他在择业中加分不少。在谈到职业素质的培养时，他说："我是靠过硬的职业素质取得竞争优势的。"

培根说："一方面，幸运与偶然性有关——例如长相漂亮、机缘凑巧等；但另一方面，人之能否幸运又决定于自身……幸运的机会好像银河，他们作为个体是不显眼的，但作为整体却光辉灿烂。同样，一个人若具备许多细小的优良素质，最终都可能成为带来幸运的机会。"一个人的成功是由许多综合因素共同决定的，取决于他拥有的专业知识、专业技能，更取决于他在职业活动所体现出的许多细小而优良的职业素养，这就是一个人在职业生涯中取得成功的原因，也可称之为"职商"。

"职商"主要由以下六大职业素养构成：职业精神、职业态度、职业理想、职业习惯、职业意识、职业形象。工作中需要知识和技能，但更需要职业的智慧，谁能具备这些职业的智慧，谁就会生存、能生存。做事先做人，只有做好了人，才能做好事，所以，大学生有意识地训练自己的职业素养是极为必要的。

体验活动　企业招聘公告中隐藏的玄机

很多企业会建立企业内部的职业岗位胜任素质制度。下面，我们来看一则企业招聘公告。

---

① 晟业传媒. 怎样用互联网赚钱. 汕头：汕头大学出版社，2007.

某某建设公司项目经理招聘公告

任职要求：

（1）持有二级以上建造师证书，住建主管部门颁发的项目负责人证书、高级工程师证书。

（2）建筑、市政、土木工程等相关专业，大专以上学历。

（3）有 8 年以上施工相关工作经验，有较强的沟通及项目、团队管理能力。

（4）身体健康，年龄不超过 45 岁，能适应施工单位特点和整体环境，能承受工作压力、服从安排。

（5）特别优秀者，个别条件可适当放宽。

（6）工作地点为云南省内项目现场。

岗位职责：

（1）负责主持项目的全面管理工作。

（2）代表公司履行与业主签订的工程承包合同，执行承包合同中由项目部负责实施的各项条款，接受公司的管理和监督、检查。

（3）对项目管理人员进行考核、评价和奖惩，参加项目核算和奖惩兑现考核评定。

（4）组织编制《项目管理策划书》，并负责落实《项目管理策划书》中各项工作任务的完成。

（5）主持建立项目部技术、进度、安全、成本、质量、环境等工作的管理制度，执行相关规程和标准，确保项目质量、效益、工期和安全文明生产目标的实现。

（6）组织拟订项目各项工作计划，对项目运转进行有效控制。

（7）协调和处理与项目有关的内外事项，预防和处理突发事件。

（8）负责项目预算的编制、统筹工作。

（9）负责和预算员一起办理项目工程结算工作，编制项目工作总结，接受公司各项审计，协助公司对项目进行工作检查、成果鉴定和奖项申报，处理项目部善后工作。

（10）完成上级交办的其他工作。

综合素质要求：

（1）身体健康，有较强的语言表达和沟通能力，较强意愿及企业认同感，较高的责任感及务实作风，较好的团队合作精神，较强的自律性、抗压性及吃苦耐劳精神。

（2）有较强的统筹规划能力、目标管理能力及团队领导能力。

通过这则招聘公告，分析该单位对项目经理这一职位都做了哪些具体要求。

（1）该企业招聘公告中主要围绕哪些维度考察候选人的岗位胜任能力？

（2）这些岗位胜任能力在哪些岗位可以进行迁移？

（3）如果你是企业的领导，你认为一个员工还应具备哪些胜任能力？

> 知识链接

一、胜任素质的概念及三个识别特征

（一）胜任素质的概念

胜任素质，又称为能力素质。在组织管理中，胜任素质是指驱动员工做出卓越绩效的一系列综合素质，是员工通过不同方式表现出来的知识、技能/能力、职业素养等素质的集合。

（二）胜任素质的三个识别特征

1. 知识

知识层面既包括员工在某一职业领域从事工作所必须具备的专业信息，如财务管理、人力资源管理、市场营销等学科的专业知识，也包括员工在某一组织中所必须掌握的相关信息，如公司知识、专业知识、产品知识和客户信息等。

2. 技能/能力

技能是指掌握和运用某项专业知识完成具体工作的技能/能力，如计算机操作技能、财务分析能力、市场拓展能力、判断推理能力等。能力是指员工天生具备或在外部环境影响下不易改变的特质，如人际协调能力、团队合作能力、问题分析能力、市场拓展能力、判断推理能力等。

3. 职业素养

职业素养是指员工从事具体职务或岗位时所应具备的思想道德、意识及行为习惯，如进取心、主动性、忠诚度、责任心、成就欲、诚信意识、团队意识等（图2-5）。

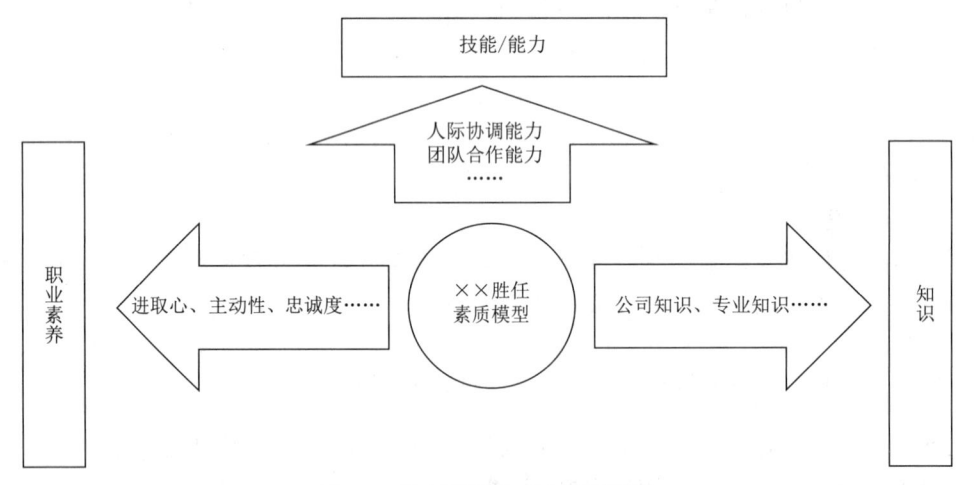

图2-5 胜任素质的三个识别特征

胜任素质是驱动一个人产生优秀工作绩效的各种个性特征的集合，是判断一个人能否胜任某项工作的依据，是决定并区别绩效差异的个人特征。

二、不同职业的职业素养要求

不同职业对职业素养提出了不同的要求。根据霍兰德的职业兴趣理论，职业可以分为六大类，包括研究型、企业型、常规型、现实型、艺术型和社会型职业（表2-4）。

表2-4 不同职业的职业素养要求

类型	职业素养要求
研究型职业	知识结构方面，专与博结合； 创造力、熟练基本技能和理论理解三者结合； 独立思考、勤于实践、不怕挫折
企业型职业	具有公众意识； 具有领导、组织、协调和社会交往能力； 中外语言文字表达能力强
常规型职业	懂得统计，具备档案管理知识，熟悉专门法规条例； 熟悉各岗位的特殊要求，如礼仪、安全守则等； 社交能力、语言表达能力强，办事干练
现实型职业	具有不辞劳苦、艰苦奋斗的创业精神； 具有严肃认真、一丝不苟的求实工作态度； 谦虚谨慎，能深入工作第一线，能和同事密切合作； 外语水平、计算机应用能力、语言表达能力和理论应用于实际的能力强
艺术型职业	富有观察力、想象力、毅力； 具有得天独厚的艺术天赋； 具有不断创新的精神
社会型职业	要有一定事实上的理解能力； 社会活动能力、组织协调能力、自身形象设计能力和文字表达能力强； 具有中外语言的表达能力和计算机操作使用技能

体验活动　用人单位心目中的好员工

活动目的：了解用人单位看重的职业素养。

活动流程：将学生分组，选择5个用人单位，类型如表2-5所示。

表2-5 用人单位对员工的职业素养要求

单位类型		你们心目中的好员工应该具备什么样的职业素养？	你是否具备
机关事业单位			
企业单位	国有企业		
	私营企业		
	外资企业		
社会团体			

以"你们心目中的好员工应该具备什么样的职业素养"为题进行访谈，整理访谈结果，并对照自身说一说你是否具备用人单位看重的职业素养。

知识链接　职业素养的培养

大学生应该珍惜学校的学习生活，通过各种方式、方法不断提高自身的职业素养，不断提高综合职业能力，为将来就业和创业打下坚实的基础。职业素养的培养有以下四个方面，包括对职业意识、职业道德、职业态度、职业习惯的培养。

一、职业意识的培养

职业意识是人们对职业劳动的认识、评价、情感和态度等心理成分的综合反映，是支配和调控全部职业行为和职业活动的调节器，它包括创新意识、竞争意识、协作意识和奉献意识等方面。

在大学教育中，除专业学习外，实践是大学生了解职业、了解自己与职业契合度的最直接、最有效的途径。大学生可通过假期社会实践，校内实训、实习活动，在职业环境中了解职业前景，体会自己是否适合这一职业，以及了解本职业的日常行为规范和职业技能要求，增强对职业的认同与热爱，不断完善自我，形成正确的职业意识。

二、职业道德的培养

职业道德是指从事各种职业活动的人员，按照职业道德基本原则和规范，在职业活动中所进行的自我教育、自我改造、自我完善，使自己形成良好的职业道德品质和达到一定的职业道德境界。职业道德的核心内容由爱岗敬业、诚实守信、办事公道、服务群众、奉献社会等若干重要因素构成。

作为在校大学生，在自我职业道德培养方面要注意五点：①树立自信，自觉和自主地进行自我修养；②要努力学习职业道德和职业生活中的法律知识，提高自身的法律意识；③要向新时期职业模范和身边的人学习；④要从小事做起，从现在做起；⑤要时刻严格要求自己，不因利益而改变自己的职业道德准则，不做损害他人利益的事。

三、职业态度的培养

职业态度并非一朝一夕形成的，要使自己的职业认识、职业意向和职业情感逐步符合社会进步、职业需求和事业发展的要求，就必须经过长时间的培养与训练。培养职业态度的注意事项如表 2-6 所示。

表 2-6　培养职业态度的注意事项

职业态度	注意事项
择业态度	选择适当的就业目标并与目标岗位所要求的实力相当或接近； 避免理想主义，及时调整就业期望值； 避免从众心理，从自身特点、能力出发； 克服自卑心理，树立自信心和敢于竞争的勇气； 态度积极，不怕挫折

续表

职业态度	注意事项
敬业态度	对待工作要有恭敬的态度； 工作中要具备责任感，具有主动精神
勤业态度	具有勇于付出的精神； 刻苦钻研业务，努力提高技能，不断积累经验，奠定雄厚的实力； 从容面对挑战，注意学习做事方法和待人接物的成功技巧，将挑战不断化为机遇
奉献精神	积极接受学校大学生思想政治教育； 提高奉献意识，践行奉献精神； 增强社会责任感，将奉献精神体现在职业岗位中

四、职业习惯的培养

大学生要想在未来的职业岗位上有所成功，就要培养良好的职业习惯，如工作有计划性、紧前不紧后、当日事当日毕、总结每日工作、物品放置有条理、坚持写工作日记、善于总结、注重行动等。

知识拓展 "π型人才"的能力维度与企业关注的核心能力

在职场环境中，岗位的任职资格与胜任能力是随着环境的变化而变化的，角色定位不同，我们发挥的作用区别也非常大，所以在职场中，我们要让自己像U盘一样，让自身的能力进行迁移，打破专业壁垒，跨岗位甚至跨行业出色完成各类型的工作，使自己成为新时代的"π型人才"。

（一）什么是"π型人才"

所谓"π型人才"，是指至少拥有两种专业技能，并能将多门知识融会贯通的高级复合型人才。π下面的两笔指两种专业技能，上面的一横指能将多门知识融会应用。

（二）企业关注应届毕业生的几项核心能力与素养

1. 核心能力

（1）专业学习能力：提高自己的专业知识或职业知识，与他人分享专业经验的能力与动机。

（2）团队合作能力：具有全局观，能够服从指挥，能够根据工作需要，与他人通力合作，协调各方面关系，调动各方面的积极性，并能够及时处理和解决工作过程中遇到的问题。

（3）执行能力：在工作中能迅速理解上级的意图，进而形成目标并制定出具体可行的行动方案，然后通过各类资源的合理利用和对任务优先顺序的安排，保证方案的高效、顺利实施，并努力达成工作目标的能力。

（4）沟通能力：能正确倾听他人倾诉，理解其感受、需要和观点，并做出适当反应的能力。

2. 职业素养

（1）主动性：员工在日常工作中，能够不需他人指派，主动承担相应工作的素质。

（2）责任心：对自己的所作所为负责，对他人、对组织承担责任和履行义务的自觉态度。

（3）敬业精神：个人不断调整自己的行为以使其符合组织要求和组织利益的愿望与能力。

生涯行动　提升你的职业素养

了解分析自己的目标职业岗位的职业素养要求，按照表2-7制订提升个人职业素养的实施计划。

表2-7　个人职业素养提升实施计划表

目标岗位	职业素养	提升计划

任务四　探索职业"星空"——职业道德要求

案例导入　郑志明：冲在前头，干在实处[①]

郑志明是广西汽车集团有限公司一名经验丰富的"老师傅"。车工、钳工、铣工、磨工、数控，他样样都会，甚至还练就了一手绝活：手工锉削平面，可将零件尺寸控制在 0.002 毫米以内。

郑志明小时候就活泼好动，喜欢组装小玩具；参加工作后，他虚心求教，勤奋刻苦。一次，有些口罩生产线的耳带焊接工序不过关。郑志明主动请缨，负责生产线改良工作，将耳带焊接工序纳入自动化技术研究，使得单条口罩生产线日产量从 2.5 万只提升至 6 万只。郑志明说："凡事要冲在前头，更要干在实处。"

多年来，郑志明收获了不少成果：截至 2022 年 10 月，他带领团队自主研制完成 515 项工艺装备，交付使用 1236 套工艺和工程设备；他参与设计制造的涂装、焊接、装配等各类先进的自动化生产线超 10 条，为企业创造直接经济收益高达 6002.95 万元。

一花不是春，独木不成林。这些年，郑志明还悉心辅导青年员工，为公司培养了一批高素质技能人才。2018~2019 年，他辅导的青年员工中有 14 人次在省部级技能大赛中获奖，5 人次在国家级技能大赛中获奖。

思考：什么是职业道德？郑志明具备的职业道德有哪些？

知识链接

一、职业道德的定义与特点

（一）什么是职业道德

所谓职业道德，就是同人们的职业活动紧密联系的符合职业特点所要求的道德准则、道德情操与道德品质的总和，是一般社会道德在特定的职业活动中的体现。它既是对本职人员在职业活动中的行为要求，又是职业对社会所负的道德责任与义务。

[①] 张云河. 广西汽车集团有限公司装备制造技师郑志明——冲在前头　干在实处（劳动者之歌）. https://baijiahao.baidu.com/s?id=1685093681509588104&wfr=spider&for=pc[2020-12-04]，引文有改动。

（二）职业道德的特点

职业道德具有以下特点。

1. 职业道德具有适用范围的有限性

每种职业都担负着特定的职业责任和职业义务，有着特定的职业道德规范，如教师职业道德、医生职业道德等。

2. 职业道德具有发展的历史继承性

由于职业具有不断发展和世代延续的特征，所以不仅其技术世代延续，其管理员工的方法、与服务对象打交道的方法，也有一定的历史继承性。例如，"学而不厌，诲人不倦"，从古至今始终是教师的职业道德。

3. 职业道德具有表达形式的多样性

由于各种职业道德的要求都较为具体、细致，因此其表达形式多种多样。比如，公务员要忠于祖国，树立人民公仆意识；医务人员要防病治病，救死扶伤；教师要为人师表，诲人不倦；公安司法人员要秉公执法，维护法律尊严。

4. 职业道德具有强烈的纪律性

纪律也是一种行为规范，但它是介于道德和法律之间的一种特殊的规范。遵守纪律是一种美德，同时又带有强制性，具有纪律的规范性。例如，工人必须执行操作规程和安全规定；军人要有严明的纪律等。

二、职业道德的基本内容

我国《新时代公民道德建设实施纲要》提出了职业道德的主要内容，即"爱岗敬业、诚实守信、办事公道、热情服务、奉献社会"。

（一）爱岗敬业

爱岗敬业是社会主义职业道德最基本的要求，它要求从业人员热爱自己的工作岗位，尊重自己所从事的职业的道德操守，在工作岗位上勤奋努力，精益求精，尽职尽责。这具体表现如下。[1]

第一，乐业。从内心热爱并热心于自己所从事的职业和岗位，把干好工作当作最快乐的事。乐业是爱岗敬业的前提，是一种职业情感。

第二，勤业。忠于职守，认真负责，刻苦勤奋，不懈努力。勤业是爱岗敬业的保证，是一种优秀的工作态度。

第三，精业。对本职工作业务纯熟，精益求精，力求使自己的技能不断提高，使自己的工作成果尽善尽美。精业是爱岗敬业的条件，是一种执着的追求。

---

[1] 汪应明，张怡. 思想道德修养与法律基础. 北京：机械工业出版社，2007.

案例

身边的大国工匠｜奔跑在创新一线的"工人发明家"

2023年"大国工匠年度人物"，中国南方电网云南电网公司昆明供电局高级继电保护员、特级技师李辉入选，成为云南省首位"大国工匠"。这是继获得全国劳动模范、中华技能大奖、全国技术能手等称号后，李辉获得的又一殊荣。

从学徒工到技能专家，从一线工人到"大国工匠"，李辉坚持32年，一直做的一件事就是创新。他说："我认为工匠精神的基石是敬业，灵魂是创新，发明创造和创新工作不只是科学家、工程师的事情，一线工人在生产实践中也可以做到。"

32年来，李辉始终坚持在生产实践中创新发明。截至目前，李辉累计完成37座变电站综合自动化改造，牵头开展各类大修技改1000余次，排除15项电网安全重大隐患，先后带领团队完成技术攻关60余项，主导制定2项国家标准，解决1个国际性难题，拥有6项行业首创技术，服务电力系统绿色化、数字化、智能化发展。

来源：中工网-工人日报 https://www.workercn.cn/c/2024-03-22/8195452.shtml（2024-03-22）。

（二）诚实守信

诚实，是指言行一致，表里如一；守信，是指说话、办事讲信用，讲信誉，信守承诺，说到做到。诚实守信，不仅是做人的准则，也是对从业者的道德要求，具体来说，应做到以下三点。

第一，要忠厚诚实。忠于祖国，忠于人民，忠于组织，绝不做有损国家、人民和组织利益的事情，坚决反对各种见利忘义、损人利己的行为；坚持实事求是，做诚实人，讲实话，办实事。

第二，要信守承诺。言必行，行必果，说到做到。自觉贯彻执行党和国家的路线、方针和政策，自觉履行自己的职责，自觉承担各种社会义务；杜绝说空话、说大话、说谎话。

第三，要表里如一。严格自律，自觉遵守各项制度、法规；言行一致，绝不能当面一套背后一套。在任何场合、任何时候，都要做一个光明磊落的人。

案例

严正：58把钥匙 一个人的社区"长征"

严正是上海市静安区彭浦镇社区卫生服务中心的家庭医生。为那些行动不便的老人上门出诊，是这位共产党员和社区居民们20多年来一直坚守的约定。

  严正的上门服务解决了老人就医难的问题。但是也有特殊情况，万盈春老人腿脚不便，他的子女因为工作不在家，每次给上门的严医生开门是个难题。于是万盈春把自己家的钥匙给了严正让他自己开门。

  万盈春老人家的这把钥匙一放就是17年，它在严正的手中握得最久，但却不是严正收到的最早的那一把。1999年，被检查出肺癌的郁老先生给严正送来了第一把钥匙，因为他自己需要定期去医院接受化疗，没办法时刻在家照顾因为中风瘫痪在床的妻子。那段时间，严正每周都要为郁老太太上门出诊三次，当时的情况下严正却连郁家的门都进不去。于是，郁家老两口郑重决定，将钥匙交给严正，家门对严正完全敞开。

  收下了第一把钥匙，很快就有了第二把钥匙、第三把钥匙，严正手里的钥匙越收越多，而"钥匙医生"的口碑也从此传开。从楼道门到防盗门再到入户门，有的家庭甚至一给就是全套的3把钥匙。截止到2021年，严正已经累计收到了58把钥匙，对于家庭医生严正来说，他收获的不是58把钥匙，而是这些家庭完全的信任和身家性命的托付。

  截止到2021年，严正累计门诊服务13万余人次，上门服务5万余人次，平均每天上门服务超5人次。严正总说自己是个普通人，但是，26年的坚守，9500个平常日夜的奔走，严正创造着不平凡的人生，他在服务的不到8平方公里的社区范围内，走出了8个"长征"的距离。他说，作为党员，这是他自己的"长征"。他会一直走下去。[1]

（三）办事公道

  办事公道是在爱岗敬业、诚实守信的基础上提出的更高层次的职业道德要求[2]。办事公道是指处理各种职业事务要公道正派，不偏不倚，客观公正，公平公开。对不同的服务对象一视同仁，秉公办事，不因职位高低、贫富亲疏的差别而区别对待。

  怎样才能做到办事公道呢？

  第一，热爱真理，追求正义。要求以科学真理为标准，有正确的是非观，办事合乎公认的道理，合乎正义，不能以自己为中心。

  第二，坚持原则，不徇私情。只停留在知道是非善恶的标准是不够的，还必须在处理事情时坚持标准，坚持原则。为了个人私情不坚持原则，是做不到办事公道的。

---

[1] 龚新语. 诚信之星获奖人物严正：58把钥匙 一个人的社区"长征". https://www.sohu.com/a/517051038_114960 [2022-01-16].

[2] 邓艳. "简历式"大学生生涯规划与管理. 北京：首都师范大学出版社，2017.

第三，不计较个人得失，不惧怕各种权势。办事必然会有压力，会碰上各种干扰。遇到压力和干扰时可能有两种态度：一种是为了使自己免受压力，就会向有权有势者屈服；一种是大公无私，不计个人得失，不惧怕权势，坚持办事公道。很显然，要办事公道，就必须坚持后者。

第四，要有一定的识别能力。能否做到办事公道，一方面与品德相关，另一方面也与识别能力有关。如果一个人识别能力很差，就会判不明是非的标准，分不清原则与非原则，就很难做到办事公道。

案例

"喜喜连长"张永进

张永进在新疆生产建设兵团第十四师一牧场工作了40多年，他先后担任过兽医、卫生员、连长、政法办主任等职务。因为办事公道，脾气好，再难的事经他出面，大家都会喜笑颜开，所以他被当地的各族民众亲切地称作"喜喜连长"。

新疆生产建设兵团第十四师一牧场三面环山，是该兵团最偏远的高寒山区牧场，牧工们在海拔3000多米的山间草场迁徙放牧，少数民族牧工占到86%。为了更好地开展工作，张永进和当地同胞同吃同住，练就了一口流利的维吾尔语。

在一牧场工作的40多年中，张永进经常为困难群众分忧解难，资助少数民族孩子上学、帮孤寡老人缴纳养老金、为牧民修建羊圈。这样的小事张永进见到一件做一件。通过真心与当地少数民族民众交往，办好事，办实事，张永进在当地树立了很高的威信。

由于张永进办事公道有威信，每次牧民之间发生矛盾纠纷，都是他去调解。几十年来，张永进共协调解决各类矛盾纠纷有700多起。

张永进曾有七次机会去条件更好的地方任职，但因为放心不下牧场的人和事儿，他一直没有离开。在一次次帮助他人之后，他也收获了更多的快乐。[1]

（四）热情服务

热情即热烈的感情，如满腔热情；服务，即为集体（别人的）利益或为某种事业而工作。热情服务，就是对事业、对工作勤勤恳恳、细致认真，为集体、为他人谋利益而满腔热情。[2]

---

[1] 左盛丹. 看病、接生、调解矛盾，他被新疆民众称为"喜喜连长". https://www.chinanews.com.cn/sh/2019/07-09/8888763.shtml[2019-07-09].

[2] 蒙丽珍，周英虎. 会计职业道德. 大连：东北财经大学出版社，2004.

> 案例

林则银：服务群众马上办

2021年7月25日，天津宝翠花都社区的食堂刚开业一个多月，这是社区党总支书记林则银为了方便附近居民特别是独居老人就餐而开办的，价格低廉、实惠可口，很受大家欢迎。每当食堂忙得不可开交时，林则银总是不请自到，加入炊事班的行列。

2007年，林则银通过招考从贵州来到天津，2014年成为宝翠花都社区党总支书记、居委会主任。一上任，她就承诺要把居民的事当作天大的事，服务群众马上办。有群众提出社区环境不好，她着手的第一件事就是环境整治。

7.6万平方米的社区是林则银的工作区域，1009户3050位居民是她的服务对象。民生保障、公共服务、社区里的大情小事、邻里街坊的各种诉求都装在了林则银绘制的这张七彩图里。在工作中，针对社区250多位空巢老人、20多位独居老人，林则银总结出"五常五送"服务体系：常敲空巢老人门、嘘寒问暖送贴心，常串困难群众门、排忧解难送爱心，常叩重点人群门、沟通疏导送舒心，常守居民小区门、打防管控送安心，常开休闲文明门、和谐追梦送欢心。并成立聊天组、串门组等6个互助组，形成社区"苦有人问、难有人帮、事有人管"的"一家亲"氛围。①

（五）奉献社会

奉献社会就是要求从业人员在自己的工作岗位上兢兢业业地工作，尽到力所能及的责任，履行对社会、对他人的义务，自觉为社会和他人做贡献。当个人利益、局部利益与社会利益发生冲突时，要求每一个从业人员把社会利益放在首位。

奉献社会是一种人生境界，是职业道德的出发点和归宿。因此，无论从事什么职业，都要树立正确的义利观，正确处理好公利与私利的关系。当"义"与"利"发生矛盾时，要有顾全大局、乐于奉献的精神，真正把国家、集体和人民的利益放在首位。要杜绝斤斤计较、只讲索取不讲奉献、只讲权利不讲义务、只讲金钱不讲道德的思想观念。

> 案例

刘杰：把客人当家人的卖货能手

刘杰是淄博商厦总店超市洗化区的一名普通员工，曾荣获薇美姿（舒克）全国金牌导购员、淄博商厦优秀营业员称号，两次参加"迎接建党100周年"演讲比赛，分别取得第二名、第三名的好成绩。

---

① 刘洁.2021.【崇德向善 见贤思齐 德耀中华】林则银：服务群众马上办. https://news.cctv.com/2021/07/25/ARTIJosCfdefxsBmB6M6T7vy210725.shtml[2021-07-25].

销售员的工作大都繁忙而琐碎，与别人不同的是，只要身在岗位上，刘杰的手中无时无刻不拿着她所负责的货品。每当有顾客经过，她就带着微笑和饱满的热情主动上前迎接，也正因如此，刘杰成了洗化区的卖货能手。

在日常的工作中，刘杰凭借过硬的销售技能和贴心的服务成为许多同事和顾客心中的金牌导购。面对肆虐的新冠疫情，她又摇身一变，成为一名奔赴"战场"的"战士"。

新冠疫情期间，超市订单量骤增，仅"物资包"的日均配送就高达1万余单。刘杰除去每天在一线8小时的工作外，还主动申请成为应急保供的一员。分拣、打包、装车……看上去简单的工作，每天却要机械地重复上千次。

坚守岗位的半个多月让刘杰有了深刻感悟。新冠疫情期间，同事们团结一心向前冲的氛围给了刘杰莫大的动力，让她感受到商厦人是切切实实地在将"奉献社会"的理念付诸实践。当听到孩子对自己说"妈妈，我跟同学说你在淄博商厦工作，他们吃的菜都是你们送的，他们特别羡慕"时，刘杰顿感无比骄傲和自豪，觉得自己再苦再累都值得。

"我们是什么样的人，孩子就会成为什么样的人。"为了社会，为了子女，身为员工，身为家长，刘杰尽职尽责、积极进取、乐于奉献、言传身教，为所有同事树立了标杆。[1]

三、职业道德在大学生职业生涯中的作用

（一）职业道德是大学生步入职业生涯的必修课

良好的职业道德素养是职业者取得事业成功的基石。职业道德不仅关系职业者的职业发展程度，也影响职业者的职业生涯规划。面对挑战，只有具备了良好的职业道德素养，才能具备强烈的职业情感，并能出色地完成工作任务，使工作变得有价值。大学生在踏上职业道路之前，自觉、认真地学习职业道德这一必修课，将有助于其在人生的这一重要转折路口，调整好心态，做好足够的思想和心理准备，迈好新征程的第一步。

（二）良好的职业道德素养是大学生的职业成功之道

从现实工作角度来看，一些就业后取得不了职业成绩，遭遇巨大挫折的职业者，问题不是出现在他们的专业技能和知识上，而是他们的职业道德素养不高。因此，一个具备了良好职业道德素养的人，是诚实守信、待人宽厚、严于律己、善于与他人合作、在工作上乐于吃亏的人。这样的人，因其人缘好、人际关系融洽，大家都乐意与他交往共事，因而其在职业生涯中社交需求能得到较好的满足，随着其社交层次不断提升，个人的职业生涯也将具备更大的发展空间。

因此，大学生要不断提高自己的职业道德，这既是社会对个人的要求，也是个人成长发展的内在需要。

---

[1] 崔晓蕾. 刘杰：把客人当家人的卖货能手. https://www.workercn.cn/c/2022-07-04/7000329.shtml[2022-07-04].

> **案例思考**
>
> 小李与小赵的做法对吗？
>
> 　　小李是一名测绘技术人员，为赚取利益，他擅自以环境考察为名，开展测绘活动，使用全球定位系统接收机采集某地区地理信息坐标，发送到境外。
>
> 　　小赵是一名地质工程师，他热爱地质事业，一年中多数时间在野外项目分队中度过。野外工作，条件艰苦，环境恶劣，但他从不抱怨，坚持刻苦钻研，勤奋工作。对每一个项目他都能严肃认真地去完成，做到速度快、质量高。
>
> 　　思考：案例中的小李和小赵的做法是正确的吗？如果是你，你会怎样做？在校期间，你会怎样践行理想职业的职业道德要求？

知识链接

一、不同职业的职业道德要求

　　不同职业的职业道德要求各不相同。教师有教师的职业道德要求、编辑有编辑的职业道德要求……不同的职业在工作性质、社会责任、服务对象、服务内容、服务方式等方面存在着差异，因而不同职业具有差异的职业道德要求。以下简要阐述部分职业的职业道德要求。

　　（1）司法工作者的职业道德要求：立场坚定，爱憎分明；秉公执法，不徇私情；清正廉洁，不畏权势；机智果敢，谦虚谨慎；尊重同事。

　　（2）教育工作者的职业道德要求：严谨治学，科学育人；热爱学生，以情育人；为人师表，身教育人；团结协作，共同育人；献身教育，教书育人。

　　（3）公务员的职业道德要求：政治坚定，忠于国家；勤政为民，依法行政；务实创新，清正廉洁；联系群众，服务热情；精通业务，严守秘密。

　　（4）科技工作者的职业道德要求：刻苦钻研，勇于创新；坚持真理，不怕挫折；治学严谨，大胆探索；实事求是，完整准确；团结协作，公平竞争。

　　（5）管理人员的职业道德要求：秉公办事，不谋私利；用户至上，造福社会；作风民主，平等待人；公平公正，开拓创新；谦虚谨慎，团结协作。

　　（6）餐饮工作者的职业道德要求：通晓业务，优质服务；公私分明，廉洁奉公；平等互惠，诚信无欺；当好参谋，指导消费。

　　（7）外贸工作者的职业道德要求：维护国家利益；遵守外事纪律；严格把关，一丝不苟；不卑不亢，维护国格人格；精通业务，提高效率。[1]

　　（8）医务工作者的职业道德要求：爱岗敬业，钻研业务，救死扶伤的人道主义精神，从患者的角度思考；因病施治，阳光作业；文明礼貌的服务举止；严谨细致的工作作风；服从大局的工作态度。

---

[1] 王兆明，顾坤华. 大学生职业生涯规划（修订版）. 苏州：苏州大学出版社，2014.

（9）会计工作者的职业道德要求：爱岗敬业，廉洁自律，客观公正，保守秘密，诚实守信，坚持准则，提高技能，文明服务。

（10）地质工作者的职业道德要求：爱国、爱岗、敬业；质量第一；钻研科学技术；团结协作，树立集体观念；艰苦奋斗，乐于奉献；保守国家机密。

（11）建筑工作者的职业道德要求：爱岗敬业、质量第一，吃苦耐劳；团结合作，廉洁自律。

（12）测绘工作者的职业道德要求：热爱测绘工作，艰苦奋斗，勇挑重担，为发展测绘事业贡献力量；坚持质量第一，严肃认真，一丝不苟，精心操作，精心观测，提供及时、适当、可靠的测绘保障；提供测绘成果成图，要根据任务轻重缓急，妥善进行安排；严格组织纪律，外出作业要遵守当地的有关规定；边远地区作业，要认真执行民族政策，尊重当地风俗习惯，维护民族团结；遵守社会公德，增强法治观念，爱护公共财物，维护群众利益。

二、职业道德的培养

（一）职业道德培养的途径

1. 树立崇高的职业理想是个人自觉培养职业道德的先决条件

作为一个职业人，当他从事某种职业的时候，首先要给自己的职业生涯明确和树立一个较高的职业理想，即自己的职业志向。每个人的道德行为是在他的思想意识支配下进行的，因此，一个人树立什么样的职业理想，在很大程度上会影响到他在职业道德修养中所能达到的水平。

2. 有针对性地学习是从业者加强培养职业道德的基本途径

提高职业道德修养和认识，必须进行相应的学习。学习是职业道德养成的基本途径。首先要进行必要的理论学习，坚定立场和行为方向。同时，每个从业者要学习职业道德原则、职业道德的规范以及职业道德修养方面的理论知识。对于刚参加工作的大学生来说，学习的内容和方法是多种多样的。首先，学习书本知识，读书学习对于从业者加强职业道德修养是最便捷的，每个从业者都要学习自己所从事行业的专业知识和专业法规，学习、理解社会进步和职业发展对个人的要求，增强职业道德意识，确立职业道德理想。其次，向先进的职业工作者、职业道德上有建树的人学习。认真地向他们学习，找到他们身上的闪光点，认识到自己与他们之间的差距，明确自己努力的方向。职业道德修养最重要的就是不断地改造自己的主观世界，提高自己的道德境界。

3. 学会"自律"和"推己及人"是提高个人职业道德水平的有效途径

由于职业道德规范没有很强的约束力，它的实施在很大程度上是依靠从业者个体的职业良心和内心的信念来支撑的，因此学会自律是大学生做到自觉遵守职业道德规范的前提。一方面，大学生通过自律来提高劳动或服务的质量，体现出本行业的职业道德。另一方面，大学生在工作或服务的过程中学会"推己及人"，才能体现个人职业道德的修养。孔子说："己所不欲，勿施于人。"就是讲，自己所不喜欢或不愿意的，不要强加给别人。在我们工作的过程中,要用"推己及人"的态度对待自己的工作。其实这个过程也是提高大学生个人职业道德水平的过程。

4. 积极投身职业实践,在实践中提高能力

职业道德的养成要做到知行合一,实践是职业道德养成的根本途径。只有把认识付诸实践,通过认识—实践—再认识—再实践的循环反复,才能提高职业道德修养水平。对于当代大学生来说,实践包含两方面的内容,一是专业实践活动,专业实践是最基本的实践,通过专业实践,可以亲身体验本专业具体的职业道德品质。例如,医务人员精益求精的工作精神是通过临床治疗的专业实践培养起来的。通过专业实践,可以增强职业意识,了解职业规范,提高从业者的基本素质及职业技能和素养。二是社会实践活动。大学生的学习主要在课堂和实验室进行,具有一定的局限性。因此,要高度重视社会实践。通过社会实践,大学生可以感受各种职业被社会尊重与重视的程度,达到认识专业、走进职业、培养职业情感的目的。

(二)职业道德培养的方法

职业道德培养的根本在于实践,贵在自省,难在慎独,重在榜样。

1. 自省法

自省法是通过内心的自我评价使自己的言行符合职业道德标准的要求。自省要求客观地看待自己,勇于正视自己的缺点;敢于自我批评,做到"日省其身,有则改之,无则加勉";有改正缺点的决心。大学生应有正确的荣辱观和辨别是非的能力。

2. 慎独法

慎独法是指在无人监督的情况下,其行为应当更谨慎,遵守职业道德要求。慎独既是养成职业道德修养的方法,又是职业道德要达到的一种精神境界。慎独强调人们在进行道德修养时,要从小处着手,防微杜渐。

3. 榜样激励法

榜样激励法是指向行业先进模范人物学习,不断激励自己提高道德素养。其特点在于通过榜样学习,可以把抽象的职业道德标准具体化、人格化、典型化,从而受到感染、激励、启迪,增强职业道德修养的有效性。[①]

知识拓展 工匠精神

工匠精神是一种职业精神,是职业道德和职业品质的体现,是职场人士的一种职业价值取向和行为表现,是个人成长的道德指引。工匠精神的基本内涵包括敬业、精益、专注和创新。

---

① 陈宝鹏,于经宇,赵冰梅. 大学生职业发展与就业指导实用教程. 北京:航空工业出版社,2014.

1. 敬业

敬业是从业者基于对职业的敬畏和热爱而产生的一种全身心投入的认认真真、尽职尽责、尽心尽力的职业精神状态。中华民族历来有"敬业乐群""忠于职守"的传统，敬业是中国人的传统美德，也是当今社会主义核心价值观的基本要求之一。早在春秋时期，孔子就主张人在一生中始终要"执事敬""事思敬""修己以敬"。"执事敬"，是指行事要严肃认真不怠慢；"事思敬"，是指临事要专心致志不懈怠；"修己以敬"，是指加强自身修养，保持恭敬谦逊的态度。

2. 精益

精益就是精益求精，是从业者对每件产品、每道工序都凝心聚力、精益求精、追求极致的职业品质。所谓精益求精，是指已经做得很好了，还要求做得更好，"即使做一颗螺丝钉也要做到最好"。正如老子所说，"天下大事，必作于细"。能基业长青的企业，无不是精益求精才获得成功的。

3. 专注

专注就是内心笃定而着眼于细节的耐心、执着、坚持的精神，这是一切"大国工匠"所必须具备的精神特质。从中外实践经验来看，工匠精神都意味着一种执着，即一种几十年如一日的坚持与韧性。锲而不舍，一旦选定行业，就一门心思扎根下去，心无旁骛，在一个细分产品上不断积累优势，在各自领域成为"领头羊"。在中国早就有"艺痴者技必良"的说法，如《庄子·养生主》中记载的游刃有余的"庖丁解牛"、《核舟记》中记载的奇巧人王叔远等。

4. 创新

"工匠精神"还包括追求突破、追求革新的创新内蕴。古往今来，热衷于创新和发明的工匠们一直是世界科技进步的重要推动力量。新中国成立初期，我国涌现出一大批优秀的工匠，如倪志福、郝建秀等，他们为社会主义建设事业做出了突出贡献。改革开放以来，"汉字激光照排系统之父"王选、"中国第一、全球第二的充电电池制造商"王传福、从事高铁研制生产的铁路工人和从事特高压、智能电网研究运行的电力工人等都是"工匠精神"的优秀传承者，他们让中国创新重新影响了世界。[①]

生涯行动　修炼你的职业道德

通过问卷调查、生涯人物访谈等方式，探索你的目标职业中需要具备哪些职业道德，有哪些职业道德是你目前不具备的。针对你目前不具备的职业道德，你该如何培养，制订出你的培养计划。

---

① 王险峰. 企业文化管理指南：职场新人必读. 镇江：江苏大学出版社，2014.

任务五　探索行业"风口"——形势与政策分析

体验活动　了解形势与政策

请同学们查询《2024年国务院政府工作报告》和《中华人民共和国国民经济和社会发展第十四个五年规划和2035年远景目标纲要》，了解国家政策与经济、社会发展形势。

知识链接

一、正视当前大学生就业形势

（一）应届毕业生总量增加

2020年，我国高校毕业生人数达874万人；2023年，我国高校毕业生人数达1158万人；2024年，根据教育部公布的信息显示，高校毕业生人数预计达到1179万人，同比增加21万人，再创历史新高（图2-6）。

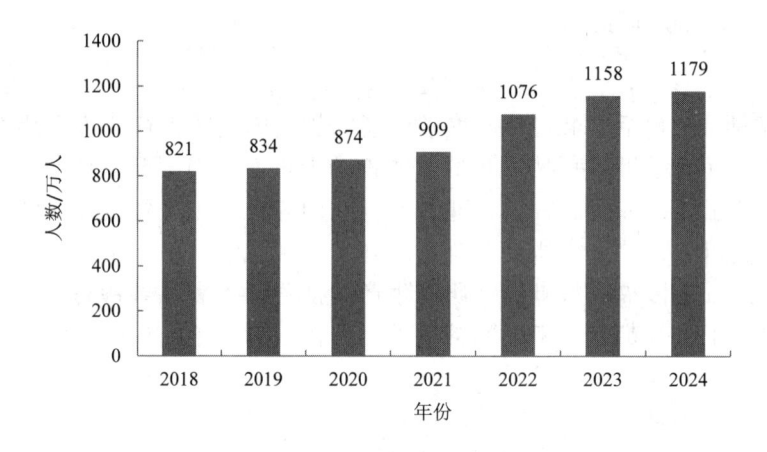

图2-6　2018～2024年我国高校应届毕业生人数

（二）国内外经济增速趋缓

2023年，我国国内生产总值（GDP）达126万亿元，比2022年增长5.2%。这说明我国应对新冠疫情非常成功，经济得到快速恢复，但是当前市场主体还处于疤痕适应期，过去几年，新冠疫情对企业劳动力的需求产生了较大冲击，尤其是对中小企业的冲击更大，表现为招聘公司数量的减少、岗位数的减少、人员数的减少等。大学生就业面临着较大的压力。国际经济发展形势仍然不确定，风险和变数依旧较大，欧美主要经济体面临着财政紧缩、主权债务风险上升等诸多问题；新兴经济体面临着经济结构调整、出口下滑等问题，世界经济艰难复苏，影响着出口型经济及就业的发展。

（三）社会对于人才需求越来越高

目前，我国中高层次的人才短缺，社会对高层次的复合型、外向型和开拓型人才的需求日益迫切，呈现出对人才结构的需求层次重心上移的趋势。数字经济的发展对传统职业产生了深远的影响，许多传统行业正在逐步实现数字化转型，这种转型导致传统职业的需求和要求发生了重要的变化。例如，随着自动化技术的应用，机器人等智能设备已经在某些领域代替了人类进行许多重复性和单调性的工作，这导致该领域的许多传统工人的失业。因此，数字化转型也加速了就业市场的结构性变化，主要表现为市场缺乏高端数字化人才，与此同时，部分低端劳动力也被智能化机器取代。

（四）毕业生就业期望值居高不下

毕业生就业期望值居高不下仍然是目前高校毕业生就业工作中的主要难题。毕业生普遍感到"找不到理想的单位"，而同时有许多基层一线的用人单位急需人才却又招聘不到毕业生，这就反映出毕业生求高薪、求舒适、求名气的心态仍然普遍。大多数毕业生想留在大城市或沿海开放城市工作，然而目前实际最需要毕业生的却恰恰是那些边远地区、中小城市、艰苦行业的基层一线中小型单位，这些地区和单位人才缺乏，非常希望能接收到大学毕业生。

（五）毕业生的能力素质与用人单位要求存在较大差距

现在用人单位对高校毕业生的敬业精神、职业道德、思想道德觉悟和能力素质水平都提出了越来越高的要求，看重人品和能力。不少单位已经开始对接收毕业生持宁缺毋滥的态度。因此，学生干部、学生党员以及综合素质高、动手能力强、敬业和有各种特长的毕业生越来越受到用人单位的欢迎。高校毕业生的就业形势十分严峻，即将进入就业市场的大学生对此要有足够的思想准备。

（六）国家高度重视大学生就业

根据不同的就业形势，国家每年都会出台相应的就业政策和措施，为引导、协调和安排高校毕业生就业提供了有力保障。同时，随着社会的迅速进步、知识经济的突起、各地区经济的协同发展，社会对人才的需求量越来越大，非公有制企业、乡镇企业、广大基层和欠发达地区更为毕业生提供了施展才华的广阔用武之地。针对高职毕业生，国家政策大力扶持的就业项目有"应征入伍""部队士官招聘""西部计划""大学生村干部计划""三支一扶"等。另外，国家积极鼓励高校毕业生自主创业，毕业生可以在一定条件下通过发挥自己的特长，自主创业、灵活就业，在解决自己就业的同时为社会提供新的就业渠道，缓解就业压力。

二、大学生就业政策

党的二十大报告指出，"就业是最基本的民生"。要强化就业优先政策和健全就业促进机制，促进高质量充分就业。教育部每年都会召开专门会议，研究大学生就业创业工作。2022年5月，国务院办公厅发布了《关于进一步做好高校毕业生等青年就业创业工作的通知》，该通知提到了对应届毕业生就业的一些举措，另外，该通知还明确要求：扩大企业就业规模，对中小微企业招聘大学生提供一些优惠政策。比如，企业招聘大学毕业生，可以给予一次性就业补贴；支持通过特岗教师、社区招聘等途径招聘应届毕业生，并且对大学毕业生毕业贷款等给予优惠政策，鼓励大学毕业生积极创业。近年来，就业政策精神综述如下。

（一）鼓励高校毕业生到基层、到中西部地区就业

（1）对到艰苦边远地区就业的高校毕业生，在机关工作的，试用期工资可直接按试用期满后工资确定，试用期满后级别工资高定1～2档。在事业单位工作的，可提前转正定级，转正定级时薪级工资高定1～2级。

（2）在艰苦地区工作2年或2年以上者，报考研究生的，应优先予以推荐、录取。

（3）自2012年起，省级以上机关录用公务员，除部分特殊职位外，均应从具有2年以上基层工作经历的人员中录用。市（地）级以下机关特别是县乡机关招录公务员，应采取有效措施，积极吸引优秀应届高校毕业生报考。

（4）要求各地大力开发社会管理和公共教育、医疗卫生、文化等领域的服务岗位，增加高校毕业生的就业机会，完善相关政策，重点解决好他们在工资待遇、社会保障、人员编制、户口档案、职称评定、教育培训、人员流动、资金支持等方面面临的实际问题。

（5）对到农村基层和城市社区从事社会管理与公共服务工作的高校毕业生，符合公益性岗位就业条件并在公益性岗位就业的，按照国家现行促进就业政策的规定，给予社会保险补贴和公益性岗位补贴。

（6）对到农村基层和城市社区其他社会管理与公共服务岗位就业的，给予薪酬或生活补贴，同时按规定参加有关社会保险。

（7）对到中西部地区和艰苦边远地区县以下基层单位就业，并履行一定服务期限的高校毕业生，以及应征入伍服义务兵役的高校毕业生，按规定实施相应的学费补偿和国家助学贷款代偿。

（二）鼓励高校毕业生应征入伍服义务兵役

高校毕业生预征对象参军入伍享受"四优先"政策。

（1）优先报名应征。确定为预征对象的高校毕业生，持《应届毕业生预征对象登记表》可以直接到学校所在地或户籍所在地县级兵役机关报名应征。

（2）优先体检政审。确定为预征对象的高校毕业生，未能在规定时间内在学校参加体检的，本人持《应届毕业生预征对象登记表》，可在征兵体检时间内报名直接参加体检。

（3）优先审批定兵。审批定兵时，应当优先批准体检、政审合格的高校毕业生入伍。高职（专科）以上文化程度的合格青年未被批准入伍时，不得批准高中文化程度的青年入伍。

（4）优先安排使用。在安排兵员去向时，根据高校毕业生的学历、专业和个人特长，优先安排到军兵种或专业技术要求高的部队服役。部队对征集入伍的高校毕业生，优先安排到适合的岗位，充分发挥其专长。

（三）积极聘用优秀高校毕业生参与国家和地方重大科研项目

高校毕业生在参与项目研究期间，享受劳务性费用和有关社会保险补助，户口、档案可存放在项目单位所在地或入学前家庭所在地人才交流中心。聘用期满，根据需要可以续聘或到其他岗位就业，就业后工龄与参与项目研究期间的工作时间合并计算，社会保险缴费年限连续计算。

（四）鼓励和支持高校毕业生到中小企业就业和自主创业

（1）对企业招用非本地户籍的普通高校专科以上毕业生，各地城市应取消落户限制（直辖市按有关规定执行）。

（2）为到中小企业就业的高校毕业生提供档案管理、人事代理、社会保险办理和接续等方面的服务。

（3）从事个体经营符合条件的，免收行政事业性收费并享受国家相关扶持政策。

（4）登记失业并自主创业的，如自筹资金不足，可申请 5 万元小额担保贷款；对合伙经营和组织起来就业的，可按规定适当提高贷款额度。

（5）参加创业培训的，按规定给予职业培训补贴。

（6）灵活就业并符合规定的，可享受社会保险补贴政策。

（五）强化对困难家庭高校毕业生的就业援助

（1）就业困难和零就业家庭的高校毕业生，享受公益性岗位安置、社会保险补贴、公益性岗位补贴等就业援助政策。

（2）机关、事业单位免收招聘报名费和体检费。

（3）高校可根据实际情况给予适当的求职补贴。

（4）对离校后未就业回到原籍的高校毕业生，由各地公共就业服务机构免费提供就业服务并组织就业见习和职业技能培训。[①]

体验活动 调查专业对应的行业信息，撰写行业探索分析报告

请同学们选择一个你熟悉的与专业相关的行业，调查行业有关信息，撰写自己的行业探索分析报告。

[①] 王丽萍. 大学生职业规划与就业创业指导. 上海：上海交通大学出版社，2019.

我的行业探索报告

（1）与我的专业有关的行业有：_____
（2）我选择探索的行业是：_____
（3）该行业是做什么的：_____
（4）近两年该行业发展政策有：_____
（5）近五年该行业的发展趋势是：_____
（6）该行业的人才需求状况是：_____
（7）该行业的细分领域有：_____
（8）该行业的头部企业有：_____
（9）该行业头部企业的企业文化是：_____
（10）该头部企业选拔人才关注的核心点是：_____
（11）从事该行业的人对该行业的评价是：_____
（12）什么样的人适合该行业：_____
（13）可以通过什么方式进入该行业：_____
（14）该行业校园招聘的典型职位有：_____
（15）该行业平均薪酬为：_____

知识链接

一、认识行业

（一）行业的定义

行业是企业的集合，一般是指生产同类产品或具有相同工艺过程或提供同类劳动服务的经济活动类别，如餐饮行业、服装行业、机械行业等。

个人的职业发展与行业发展紧密联系，行业的快速发展可以促进个人的职业发展。例如，智能手机行业的发展引发了电信行业的爆发式增长，带动了软件设计者和硬件工程师的职业发展。

（二）行业的分类

行业分类是不同于《中华人民共和国职业分类大典》的另外一种分类模式，主要是依据经济活动性质的同一性进行分类的原则，即主要按企业、事业单位、机关团体和个体从业人员所从事的生产经营活动或其他社会经济活动性质进行行业分类，而不按其所属行政管理系统分类。某一行业就其实质来说是指从事一种或主要从事一种活动的所有单位的聚合体。

我国 2017 年第四次修订的《国民经济行业分类》对行业门类、大类、中类和小类进行了调整。新行业分类标准为 20 个行业门类，97 个行业大类，473 个中类，1382 个小类。主要分类如下：

A. 农、林、牧、渔业

B. 采矿业

C. 制造业

D. 电力、热力、燃气及水生产和供应业

E. 建筑业

F. 批发和零售业

G. 交通运输、仓储和邮政业

H. 住宿和餐饮业

I. 信息传输、软件和信息技术服务业

J. 金融业

K. 房地产业

L. 租赁和商务服务业

M. 科学研究和技术服务业

N. 水利、环境和公共设施管理业

O. 居民服务、修理和其他服务业

P. 教育

Q. 卫生和社会工作

R. 文化、体育和娱乐业

S. 公共管理、社会保障和社会组织

T. 国际组织

二、行业探索的内容

行业探索，就是通过理论分析和实际调研的方式对一个行业进行全方位的解读。行业是社会分工的大类，通过了解行业能让个人很好地了解职业。如何了解一个具体的行业？行业中有一些通用的研究因素，通过研究这些因素就可以很全面地了解一个行业，这些因素共有十个，我们称之为"行业十项"。

第一，这个行业是什么。包括政府、协会及个人对行业的定义，每个定义都是对行业的不同层面的阐释，而定义又是很精辟、很全面的介绍，所以深入搜集关于行业的定义和观点非常有益于加深对行业的了解。

第二，行业对生活和社会的作用及行业的发展前景和趋势。明确行业对社会和生活的作用。每个行业在社会中都有特定的功能，明确这一点将有利于自身的学习目标。在了解行业对生活和社会的影响之后，就可以在一定程度上了解它的发展前景和趋势，从而可以在选择行业和确定发展方向时有长期的准备。

第三，行业的细分领域。行业是大类，在行业内部还有不同的分类，了解不同行业的分类有利于全方位地了解行业。分类的标准决定了具体的分类，可以选择政府、协会的分类标准，以此为线可以很好地掌握和理清行业发展脉络，也是个人了解行业发展空间的重要依据，如金融业就分为银行、保险、证券、基金等。

第四，国内外最著名的行业内公司及介绍。当了解不同的行业细分领域后，就可以找到此领域的标杆公司了。标杆公司是此领域此行业的代表，当我们调研国内外的标杆公司时，我们所能把握的方向也是国际化的。同时可以对比国内外不同标杆公司的差距，这有利于自己了解行业的核心竞争力。需注意的是，要对每个行业标杆公司进行不同程度的企业探索，从而让自己的行业探索落地。

第五，行业的人力资源需求状况及趋势。行业的人力资源需求状况是指这个行业都需要什么样的人才，当我们盘点行业的需求状况之后就可以进一步确定自己的职业选择，为个人的职业定位（确定具体的职业）提供更准确的依据。最后还要对行业的未来需求做个整理和分析，便于自己站在未来的角度做选择。

案例思考

2022年云南国土资源职业学院毕业生就业行业流向

从图 2-7 中可以看出，2022 年，云南国土资源职业学院毕业生中，有 26.43% 的毕业生流向建筑业，有 12.79% 的毕业生流向批发和零售业，有 8.04% 的毕业生流向信息传输、软件和信息技术服务业，有 8.23% 的毕业生流向科学研究和技术服务业，还有 8.41% 的毕业生流向租赁和商务服务业（图 2-7）。

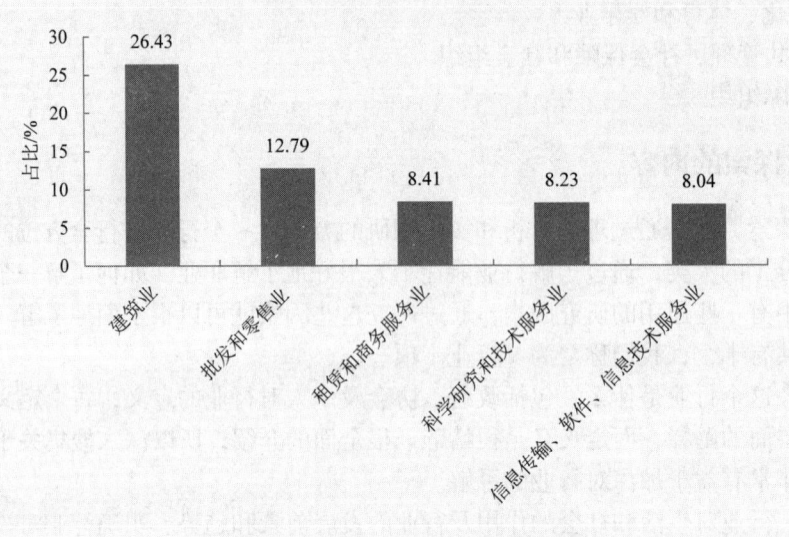

图 2-7　2022 年云南国土资源职业学院毕业生就业行业流向
资料来源：《云南国土资源职业学院 2022 届毕业生就业质量年度报告》

第六，从事行业需要具备的通用素质和从业资格证书。每个行业都有一定的入行要求，这些就表现为通用素质和从业证书。通用素质是决定工作绩效的持久品质与特征，具备了该行业的通用素质，就比较容易将自己储备的知识转化成与行业相匹配的技能。而从业资格证书是从事行业的从业资格凭证。大学生可以将掌握通用素质和考取从业资格证书作为入行的"敲门砖"。

第七，有哪些名人从事过或正在从事这个行业。了解行业的标杆人物是进一步了解行业的很好方法，每个行业都有行业的代表人物。调研行业标杆人物的奋斗轨迹和目前状态等，可以加深对行业的了解，也可以为自己进入行业提供一个参照，尤其是要调研曾经做过但现在不从事这个行业的一流人物，了解他们可以知道行业的风险和弊端，了解行业的失败人物可以全面透析行业，以免一叶障目，此项侧重研究他们是怎样成功或失败的。

第八，行业的著名公司总经理或人力资源总监的介绍和言论。整理或访问行业的著名公司的总经理与人力资源总监等的个人介绍和言论思想是职业访谈的一种高端调研，因为总经理左右着企业的发展，人力资源总监左右着企业人才的招募，所以从两个层面来调研可以更全面地了解行业的发展状态和人才状况，也可以进一步拓展行业知识，同时可以进一步扩大标杆人物群。此项侧重了解他们是怎样看待这个行业的现状的。

第九，职业访谈——了解一般职员、部门职员的一天。和行业的高端人物交流是比较难的，尤其是行业的标杆人物，但和公司的一般职员交流就比较容易了。这个访谈也是实际调研的主要部分。你可以和从事过或正在从事这个行业的一般职员交流，去询问他们以往的项目，在交流中验证和拓展你对行业的了解尤其是要对你所希望从事的部门或岗位的人进行访谈，这样可以让你有效地了解职业的具体要求。

第十，校园职位及对大学生的一般能力要求。当我们进行了行业的9项调研后，还要对大学生能够应聘到的校园职位进行盘点，因为这些职位通常更容易接近并提供了宝贵的实践机会，是大学生可望又可即的一些职位；一些企业会到校园招聘，校园招聘中所列的岗位就是可以面向大学生的，你可以总结这个企业3年来的校园招聘岗位，当你统计了10家企业的招聘岗位后，就可以合并、整理那些岗位，从而在一定程度上了解行业的岗位职责。每个岗位在招聘时都会列上任职资格，在整理相同岗位的任职资格后就可以在一定程度上明确一般能力要求了。如果你确定了一个职业目标并按其任职资格去努力，那么毕业找工作便会很容易如愿以偿。

三、探索行业的途径

（一）国家或地区发展纲要

国家或地区发展纲要是国家或地区未来几年或更长一段时期要大力发展的产业规划文件。这可以成为行业选择的参考。

（二）互联网

1. MBA智库百科或者百度百科

这是了解一个行业最快、最直接的方式。虽然这类平台发布的相关信息多半需要我们甄别，但对我们方便、快捷地了解行业大体状况很有帮助。

2. 金融投资机构的行业研究报告

可以通过百度，查询权威机构近两年的深度研究报告，这类报告对我们选择行业也有较大的参考价值。

3. 咨询公司行业分析报告

首推波士顿咨询公司，这是一家全球性管理咨询公司，其行业分析报告水准很高，更新快且资源丰富。其次，《麦肯锡季刊》、贝恩公司、腾讯的企鹅智酷、阿里研究院、百度营销研究院、CBNData、360营销研究院、中国互联网络信息中心、北京易观数智科技股份有限公司、艾媒网、艾瑞网等平台都可以查询到相关行业的热点及趋势分析资料。

（三）亲朋好友

同学是很好的资源渠道，往往能获取很多有用的信息。用好社交网站，如果能在你想了解的行业或者企业找到学长，一定能得到你想要的内容。不要忽视了亲戚朋友的力量，他们的丰富阅历和社会资源可能比你在社交网站上搜索一整天还要有用得多。

体验活动　踩准时代的"风口"——赚取属于自己的红利

小静是某高校建筑工程专业大一的学生，当初选择这个专业，是听说建筑工程专业就业时工资高，发展前景大。但最近小静看到国内一些知名房地产企业纷纷出现由于负债裁员的新闻事件后，感觉很忧心，她觉得房地产企业的不景气会影响未来建筑工程行业的就业，一时间，小静对自己毕业后的就业非常没有信心。为帮助小静重拾就业信心，现场组织一个帮扶小组，每组5人，思考小静可以朝哪些方面发展，破解小静心中的忧虑。根据每组想到的内容，做一份分析报告。

知识链接　如何突围——多元化的成长通道

在思考自动化和无人化越来越多，一部分劳动力被逐渐取代的时候，我们应该避免自己的思维走向极端。在这样一个快速变化的工作环境里，有一种能力对所有利益相关者而言都是重要的，这个能力便是从知识和技能角度预测未来的就业趋势和需求。不同行业、不同地区会有不同趋势，所以我们应该了解更为全面的职业环境对特定行业的影响。

以小静的建筑工程为例，构建小静的职业多元化成长通道。

（一）建筑工程覆盖的行业

建筑工程覆盖行业较多。以行业分类，可以分为房地产行业、基础设施建设行业（如高铁、轻轨、机场等）、建筑施工行业等；以扮演角色分类，可以分为甲方、乙方、丙方。

（二）建筑工程专业在某个行业的就业方向、任职资格与胜任能力

以房屋建筑施工企业为例，见表2-8。

表 2-8 建筑行业岗位及任职资格对应关系

	岗位	任职资格与胜任能力
施工企业	施工员	（1）大专及以上学历； （2）建筑工程、土木工程等相关专业； （3）会操作工程管理软件，如 AutoCAD 等； （4）了解国家施工技术及验收规范； （5）具备一定的沟通协调能力、执行力、专业学习能力及团队合作能力
	工长	（1）三年以上相关工作经验，本科及以上学历，持二级建造师证书及助理工程师证书； （2）熟悉国家建筑工程施工技术与施工验收技术标准； （3）熟练掌握工程管理软件，如 AutoCAD 等； （4）具备较强的沟通协调能力、信息数据分析能力及专业判断力、有一定的创新能力
	技术总工	（1）五年以上相关工作经验，本科及以上学历，持一级建造师证书及工程师证书； （2）精通国家建筑工程施工技术与施工验收技术标准； （3）具有较强的技术管理规划能力、全项目及过程技术管理的规划与协调能力、专业技术人才培养能力等
	项目经理	（1）八年以上相关工作经验，本科及以上学历，持一级建造师证书及工程师证书； （2）熟悉国家建筑工程施工技术与施工验收技术标准； （3）具有较强的合作方沟通协调能力、商务谈判能力、决策判断力、项目管理策划能力、目标管理能力等

（三）多元化成长通道

在同一企业内部，企业为了规范职位管理，会形成职位职级体系，职位职级体系也会为员工提供清晰的职业发展通道。图 2-8 为某企业职业发展通道图。

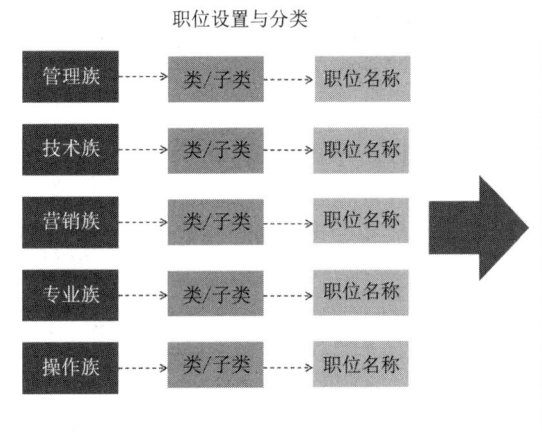

职位设置与分类

- 管理族 ---→ 类/子类 ---→ 职位名称
- 技术族 ---→ 类/子类 ---→ 职位名称
- 营销族 ---→ 类/子类 ---→ 职位名称
- 专业族 ---→ 类/子类 ---→ 职位名称
- 操作族 ---→ 类/子类 ---→ 职位名称

职位职级对照表

职级	管理通道	专业/技术线通道
1	总经理	首席技术官
2	事业部总经理	专家
3	副总经理	高级工程师3
4	总监	高级工程师2
5	副总监	高级工程师1
6	部长	工程师3
7	副部长	工程师2
8	科长、工段长	工程师1
9	副科长、副工段长	助理工程师
10	专员	
11	助理专员	

图 2-8 某企业职业发展通道图

知识拓展 职业探索的四个自信目标

职业探索是伴随我们一生的话题，职业目标也会随着我们周围环境及自身的变化而发生调整。对于现代大学生而言，在职业初期要保持足够的自信才能迎来更大的舞台。只有掌握了职业成长的通关密码，才能对职业坚定无比，内心笃定地面对职场的变化。在这里，我们提出以下四个自信目标。

第一，要保持学校自信，进入大学后，大学生通过校志、老师、活动、学校文化墙、图书馆等渠道了解学校的校训、发展历史、办学优势、师资优势、专业研究优势、就业优势、同类院校的社会地位、产教融合及校企合作情况，以挖掘学校提供给同学们的资源条件，建立"学校荣，我也荣"的信心。

第二，要保持学习自信，大学课程的学习是一个循序渐进的过程，学校会以培养综合素质强、技能过硬的大学生为目标，设置丰富多元的课程体系，包括专业课程、思政课程、基础课程、综合课程等，大学生要根据自己的学习能力制定详细的学习目标，多参加学校的各种活动，建立学习交流圈，将所学的专业"带出去、引进来"，以创造价值为导向争取把所学的内容"吃透、用遍"。

第三，要保持自我自信，每个人都是独一无二的个体，身上散发着独特的魅力和光芒，我们要在每一次做事、每一次选择中观察到自己身上的优势和特点。大学期间，除了学习，还有一件非常重要的事要做，那就是不断实践，实践你的想法，实践你的专业，实践你的能力。我们需要做的是给自己定几个小目标，比如，一个学期参加一次学校举办的活动、参与老师的专项项目、做一次社会实践等。在实践中积累所长、弥补所短，增强自信心。

第四，要保持就业自信，随着"工业4.0"（智能化时代）的到来，人们对未来生活的追求发生了巨大的变化，我们的传统产业发生了颠覆性的变化，也衍生了很多新型行业，在这一张一合中，有些产业就此消失，而有些产业则被发扬光大。快速的产业环境变化带来了就业的变化。面对这些变化，作为新时代的大学生需要做好一些准备，例如，每天关注政治、经济、产业变革等时事新闻，并主动融入新时代，感知时代变化的节奏，从中寻找就业新机会，成为当今社会新型职业的"领头羊"。

生涯行动　撰写《职业世界说明书》中的行业调研

参考附录二《职业世界说明书》撰写指南及优秀学生案例，分析你的理想职业所在行业的形势与政策，撰写其中的行业调研。

学习总结

在完成本部分的学习后，小静通过访问专业课教师、辅导员、校友、职场人士及网上搜集专业相关信息的方式，探索了本专业对应的职业群，并根据自己的专业需要和理想职业要求，探索了自己进入职场时需要的职业资格证书。通过企业招聘公告分析，调查用人单位心目中的好员工等方式，小静探索了不同职业差异化的职业素养要求，分析了目标职业岗位的职业素养要求，并制订了提升个人职业素养的实施计划。在优秀人物案例的启发下，小静了解了职业道德的五个基本内容，探索了理想职业的职业道德要求，并制订了在校期间践行理想职业的职业道德要求的计划。最后，小静分析了大学生就业形势与政策，对宏观就业环境有了一定的了解，并通过国家或地区发展纲要、互联网及亲朋好友等途径，探索了本专业对应的行业信息，探索了行业"风口"，完成了整个职业环境的探索。

推荐阅读

〔英〕英国 DK 出版社. 职业百科：走进社会的理想工作指南. 张蕾，彭发胜译. 北京：电子工业出版社，2017.

项目三　探索自我

学习目标

知识目标：了解认识自我的概念、意义与方法；了解职业性格、职业兴趣、职业价值观、职业能力的含义及其对职业选择与发展的意义；了解自我内在冲突的产生原因。

能力目标：能够使用多种探索自我的方法来探索自我，并学会调适自我内在冲突。

素质目标：培养自尊、自信的心态；挖掘自身特质，形成正确的职业价值取向。

生涯名言

知人者智，自知者明；胜人者有力，自胜者强；知足者富，强行者有志；不失其所者久，死而不亡者寿。

——《道德经》

生涯困惑

小静虽然有很多困惑和迷茫，但最让她迷茫的是自己能做什么，该做什么。"我上大学前的梦想是成为一名画家，后来因为家庭经济状况，我又想成为一名建筑工程师。但是我的性格有点内向，可能不太适合与人打交道。我对建筑工程也不是那么热爱。我能顶得住压力，解决施工难题，把住工程质量关吗？毕业后我是从事与自己专业有关的职业，还是专升本呢？我真的不知道自己到底适合什么样的工作，将来能干什么。"小静如何做才能破解自己心中的迷茫，找到适合自己的职业方向呢？

思维导图

项目三 探索自我

- 学习目标
- 生涯名言
- 生涯困惑
- 任务一 认识自我
  - 【体验活动】简短的自我介绍
  - 【知识链接】一、认识自我的概念 二、认识自我的意义 三、认识自我的方法
  - 【生涯行动】使用360度评估法评价自我
- 任务二 本色工作——探索职业性格
  - 【案例导入】小袁的职业性格
  - 【知识链接】性格与职业性格
  - 【体验活动】左右手签名
  - 【知识链接】职业性格对职业选择与发展的影响
  - 【体验活动】MBTI
  - 【知识链接】一、MBTI理论 二、MBTI 16种性格类型及匹配的职业
  - 【知识拓展】一、九型人格 二、DISC性格测试
  - 【生涯行动】对标理想职业，分析自我性格
- 任务三 快乐工作——探索职业兴趣
  - 【案例导入】三位同学的兴趣
  - 【知识链接】一、兴趣与职业兴趣 二、兴趣对职业选择的影响
  - 【体验活动】"兴趣小岛"
  - 【知识链接】一、霍兰德职业兴趣理论
    二、霍兰德职业兴趣类型的特点
    三、6种职业兴趣类型的内在联系 四、霍兰德职业索引
  - 【体验活动】测一测你的职业兴趣类型
  - 【知识链接】一、正确对待测评结果 二、其他探索兴趣的方法——回顾总结法
  - 【体验活动】小组讨论
  - 【知识链接】职业兴趣的培养
  - 【生涯行动】我的兴趣发展计划
- 任务四 高效工作——探索职业能力
  - 【体验活动】细数自己有哪些能力
  - 【知识链接】一、能力的概述 二、职业能力的概述 三、能力对职业发展的影响
  - 【知识拓展】职业核心能力
  - 【体验活动】说一说让你有成就感的3件事
  - 【知识链接】一、能力的评估 二、能力的培养
  - 【知识拓展】"冰山模型"
  - 【生涯行动】我的能力清单
- 任务五 坚定工作——探索职业价值观
  - 【案例导入】小王的职业价值观
  - 【知识链接】一、价值观与职业价值观 二、职业价值观对职业发展的影响
  - 【体验活动】职业价值观测试
  - 【知识链接】一、舒伯的15种职业价值观 二、施恩的职业锚类型
    三、张再生的职业价值观
  - 【体验活动】忍痛割爱
  - 【知识链接】真实价值观的澄清
  - 【体验活动】小组讨论毕业生离职原因
  - 【知识链接】树立正确的职业价值观
  - 【生涯行动】我的价值观探索报告
- 任务六 调适自我内在冲突
  - 【案例导入】小静的自我内在冲突
  - 【知识链接】一、自我内在冲突产生的原因 二、调适自我内在冲突的方法
  - 【生涯行动】转动你的职业生涯三叶草
- 学习总结
- 推荐阅读

任务一 认识自我

体验活动 简短的自我介绍

活动流程：
（1）写一份简短的自我介绍。
（2）由老师随机选择若干份进行宣读。
（3）猜猜老师念的自我介绍是谁写的。
（4）快速思考。①为什么有的同学一下子就能被猜中，而有的同学却始终没被猜中。②为什么需要认识自己、寻找自己与众不同的方面？③你认为可以从哪些方面认识自己？

知识链接

一、认识自我的概念

认识自我，是个体通过周围环境反馈对自身价值及能力的界定，包括自我察觉、自我认知、自我分析、自我评价等。我们可以从"我是谁""我从哪里来""我要到哪里去"这三个问题入手来进行说明（图3-1）。

- 我是谁？
- 我从哪里来？
- 我要到哪里去？

图3-1 认识自我的三个问题

第一个问题：我是谁？这包括物质自我、社会自我和精神自我三个部分。①物质自我是对自己生理状况（如身高、体重、形态、财产、衣物和装饰等）的认识。一个人对自己的外貌长相、服饰打扮的定位和评价是物质自我的认识反应。这一部分有形的"自我"可以说是每个人对"自我"最直接的感受和理解。②社会自我是对自己在社会关系、人际关系中的角色、地位、作用和权力等的认识和体验，社会自我使个体在社会化过程中得以发展和成长。③精神自我是自我认知中最核心的部分，是对"我"的内部主观存在的认识，是自身心理特征（如需要、动机、价值观、能力、气质、性格等）的认识。[①]

第二个问题：我从哪里来？这包括自己的籍贯、家庭状况、学历、阅历、现有知识储备、能力、社会地位和社会资源等。

第三个问题：我要到哪里去？这包括对自己未来的人生设计，如希望自己在情感、经济、社会成就上达到什么样的目标，以及实现目标的具体方法。

二、认识自我的意义

正确认识自我是一个人迈向成功职业生涯的第一步，一个人如果无法充分认识自己，所有的努力都可能只是符合他人的期待和要求，而与自己的内心状态不符。因此，只有通过自我探索，了解自己的内在需求，个人的潜能才能得以充分发挥。

在职业生涯规划中，认识自我是起点，因为一个人要想获得生活和职业发展上的成功，必须要有清晰的自我认知。了解自己的优/劣势，才可以按照成功的标准提高自身能力。倘若对自己想做什么、能做什么都没有概念，将很难选择合适的职业发展道路。相反，成熟的自我认知会增加个人对自身和环境的敏感度，从而更好地权衡现实利弊，获得职业成功。

认识自我不仅要通过分析式思维了解自己的特征，还应该把这些特征通过整合式思维综合起来，使我们各方面的心理特性协调发展，这样才不至于出现如"自己喜欢的不是自己擅长的""自己在做的觉得不值得"等不协调的情况。这种不协调很有可能成为职业生涯发展的障碍。因此，我们要明确的是，认识自我是一个持续不断的过程，是一个终生的过程。每个新发生的生活事件、经历等都会对自我的兴趣、能力、价值观等方面增加新的经验和体会，从而对我们职业生涯的发展产生新的影响。因此，我们应该用终身发展的观点来对待自己的职业生涯。

三、认识自我的方法

认识自我的方法有很多种，这里只介绍其中的四种，分别是自我分析法、360度评估法、橱窗分析法和职业测评法（图3-2）。

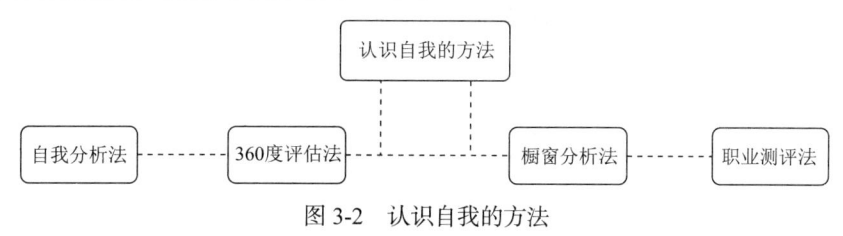

图3-2 认识自我的方法

[①] 叶晓倩. 职业生涯规划与管理. 武汉：武汉大学出版社，2018.

（一）自我分析法

自我分析，就是自我认知的总结，对自身各种因素进行理性分析，得出结论，从而弥补自身的缺点，发挥自身的优点。自我分析法有以下三种。

1. 人生历程法

每个人的性格特点和心理素质，大多来源于其人生历程。养成记录自己人生历程的良好习惯，对了解自己的职业倾向、心理状态、未来预期及人生目标有重要的帮助。大学生可以通过回忆的方式记录自己从小到大的人生历程，将人生历程中发生的重要事情记录下来，从中总结经验，吸取教训，从而为自己的未来发展提供参考。

2. 背景分析法

大学生可以通过自己成长过程中经历的各种事情对自己的成长形成认知，从社会背景、家庭背景、教育背景综合考虑。对自己各方面背景做分析，可以帮助自己掌控并运用所拥有的全部资源。

3. 自我追问法

询问自己，你拥有什么独特的、与生俱来的天分、技术和才能。你天生就对哪些方面的知识特别感兴趣。只有正确地使用这些与生俱来的能力，才能将自己的价值发挥得更加彻底。

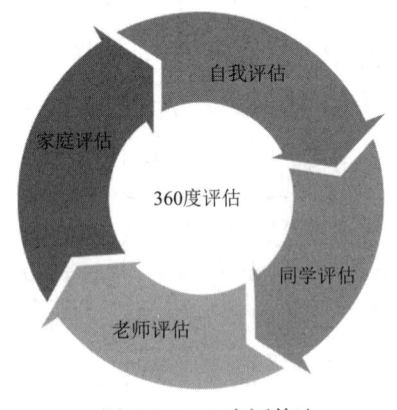

（二）360度评估法

360 度评估法主要通过收集与测评者自身相关的信息，从多角度对测评者进行科学的评价。这种评价不是单层次的，而是多层次且全方位的，建立有效的反馈机制，可以从多角度获得来自不同层面人员的反馈，包括测评者的性格、能力、优势等。综合性的评价意见可以作为测评者职业生涯的重要参考意见。在测评过程中，学生可以请老师、家人、同学从多角度进行测评。360 度评估法如图 3-3 所示，360 度评估法评价内容和标准如表 3-1 所示。

图 3-3　360 度评估法

表 3-1　360 度评估法评价内容和标准

方式	评价内容	评价标准
自我评估	自己的能力是否得到充分展现 对自己的未来职业发展有什么样的规划 是否对自己现有的状态保持积极态度 能否正确处理职业发展规划与其他人生重大选择之间的关系	评价个人的价值观、潜能、兴趣爱好
家庭评估	是否能够理解和肯定 是否能够给予支持和帮助	根据家人的反馈意见
老师评估	是否获得老师的认可 是否有明显的优缺点 是否获得长足的进步 各项能力是否得到提升	根据行为表现及综合素养
同学评估	是否获得同学的认可与好评 是否在某些方面树立了榜样 是否存在一些缺点	根据行为表现及同学感受

（三）橱窗分析法

橱窗分析法是个体进行自我评价的重要方法。橱窗分析法主要是在平面建立直角坐标系来表示个体多方面内在的分析方法，主要通过四个维度的向量（"别人知""别人不知""自己知""自己不知"）进行表示，如图 3-4 所示。

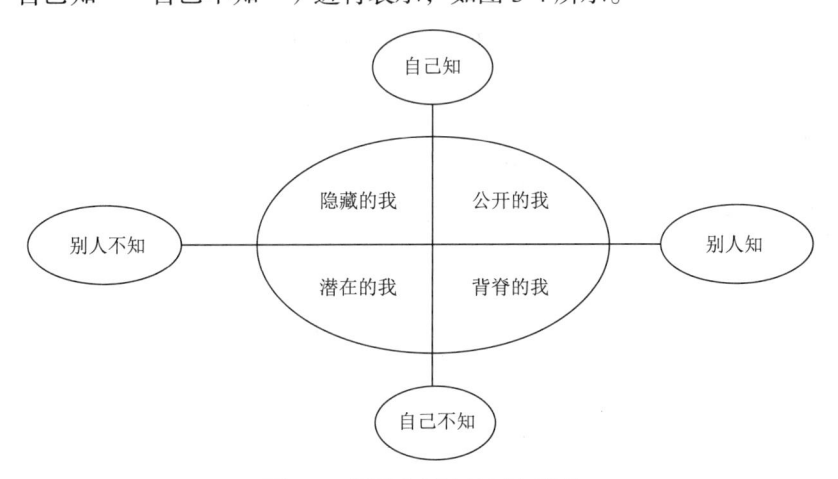

图 3-4　橱窗分析法的四个维度

（1）橱窗 1：公开的我。即自己和别人都知道的部分，是个人展现在外，无所隐藏的部分。

（2）橱窗 2：隐藏的我。即自己知道，别人不知道的部分，是属于个人内在的私有秘密，不外显的部分。

（3）橱窗 3：潜在的我。即自己不知道，别人也不知道的部分。

（4）橱窗 4：背脊的我。即自己看不到，别人却看得很清楚的部分。

运用橱窗分析法进行自我分析，主要是了解潜在的我和背脊的我。

对于潜在的我，人的大脑具有无限的潜能。因此，在自我认识过程中，认识潜在的我至关重要。认识潜在的我的主要方法有联想法、自我暗示法、引导法等，学生可通过翻阅书籍或上网查阅资料了解更多相关内容。对于背脊的我，则要能听取别人的意见，虚心接纳别人的建议，否则很难补齐短板，完善自身。

（四）职业测评法

职业测评是源于国外的一种评价参考工具，主要通过职业测评指标体系对个人的职业取向和工作能力进行全面评测，以便加深人们对自身的认识。常用的职业测评工具主要有以下几种，如表3-2所示。

表3-2 职业测评工具

职业测评工具	特点
霍兰德职业兴趣测评	将兴趣与工作进行匹配，促进"人尽其才，才尽其用"
迈尔斯-布里格斯人格类型测验（MBTI）	需要考虑工作内容、工作方式、工作环境等要素，将个人性格、行为进行匹配，有较强的说服力
职业价值观测评	这是对一个工作者职业工作有效权威的测评，主要包括测评者的领悟能力、职业愿景、工作动机及价值观，它能综合反映一个工作者的心理要素和职业发展
职业能力测评	测试一般能力倾向和特殊能力倾向，帮助学生了解自己的综合能力

生涯行动　使用360度评估法评价自我

行动目的：
学会使用360度评估法收集、整理他人对自己的评价，多角度认识自我。

行动流程：
（1）收集表3-3中这些人对你的评价。

表3-3 他人对你的评价

主体	对你的评价
自己	
家人	
领导、老师	
同学、朋友	
其他社会关系	

（2）快速思考。①你的自我评价与他们的评价差别大吗？②产生这种差别的原因是什么？③你希望自己给人留下什么样的印象？你知道如何做到吗？

任务二 本色工作——探索职业性格

案例导入　小袁的职业性格

小袁今年28岁，专业成绩好，目前在一家机构任主管，有自己的研究课题和工作团队。她很喜欢这份工作，也制订了进一步的发展计划。但她的职业生涯并不是一开始就这么顺利的。

22岁大学毕业那年，她就到这家机构工作，由于专业成绩好，一开始机构安排她做讲师，没想到小袁工作得很吃力，花了很多时间准备，但讲课效果并不好。小袁不知道如何把自己的知识用他人能接受的方式传递出去，听课的学生还经常提一些问题，打断她授课的思路。同时她很想在专业上做些深入的研究，但备课占据了她太多时间。小袁的主管曾一度怀疑过她的工作能力，想要辞退她。

后来机构的人力资源针对她的情况做了职业咨询和指导，发现小袁的职业性格内倾占优势，喜静、多思，善于以独特的视角系统地思考问题。于是做出了工作调整，让小袁到新成立的咨询部门，提供一对一的专业指导。这很符合小袁的职业性格特点。小袁很快便胜任新部门的工作，并开发出一套细致而有针对性的指导策略。经验不断丰富的小袁甚至担任了咨询部门的主管，带领其他员工工作。

思考：案例中小袁表现出的职业性格是什么？对其职业发展产生了什么影响？

知识链接　性格与职业性格

在职业心理中，性格影响着个体对职业的适应性，某种性格对应着与之相适应的职业。同时，不同的职业对人的性格也有不同的要求。因此，大学生在选择职业、进行职业生涯规划时，性格是一个重要的考虑因素。

（一）性格

性格是在后天的成长环境和教育环境中逐渐形成的、比较稳定的对人、对事、对自己的独特的行为方式和个性倾向。开朗、直率、热情、慢性子、急脾气、木讷等都是用来形容性格的。

（二）职业性格

职业性格则是在职业活动中形成的与职业相联系的性格特征。例如，中国工程院院士、著名呼吸病学学家钟南山，敢医敢言、勇于担当，他提出的防控策略和防治措施挽救了无数生命，在严重急性呼吸综合征和新冠疫情防控中做出了巨大贡献。钟南山身上

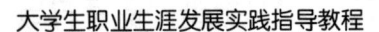

体现的职业性格有对工作果断、自信、严谨、认真，表现出高度的原则性；有对国家、对人民、对病患的负责与坚守；为能更好工作而长期坚持健身和健康饮食的严于律己等。这些特征的总和就是他的职业性格。

体验活动　左右手签名

请在一张空白的纸上，用左右手分别写下自己的名字，看看写出来有什么不同，并说说自己的感受。

知识链接　职业性格对职业选择与发展的影响

由于个体从事的职业具有不同的特点，因而对从业者的职业性格特点也会有不同的要求。职业性格影响着一个人对职业的适应性，一定的职业性格适于从事一定的职业。

职业性格对人的职业生涯成败有着举足轻重的影响，认识自己的职业性格有助于个人更加适应职业，有利于个人在职业中的发展。例如律师这一职业，就需要有逻辑思维严密、喜欢独立思考的性格；财会、统计、档案类的职业，就需要有严谨、踏实的性格；绘画、音乐、演艺的职业，就需要有热情奔放、跳跃思维的性格。因而可以说，如果从事的职业与自己的职业性格相适应，工作就会得心应手，心情舒畅，也容易取得成就。如果从事的职业与自己的职业性格不相适应，工作就会感到被动，缺乏兴趣并难以胜任，即使能够完成，也会感到疲倦或力不从心。因此，在就业前，大学生要认识自己的职业性格。

大学生如果能根据自己的职业性格选择相适应的职业，就能较快地适应职场，也更容易取得职业上的成功。但是，有时职业所要求的职业性格特征是多方面的，而我们只具备其中某些方面的特征，这时就需要我们进行通盘考虑，既要考虑已具备的职业性格特征占职业所要求的比例，又要考虑培养未具备的职业性格特征的难易程度，还要考虑兴趣能力、气质等其他方面，最后做出抉择。

用人单位最常用的做法是，先进行职位分析，分析出职位所需要的人员的职业性格特征，然后用人格测验来挑选符合岗位特质的人，是典型的由职位到人的做法。而大学生也可以反其道而行之，从人到职位，先测试自己的职业性格特征，然后去找适合的岗位。那么，怎样才能测试出自己适合从事哪些职业呢？最常用的就是MBTI（Myers-Briggs Type Indicator，迈尔斯-布里格斯人格类型测验）。

体验活动　MBTI

1. 测评说明

（1）请在心态平和且时间充足的情况下开始答题。

（2）每道题目均有两个答案：A和B。请仔细阅读题目，按照与你性格相符的程度分别赋予A和B一个分数，并使一组中的两个分数之和为5。最后，请在题目相应的括号内填上相应的分数。

（3）请注意，题目的答案无对错之分，你无须考虑哪个答案"应该"更好，而且不要在任何问题上思考太久，而是应该凭你心里的第一反应做出选择。

（4）如果你觉得在不同的情境里，两个答案或许都能反映你的倾向，请选择一个对于你的行为方式来说最自然、最顺畅和最从容的答案。

例："你参与社交聚会时"

A. 总是能认识新朋友。（4）

B. 只跟几个亲密挚友待在一起。（1）

很明显，你参与社交聚会时有时能认识新朋友，有时又会只跟几个亲密挚友待在一起，在以上的例子中，我们给"总是能认识新朋友"打了4分，而给"只跟几个亲密挚友待在一起"打了1分。当然，在你看来，也可能是3+2或者5+0，也可以是其他的组合。

请在以下范围内一一对应地选择你对以下测评题目的赋值：

```
最小——————————————————————最大
 0      1      2      3      4      5
```

2. 测评题目

（1）当你遇到新朋友时，你

A. 说话的时间与聆听的时间相当。（　） B. 聆听的时间会比说话的时间多。（　）

（2）下列哪一种是你的一般生活取向？

A. 只管做吧。（　）　　　　　　　　B. 找出多种不同选择。（　）

（3）你喜欢自己的哪种性格？

A. 冷静而理性。（　）　　　　　　　B. 热情而体谅。（　）

（4）你擅长

A. 专注在某一项工作上，直至把它完成为止。（　）

B. 在有需要时同时协调进行多项工作。（　）

（5）你参与社交聚会时

A. 总是能认识新朋友。（　）　　　　B. 只跟几个亲密挚友待在一起。（　）

（6）当你尝试了解某些事情时，一般你会

A. 先要了解细节。（　）　　　　　　B. 先了解整体情况，细节容后再谈。（　）

（7）你对下列哪方面较感兴趣？

A. 知道别人的想法。（　）　　　　　B. 知道别人的感受。（　）

（8）你比较喜欢下列哪个工作？

A. 能让你定出目标，然后逐步达成目标的工作。（　）

B. 能让你迅速和即时做出反应的工作。（　）

（9）下列哪一种说法较适合你？

A. 当我与友人尽兴后，我会感到精力充沛，并会继续追求这种欢娱。（   ）
B. 当我与友人尽兴后，我会感到疲累，觉得需要一些空间。（   ）
（10）A. 我比较有兴趣知道别人的经历，例如他们做过什么，认识什么人。（   ）
B. 我比较有兴趣知道别人的计划和梦想，例如他们会往哪里去，憧憬什么。（   ）
（11）A. 我擅长订出一些可行的计划。（   ）
B. 我擅长促成别人同意一些计划，并通力合作。（   ）
（12）A. 我尝试做任何事前，都想事先知道可能有什么事情发生。（   ）
B. 我会突然尝试做某些事，看看会有什么事情发生。（   ）
（13）A. 我经常边说话，边思考。（   ）
B. 我在说话前，通常会思考要说的话。（   ）
（14）A. 四周的实际环境对我很重要，而且会影响我的感受。（   ）
B. 如果我做喜欢的事情，气氛对我而言并不是那么重要。（   ）
（15）A. 我喜欢分析，心思缜密。（   ）
B. 我对人感兴趣，关心他们所发生的事。（   ）
（16）A. 一旦订出计划，我便希望能依计划行事。（   ）
B. 即使已订出计划，我也喜欢探讨其他新的方案。（   ）
（17）A. 认识我的人，一般都知道什么对我来说是重要的。（   ）
B. 除了我感觉亲近的人，我不会对人说出什么对我来说是重要的。（   ）
（18）A. 如果我喜欢某种活动，我会经常进行这种活动。（   ）
B. 我一旦熟悉某种活动后，便希望转而尝试其他新的活动。（   ）
（19）A. 当我做决定的时候，我更多地考虑正反两面的观点，并且会推理与质证。（   ）
B. 当我做决定的时候，我会更多地了解其他人的想法，并希望能够达成共识。（   ）
（20）A. 当我专注做某件事情时，不希望受到任何干扰。（   ）
B. 当我专注做某件事情时，需要不时停下来休息。（   ）
（21）A. 我独处太久，便会感到不安。（   ）
B. 若没有足够的自处时间，我便会感到烦躁不安。（   ）
（22）A. 我对一些没有实际用途的意念不感兴趣。（   ）
B. 我喜欢意念本身，并享受想象意念的过程。（   ）
（23）A. 当进行谈判时，我依靠自己的知识和技巧。（   ）
B. 当进行谈判时，我会拉拢其他人至同一阵线。（   ）
（24）当你放假时，你多数会：
A. 为想做的事情订出时间表。（   ）
B. 随遇而安，做当时想做的事。（   ）
（25）A. 花多些时间与别人共度。（   ）
B. 花多些时间自己阅读、散步或者做"白日梦"。（   ）
（26）A. 再次去你喜欢的地方度假。（   ）
B. 选择前往一些你从未去过的地方。（   ）
（27）A. 处理一些与工作或学习有关的事情。（   ）

B. 处理一些对你重要的人际关系。（ ）
（28）A. 想着假期过后要准备的事情。（ ）
B. 忘记平时发生的事情，专心享乐。（ ）
（29）A. 参观著名景点。（ ）
B. 花时间逛博物馆和一些较为幽静的地方。（ ）
（30）A. 在喜欢的餐厅用膳。（ ）
B. 尝试新的菜式。（ ）
（31）下列哪个说法最能贴切形容你对自己的看法？
A. 别人认为我会公正处事，并且尊重他人。（ ）
B. 别人相信在他们有需要时，我会在他们身边。（ ）
（32）A. 按照计划行事。（ ）　　　　B. 随机应变。（ ）
（33）A. 坦率。（ ）　　　　　　　　B. 深沉。（ ）
（34）A. 留意事实。（ ）　　　　　　B. 注重事实。（ ）
（35）A. 知识广博。（ ）　　　　　　B. 善解人意。（ ）
（36）A. 处事井井有条。（ ）　　　　B. 容易适应转变。（ ）
（37）A. 爽朗。（ ）　　　　　　　　B. 沉稳。（ ）
（38）A. 实事求是。（ ）　　　　　　B. 富有想象力。（ ）
（39）A. 喜欢询问实情。（ ）　　　　B. 喜欢探索感受。（ ）
（40）A. 着眼达成目标。（ ）　　　　B. 不断接受新意见。（ ）
（41）A. 率直。（ ）　　　　　　　　B. 内敛。（ ）
（42）A. 实事求是。（ ）　　　　　　B. 具有远大目光。（ ）
（43）A. 公正。（ ）　　　　　　　　B. 宽容。（ ）
（44）你会倾向：
A. 及时处理不愉快的事情，务求把它们抛诸脑后。（ ）
B. 暂时放下不愉快的事情，直到有心情时才处理。（ ）
（45）A. 自己的工作被欣赏，即使你自己并不满意。（ ）
B. 创造一些有长远价值的东西，但不一定需要别人知道是你做的。（ ）
（46）A. 在自己有兴趣的范畴，积累丰富的经验。（ ）
B. 有各式各样不同的经验。（ ）
（47）哪一句较能表达你的看法？
A. 感情用事的人较容易犯错。（ ）
B. 逻辑思维会令人自以为是，因而容易犯错。（ ）
（48）A. 三思而后行。（ ）　　　　　B. 犹豫不决必失败。（ ）

3. 分数汇总

请回过头去看一看你给每个问题所分配的分数。现在那些分数应该像表3-4所显示的那样加在一起。

表 3-4　测评分数表　　　　　　　（总分：　　　）

序号	A	B	序号	A	B	序号	A	B	序号	A	B
1			2			3			4		
5			6			7			8		
9			10			11			12		
13			14			15			16		
17			18			19			20		
21			22			23			24		
25			26			27			28		
29			30			31			32		
33			34			35			36		
37			38			39			40		
41			42			43			44		
45			46			47			48		
	E	I		S	N		T	F		J	P

4. 测评解释

以上 8 个偏好两两成对，例如，E 和 I、S 和 N、T 和 F、J 和 P 各自是一对组合。在每一对组合中，比较该组合中的偏好的得分孰高孰低，高的那个就是你的优势类型。如果同分的话，选择后面的那一组，即 I、N、F、P。对四对组合都做一一比较后，你会得到一个由 4 个字母组成的优势类型，如 ENFP、ISTJ 等，把它写在下面的横线上。

问卷所揭示的优势类型是：_____。

在 MBTI 问卷结果分析中有对 4 个维度 8 种偏好的详细描述，认真地自我评估一下，究竟哪种偏好的描述更接近你自己，然后把结果写在下面。

在 E 和 I 这个维度上，我认为更接近我本性的是：_____。
在生活中，能佐证的例子有_____，对职业发展方向的影响是_____。
在 S 和 N 这个维度上，我认为更接近我本性的是：_____。
在生活中，能佐证的例子有_____，对职业发展方向的影响是_____。
在 T 和 F 这个维度上，我认为更接近我本性的是：_____。
在生活中，能佐证的例子有_____，对职业发展方向的影响是_____。
在 J 和 P 这个维度上，我认为更接近我本性的是：_____。
在生活中，能佐证的例子有_____，对职业发展方向的影响是_____。

每一种性格特征都有优点，也有缺点和需要注意的地方。清楚地了解自己的性格优和劣势，有利于更好地发挥自己的特长，而尽可能地在为人处世中避免自己性格中的劣势，更好地和他人相处，更好地做重要的决策。清楚地了解他人（家人、同事等）的性格特征，有利于减少冲突，使家庭和睦，使团队合作更有效。总之，只要你是认真真实地填写该测试问卷，那么通常情况下你都能得到一个确实和你的性格相匹配的类型。希望你能从中或多或少地获得一些有益的信息。

认识到每个人都有与众不同的特质，性格与职业的最佳匹配使得我们成为更有效的工作者，可以促进我们对工作的兴趣；认识到自己的性格特征是什么，乐意思考自己性格特征对职业的影响。职业和人格的最佳匹配使得我们成为更有焦点、更有效的工作者。

知识链接

一、MBTI 理论

MBTI 理论源自瑞士著名心理学家荣格（C. Jung）有关知觉、判断和人格态度的观点，后经布里格斯（K. C. Briggs）和她的女儿迈尔斯（I. B. Myers）深入研究而成。MBTI 是一种迫选型、自我报告式的性格评估理论模型，用以衡量和描述人们在获取信息、做出决策、对待生活等方面的心理活动规律和性格类型。经过多年的实践和发展，MBTI 现已广泛应用于职业发展、职业咨询、团队建议等方面，是目前国际上应用广泛的职业生涯规划和性格测评理论之一。通过 MBTI 理论，性格和职业之间的联系得到了比较清晰的阐述。

MBTI 着重从四个维度考察个人偏好，这些偏好是一些天生的倾向性，无优劣之分，但不同特点对于不同的工作存在"适合"与"不适合"的区别。MBTI 中每个维度的偏好均由两级组成，并用二分法来评估个人的类型偏好（表 3-5、表 3-6）。

表 3-5　MBTI 四个维度的个人偏好

维度	个人偏好
态度倾向	外倾/内倾（extraversion vs. introversion，E-I）
接受信息	感觉/直觉（sensing vs. intuition，S-N）
处理信息	思考/情感（thinking vs. feeling，T-F）
行动方式	判断/知觉（judging vs. perceiving，J-P）

表 3-6　MBTI 的维度解释[1]

态度倾向维度（E-I）	
外倾	内倾
外倾型的人主要定位于外部世界，倾向于把知觉和判断集中在人和事上，具有易沟通、好交际的特点，易适应环境，随环境变化随时调整。外向者趋向于通过感觉来了解世界，会更趋倾向于参加很多活动，喜欢成为活动的焦点，而且更容易接近	内倾型的人主要定位于内部世界，倾向于把知觉和判断集中于观念和思想上，他们更多地依赖持久的观念而不是暂时的外部事件。他们总是避免成为注意的焦点，而且他们一般要比外向者沉默一些

---

[1] 阮学勇，任迎虹，侯济民. 大学生职业发展与就业指导. 武汉：武汉大学出版社，2014.

续表

接受信息维度（S-N）	
感觉	直觉
感觉型的人倾向于通过收集具体、特殊的信息，了解外在世界，通常具有善于观察，对细节敏感，关注事物的现实性等特点。他们专注于看到、听到、感觉到、闻及尝到的事物，他们信赖自己的经验，关注此时此刻发生的事情	直觉型的人倾向于认知外界环境的全貌或整体，关注事物的现状及发展变化，通常具有反应敏捷、思维跳跃、追求变化等特点。注重暗示和推理，依赖自己的灵感和预感，注重将来，喜欢预知事物，并总想改变事物

处理信息维度（T-F）	
思考	情感
思考型的人主要以逻辑推理为基础，通过理智思考进行活动和决策。社会公认的标准是他们分析、解决问题的依据，具有客观、理性、有条理等特点	情感型的人主要是通过权衡问题的相对价值和利益进行决策，他们判断时依赖对个人价值观或社会价值观的理解，在决策时往往照顾他人的感受，具有同情心，渴望和谐

行动方式维度（J-P）	
判断	知觉
判断型的人喜欢井然有序，当他们的生活被规划好、事情被解决好之时，他们是最快乐的。判断型的人想方设法管理和控制生活，具有善于组织、有目的性和决断性等特点。通常在获得行动所必要的信息时，就不再寻求新的信息而直接付诸行动	知觉型的人以一种比较宽松的方式生活，并且当生活很有余地时，他们感到快乐。知觉型的人试图去理解生活而不是控制它，具有比较开放、适应性强、灵活多变、不拘小节等特点。通常喜欢随遇而安，思考多于行动，对规则和约束反感

二、MBTI 16 种性格类型及匹配的职业

对 MBTI 四个维度进行排列组合，就能得到 16 种性格类型。每个人通过 MBTI 测试都可以获得有关自己性格类型的信息，可据此选择适合自己性格类型的职业（表 3-7）。

表 3-7　MBTI 16 种性格类型与匹配的职业[①]

类型	性格特征	职业倾向
ISTJ （内倾感觉思考判断型）	沉静、认真，贯彻始终、得人信赖而取得成功。讲求实际，注重事实，能够合情合理地去决定应做的事情，而且坚定不移地完成，不会因外界事物而分散精力。以做事有次序、有条理为乐——无论在工作上、家庭上还是在生活上。重视传统和忠诚	审计员、后勤经理、信息总监、预算分析员、工程师、技术工作者、程序员、证券经济人、地质学者、医学研究者、会计、编辑等
ISFJ （内倾感觉情感判断型）	沉静、友善，有责任感和谨慎。能坚定不移地承担责任。做事贯彻始终、不辞辛劳和准确无误。忠诚、替人着想、细心；往往记着他所重视的人的种种微小事情，关心别人的感受。努力创造一个有秩序、和谐的工作和家居环境	人事管理员、电脑操作员、顾客服务代表、零售业主、房地产代理人、艺术人员、室内装潢师、商品规划师、言语治疗师等
INFJ （内倾直觉情感判断型）	探索意念、人际关系和物质拥有欲的意义和它们之间的关系。希望了解什么可以激发人们的推动力，对别人有洞察力。尽责，能够践行他们坚持的价值观念。有一个清晰的理念以谋求大众的最佳利益。能够有条理、果断地去实践他们的理念	人力资源经理、事业发展顾问、营销人员、企业组织发展顾问、职位分析人员、企业培训人员、媒体特约规划师、编辑、艺术指导、口译人员、社会科学工作者等

---

① 江小卫. 新编大学生职业生涯与发展规划. 成都：电子科技大学出版社，2016.

续表

类型	性格特征	职业倾向
INTJ（内倾直觉思考判断型）	具备有创意的头脑，有很大的冲劲去实践理念和目标。能够很快地掌握事情发展的规律，从而想出长远的发展方向。一旦做出承诺，便会有条理地展开工作，直到完成为止。有怀疑精神，独立自主；有高水准的工作能力和表现	管理顾问、经济学者、国际银行业务职员、金融规划师、设计工程师、运动科学研究员、信息系统开发商、综合网络专业人员等
ISTP（内倾感觉思考知觉型）	容忍、灵活，是冷静的观察者，但当有问题出现时，能迅速行动，找出可行的解决方法。能够分析哪些因素可以使事情进行顺利，能够从大量资料中找出实际问题的重心。很重视事件的前因后果，能够以理性的原则把事实组织起来，重视效率	证券分析员、银行职员、管理顾问、电子专业人士、技术培训人员、信息服务开发人员、软件开发商、海洋生物学者、后勤与供应经理、经济学者等
ISFP（内倾感觉情感知觉型）	沉静、友善、敏感、仁慈。擅长觉察和欣赏周围的事物。喜欢有自己的空间，能把握自己的时间。忠于自己所重视的人。不喜欢争论和冲突，不会强迫别人接受自己的意见或价值观	行政人员、商品规划师、测量师、海洋生物学者、厨师、室内/景观设计师、旅游销售经理、病理医师等
INFP（内倾直觉情感知觉型）	理想主义者，忠于自己的价值观及自己所重视的人。外在的生活与内在的价值观配合。有好奇心，能很快看清事物的本质，能够加速对理念的实践。试图了解别人，协助别人的发展潜能。适应力强，如果和他们的价值观没有冲突，往往能包容他人	人力资源开发专业人员、社会科学工作者、团队建设顾问、编辑、艺术指导、记者、口/笔译人员、编剧、建筑师、研究工作者、顾问、心理学专家等
INTP（内倾直觉思考知觉型）	对任何感兴趣的事物，都要探索一个合理的解释。喜欢理论和抽象的事情，喜欢理念思维多于社交活动。沉静、满足、有弹性、适应力强。在他们感兴趣的范围内，有非凡的能力去专注而深入地解决问题。有怀疑精神，有时喜欢批评，常常善于分析	电脑软件设计师、系统分析员、研究开发专业人员、战略规划师、金融规划师、信息服务开发商、变革管理顾问、企业金融分析师等
ESTP（外倾感觉思考知觉型）	有弹性、容忍，讲求实际，专注及时的效益。对理论和概念上的解释感到不耐烦，希望以积极的行动去解决问题。专注于"此时此地"，喜欢主动与别人交往。喜欢物质享受的生活方式。能够通过合理利用时间达到最佳的学习效果	企业家、业务顾问、个人理财专家、证券经纪人、银行职员、预算分析员、技术培训人员、旅游代理人、促销商、手工艺人、新闻记者、土木/工业/机械工程师等
ESFP（外倾感觉情感知觉型）	外向、友善、包容。热爱生命、热爱人，喜欢物质享受。喜欢与别人共事。在工作上，能运用常识且注意实际现实的情况，使工作富有趣味性、灵活性（即兴性），易接受新朋友和适应新环境。与别人一起学习新技能可以达到最佳的学习效果	公关、劳动关系调解人、零售经理、商品规划师、团队培训人员、旅游项目经营者、社会工作者、融资者、保险代理人、经纪人等
ENFP（外倾直觉情感知觉型）	热情而热心，富有想象力。认为生活充满很多可能性。能够迅速发现时间和资料之间的关联性，并且有信心能够按照它们所展示的模式进行操作。很需要别人的肯定，乐于欣赏和支持别人。即兴而富有弹性，时常信赖自己的临场表现和流畅的语言能力	人力资源经理、营销经理、企业/团队培训人员、广告客户经理、战略规划人员、宣传人员、事业发展顾问、律师、研究助理、广告撰稿人、播音员等
ENTP（外倾直觉思考知觉型）	思维敏捷、机灵，能激励他人，警觉性高，勇于发言。能随机应变地去应对新的和富有挑战性的问题。善于引出在概念上可能发生的问题，然后有策略地加以分析。善于洞察别人。对日常例行事务感到厌倦，甚少以相同方法处理同一件事情，能够灵活地处理接二连三的新事物	人事系统开发人员、投资经纪人、工业设计经理、后勤顾问、金融规划师、投资银行业职员、营销策划人员、广告创意指导人员、国际营销人员等
ESTJ（外倾感觉思考判断型）	讲求实际，注重现实和事实。果断，能很快做出实际可行的决定。能安排计划和组织人员以完成工作，尽可能以最有效率的方法达到目的。能够注意日常例行工作的细节。有一条清晰的逻辑标准，会有系统地跟着去做，也想别人跟着去做。会以强硬态度去执行计划	银行职员、项目经理、数据库经理、信息总监、后勤与供应顾问、证券经纪人、电脑分析员、保险代理人、工厂主管等

续表

类型	性格特征	职业倾向
ESFJ（外倾感觉情感判断型）	有爱心、尽责，有合作精神。渴望有和谐的环境，而且有决心营造这样的环境。喜欢与别人共事以能准确地、准时地完成工作。忠诚，即使在细微的事情上也能如此。能够注意别人在日常生活中的需要而努力帮助他们。渴望别人赞赏他们和欣赏他们所做的贡献	公关客户经理、业务员、销售代表、人力资源顾问、零售业主、餐饮业者、房地产经纪人、营销经理、电话营销员、办公室经理、接待员、信贷顾问、口/笔译人员等
ENFJ（外倾直觉情感判断型）	温情，有同情心，反应敏捷和有责任感。高度关注别人的情绪、需要和动机。能够看到每个人的潜质，要帮别人发挥自己的潜能。能够积极地协助他人和组织的成长。对赞美和批评都能做出很快的回应。社交活跃，在一组人当中能够惠及别人	人力资源开发培训人员、销售经理、程序设计员、生态旅游业专家、广告客户经理、公关专业人士、作家、记者等
ENTJ（外倾直觉思考判断型）	坦率、果断，乐于作为领导者。很容易看到不合逻辑和缺乏效率的程序和政策，从而实施一个能够顾及全面的制度去解决一些组织上的问题。喜欢有长远的计划，喜欢制定目标。博学多闻，喜欢追求知识，又能把知识传给别人。能够有力地提出自己的主张	人事/销售/营销经理、技术培训人员、国际营销经理、特许经营业主、程序设计员、环保工程师等

知识拓展

一、九型人格

九型人格学（enneagram），又称性格型态学、九种性格或九类性格。九型人格学目前主要用于现代企业管理中，企业通过人力资源管理与员工培训，建设适应企业发展的团队，提高员工的执行力与工作热情。九型人格学是通过研究人最深层的世界观、人生观和价值观以及注意力焦点，根据人们的思维、感情、情绪和行为等将人分为九种类型，九型人格各型名称及基本特征见表 3-8。九型人格学能够比较精准地分析个人性格，能够为个人自我提升提供建设性意见。它通过九型人格测试来确定个人的性格类型：一是"答题式"的量表测试，测试者可以通过互联网或者手机相关小程序测试，如《九型人格测试》等；二是访谈性测试。九型人格具备很多优势，将其创新性地应用于高职教育中，能够有效解决大学生在学习、生活及成长中遇到的一系列问题。

表 3-8 九型人格各型基本特征[①]

人格类型	世界观	基本恐惧点	注意力焦点
1号完美型	以完美为生存法则	事情做错、混乱	错误、缺陷
2号助人型（给予型）	我为人人	不被需要、重视	他人的需要
3号成就型	胜者为王	事情失败	目标
4号感觉型（自我型）	探索自我真实感情	失去自我认同和存在感	真实感
5号思想型（理智型）	理性思考，探索现象背后的本质	无知	信息的来源

---

① 方金强，范思思，郑淑洁. 新形势下九型人格学在高职教育中的应用研究. 大学（社会科学），2021，（41）：21-23.

续表

人格类型	世界观	基本恐惧点	注意力焦点
6号忠诚型（疑惑型）	小心谨慎、防范风险	不确定的危险	安全
7号活跃型	喜欢新鲜刺激，创造力强	痛苦、束缚、沉闷	与快乐有关的事物
8号领袖型	掌控一切	失控、软弱、被侵犯	权力、影响
9号和平型	和谐与融合	冲突、折腾	周围的环境

二、DISC 性格测试

1928年，美国心理学家威廉·莫尔顿·马斯顿博士在其著作《常人之情绪》一书中提出，情绪是由代表运动神经本性和运动神经刺激的两种精神粒子传出冲动组成的。这两种精神粒子的能量通过联合或对抗形成四个节点，分别是 D、I、S、C。每个节点代表情绪意识的一个特质。

DISC 性格测试把人的性格分为4类，分别是支配型（dominance）、影响型（influence）、稳定型（steadiness）、服从型（compliance）。

DISC 性格测试历史悠久、专业性强、权威性高，利用其可以了解个体的性格特征，也可以将其应用于现代企业的人才招聘。

小贴士

DISC 性格测试题及解析

生涯行动 对标理想职业，分析自我性格

根据前文所学内容，我们了解到每种性格都有其擅长的职业，如果找对职业，每一种性格都能成功。下面请对理想职业与自我性格展开分析。

（1）我的理想职业是：_____。
（2）理想职业所需要的性格特点是：_____。
（3）我的性格优势是：_____。
（4）我的性格弱势是：_____。
（5）我发现自己还可以从事哪些职业以发挥自己的性格优势：_____。
（6）我的职业性格与理想职业要求存在的主要差距是：_____。
（7）我该采取哪些措施来调适自己的性格：_____。

任务三 快乐工作——探索职业兴趣

案例导入 三位同学的兴趣[①]

孙同学像许多大学生一样,在高考填报志愿选择专业的时候是懵懵懂懂的,不知道该选什么专业好,别人告诉她"选你自己喜欢的",她却发现自己并不知道自己真正喜欢什么。于是,她听从了长辈的意见,选了"女孩子比较适合"的外语专业。但她对自己所学的专业谈不上非常喜欢,也不是特别讨厌。她很在意别人的看法。每当想到她所学的专业是否有前途、自己如果选择另一个专业会怎么样,自己将来会做什么工作等问题时,她就会困顿与迷茫。

赵同学则为他的兴趣太多而苦恼。他的兴趣十分广泛:从小到大,他学过武术、绘画、唱歌、打乒乓球,收集过邮票,研究过昆虫、兵器……在某些方面还得过奖。可就是没常性,过不了多久就扔一边儿了。面对职业选择时,他想知道:到底哪个才是自己真正的兴趣。

李同学喜欢文学,当一个作家是她的梦想,可父母认为学计算机才有前途。她现在在某大学的计算机专业读大二,每天都郁郁寡欢。无论自己怎么努力,都没有办法喜欢计算机专业理论性很强的课程,学起来很是吃力。李同学想换专业又很难实现,对自己也有些失去信心了。

思考: 上述三位学生的经历并不少见:有的同学觉得自己的兴趣十分模糊,有的同学兴趣又过于广泛,还有的同学兴趣明确却因为种种原因学了一个与自己兴趣不相符的专业。那么,什么是真正的兴趣?兴趣与专业、职业又该如何结合?

知识链接

一、兴趣与职业兴趣

每个人都有自己喜欢做的事情,我们通常称其为自己的兴趣。当自我介绍时,人们一般也都会提到兴趣,如喜欢读书、摄影、跑步、游泳等。

准确地说,兴趣是指一个人积极认识某种事物或从事某项活动的心理倾向。比如,有些乐迷一听到音乐就会想跟着哼唱,也想要去学习唱歌,对音乐类的活动特别迷恋,这就是对音乐感兴趣。也有一些京剧票友,喜欢谈京剧、看京剧,这就是对京剧有兴趣。人的兴趣多种多样、各具特色。在实践活动中,兴趣能使人们工作目标明确,积极主动,从而能自觉克服各种艰难困苦,获取工作的最大成就,同时能在活动过程中不断体验成功的愉悦。

职业兴趣是人们追求某种职业或从事某种职业的个性取向。拥有职业兴趣能够提升一个人的职业满意度。预测个人职业选择最好的方法就是询问这个人自己想做什么。一

[①] 丁英. 自我认知之兴趣探索. https://max.book118.com/html/2017/1206/142922717.shtm[2017-12-06].

个人对某种职业感到有兴趣，他在学习和工作中就能全神贯注、积极热情，富有创造性地努力完成所从事的工作。在择业过程中，职业兴趣一旦产生，就成为择业的重要定向因素。比如，娱乐休闲兴趣一般只是业余兴趣，不一定能发展为职业兴趣，但又或多或少与职业生涯存在一些联系。

二、兴趣对职业选择的影响

第一，兴趣是职业生涯选择的重要依据。兴趣可以使人集中精力去获得喜欢的职业知识，启迪智慧并创造性地开展工作。当一个人对某种职业产生兴趣时，他就能发挥整个身心的积极性，积极地感知和关注该职业的知识、动态，并且积极思考、大胆探索；就能情绪高涨、想象丰富；就能增强记忆效果，增强克服困难的意志。

第二，兴趣可以提高工作效率，充分发挥个人才能。当个人对工作有兴趣时，枯燥的工作会变得丰富多彩、趣味无穷。因为兴趣可以调动人的全部精力，促进能力的发挥，兴趣和能力的合理结合会大大提高工作效率。

第三，兴趣是保证职业稳定、职场成功的重要因素。对工作感兴趣，就愿意钻研，就会出成绩，这正是兴趣的作用所在。一般来说，兴趣是大学生在职业生涯规划中非常重要的一个方面，它可以为选择合适的职业提供有效的信息。兴趣主要用于预测个人的工作满意度和工作稳定性，工作满意是职业生涯适应的一大标志。从事自己感兴趣的职业往往会让自己感到幸福，由此获得工作的长期性、稳定性，从而获得职业的成功。

第四，兴趣可以增强个人的职业适应性。把兴趣转化为工作技能或者培养新的兴趣，本身就是一种工作适应能力。广泛的兴趣还可以让人适应多变的环境，就算变换工作性质也能很快熟悉与适应工作。如需变换工作，如果自己感兴趣，就可能很快地学会相关知识，求职成功，并可能迅速熟悉和适应新的工作。兴趣是心理上、情感上职业工作的动力和支撑力。在感兴趣的职业岗位上更易取得工作成就，一旦享受到成功的愉悦，便会更积极参加职业活动，勇于排除干扰，提高职业水平，强化职业适应性。另外，在工作中难免会遇到挫折和困难，在自己感兴趣的岗位上会更加有勇气和决心来面对挫折、解决困难。兴趣可以激发动力，把个人潜能最大限度地调动起来，使得人们能够克服困难，专注于自己的职业发展方向，取得职业成功。[1]

大学生在选择长期、稳定的职业生涯时，不仅需要知道自己有能力从事什么样的工作，而且需要知道自己对哪类工作感兴趣。

体验活动　"兴趣小岛"

假设你正乘船在海上旅行，突然遇上了大风暴，你必须立刻逃到一个小岛上去，接下来你将会看到6座岛屿，你可以根据提示选择你想去的岛屿，但是你必须要在岛上居住并工作、生活，住满一年才能获救，那么这一年的时间你最愿意住在哪个岛上呢？你有120秒的时间来看每一个小岛（图3-5）的介绍并做出选择，准备好了就点击"开始"

---

[1] 黄新华，余康发，郭瞻. 筑梦未来：大学生职业生涯规划. 上海：上海交通大学出版社，2019.

吧，注意了，120秒后还没有选择船就要沉了。

A岛——美丽浪漫岛
这个岛上到处是美术馆、音乐厅，弥漫着浓厚的艺术文化气息。岛民们保留着传统的舞蹈、音乐与绘画。许多文艺界人士都喜欢来到这里开沙龙派对寻求灵感

C岛——现代井然岛
这个岛上处处耸立着现代建筑，是一个进步的、都市形态的岛屿，岛上的户政管理、地政管理及金融管理都十分完善。岛民们个性冷静，处事有条不紊，善于组织规划

E岛——显赫富庶岛
这个岛经济高度发达，处处是高级饭店、俱乐部、高尔夫球场。岛民们性格热情豪爽，善于企业经营和贸易活动。岛上往来者多是企业家、经理人、政治家、律师等。这些商界名流与上等阶层人士在岛上享受着高品质的生活

I岛——深思冥想岛
这个岛绿野平畴，人少僻静，适合夜观星象。岛上有很多天文馆、科技博物馆、科学图书馆。岛民们最喜欢待在自己的小房子里，天天钻研学问，沉思冥想，探究真知。哲学家、科学家和心理学家们在这里约会，讨论学术，交流思想

R岛——自然原始岛
这是一个自然生态优良的绿色小岛。岛上不仅保留有热带雨林等原始生态系统，而且建立了相当规模的植物园、动物园、水族馆。岛民们以手工制造见长，他们自己种植花果，栽培蔬菜，修缮房屋，打造器物，制作工具

S岛——温暖友善岛
这个岛的岛民性情温和，乐于助人，人际关系十分友善。大家互助合作，重视教育后代。每个社区都能自成一个密切互动的服务网络，处处充满着人文关怀气息

图3-5　6座"兴趣小岛"

你可以选择3座岛屿，1年的时间你会如何安排。

你最想去的岛是：_____岛居住____月。

其次想去的岛是：_____岛居住____月。

最后想去的岛是：_____岛居住____月。

相信大家都已经选择好自己理想的小岛，也能够安心地住下。那么我们的选择到底意味着什么呢？兴趣对我们的选择有哪些影响呢？

知识链接

一、霍兰德职业兴趣理论

20世纪60年代，美国著名职业指导专家霍兰德在帕森斯特质因素理论的基础上，提出了职业兴趣理论。经过60多年的发展，职业兴趣理论已广泛地应用于社会。霍兰德在特质因素理论的自我了解原则上进行深入分析后指出：人的人格类型、兴趣与职业密切相关，而职业方面的兴趣与人格之间存在很高的相关性；兴趣有促使人们活动的作用，凡是具有吸引力的职业，都可以提高人们的工作积极性，从而促使人们积极、愉快地从事该职业。[1]霍兰德将人的职业兴趣分为现实型、研究型、艺术型、社会型、企业型和

---

[1] 刘万明，孙昀. 大学生职业生涯规划教程. 北京：中国铁道出版社，2011.

常规型六种。在"兴趣小岛"体验活动中，6座"兴趣小岛"就分别对应着霍兰德职业兴趣理论中的6种职业兴趣类型（表3-9）。

表3-9　6座"兴趣小岛"与霍兰德6种职业兴趣类型对应表

兴趣小岛	对应的霍兰德职业兴趣类型
A岛——美丽浪漫岛	艺术型（artistic）
C岛——现代井然岛	常规型（conventional）
E岛——显赫富庶岛	企业型（enterprising）
I岛——深思冥想岛	研究型（investigative）
R岛——自然原始岛	现实型（realistic）
S岛——温暖友善岛	社会型（social）

二、霍兰德职业兴趣类型的特点

霍兰德提出了6种职业兴趣类型，同样，他把人所处的外界环境和工作条件也进行了归类，划分出对应的6种职业环境类型，即现实型、研究型、艺术型、社会型、企业型和常规型。这6种类型按顺序依次围成六边形，即霍兰德职业兴趣六边形，如图3-6和表3-10所示。

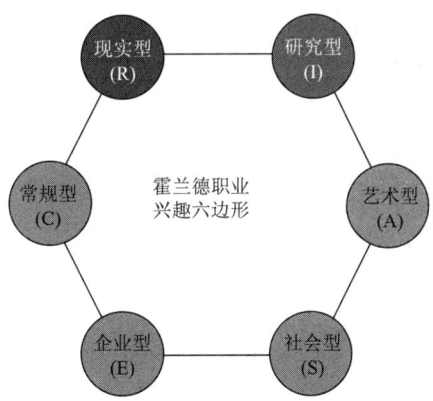

图3-6　霍兰德职业兴趣六边形

表3-10　六种兴趣类型的特点

兴趣类型	特点	最热衷的事	最讨厌的事
现实型	手脚灵活，擅操作，爱运动	摆弄机器或工具	大型社交活动
研究型	理性、精确、求知欲、思维力强	复杂的推理论证	游说别人
艺术型	理想化、崇尚美、个性、创新、激情	创造有美感的新事物	单调重复，按部就班
社会型	爱结交，重人脉，乐于助人	其乐融融地和别人打成一片	独自操作机器或工具
企业型（管理型）	喜欢竞争，追求掌控感	在辩论中胜利，或组织、指导	复杂深奥的纯理论研究
常规型	有条理，循规蹈矩，脚踏实地	组织或整理繁冗的信息和资料	快速应对出其不意的变更

三、6 种职业兴趣类型的内在联系

霍兰德职业兴趣六边形标示出 6 种职业兴趣类型之间的关系，大体可描述为以下 3 种关系（图 3-7）。

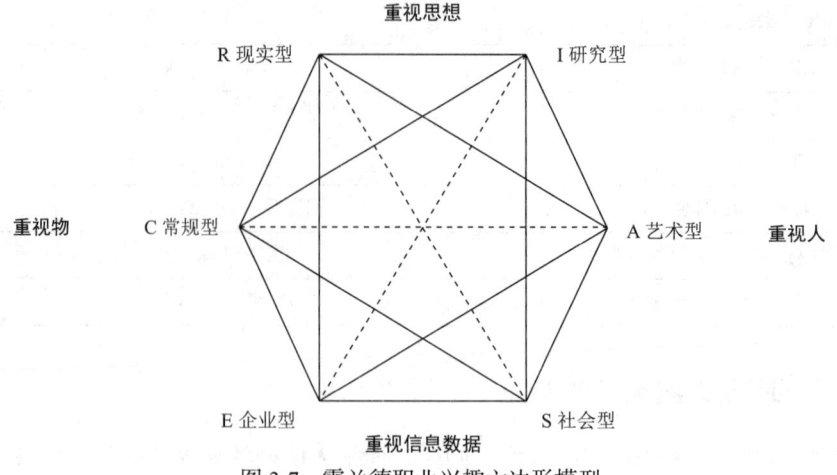

图 3-7　霍兰德职业兴趣六边形模型

（1）相邻关系。如 RI、IR、IA、AI、AS、SA、SE、ES、EC、CE、RC、CR。属于这种关系的两种类型的个体之间共同点较多，现实型、研究型的人就都不太偏好人际交往，这两种职业环境中也都较少有机会与人接触。

（2）相隔关系。如 RA、RE、IC、IS、AR、AE、SI、SC、EA、ER、CI、CS，属于这种关系的两种类型的个体之间共同点较相邻关系要少一些。

（3）相斥关系。在六边形上处于对角位置的类型之间即为相斥关系，如 RS、IE、AC、SR、EI、CA，属于相斥关系的人格类型共同点较少。因此，某一个体对处于相斥关系的两种职业环境都有兴趣的情况较为少见。

四、霍兰德职业索引

人们通常倾向于选择与自我兴趣类型匹配的职业环境。但在职业选择中，个体并非一定要选择与自己兴趣完全对应的职业环境。首先是因为个体本身就是多种兴趣类型的综合体，因此，评价个体兴趣类型时常以 6 种类型中得分前 3 位的类型进行从高到低的排列，构成其兴趣组型，如 RIS；其次进行职业选择时，兴趣类型和社会的职业需求及获得职业的现实可能性要共同分析、进行选择。

以下是霍兰德职业索引。

RIA：牙科技术员、陶工、建筑设计员、模型工、细木工、装配工。

RIS：厨师、林务员、跳水员、潜水员、染色员、电器修理工、眼镜制作工、电工、纺织机器装配工、服务员、装玻璃工人、发电厂工人、焊接工。

RIE：建筑和桥梁工程人员、环境工程人员、航空工程人员、公路工程人员、电力工程人员、信号工程人员、电话工程人员、一般机械工程人员、自动工程人员、矿业工程人员、海洋工程人员、交通工程技术人员、制图员、家政经济人员、计量员、农民、农场工人、农业机械操作工、清洁工、无线电修理人员、汽车修理人员、手表修理人员、管工、线路装配工、工具仓库管理员。

RIC：船上工作人员、接待员、杂志保管员、牙医助手、制帽工、磨坊工、石匠、机器制造工、机车（火车头）制造工、农业机器装配工、汽车装配工、缝纫机装配工、钟表装配和检验工、电动器具装配工、鞋匠、锁匠、货物检验员、电梯机修、托儿所所长、钢琴调音员、装配工、印刷工、建筑钢铁工作人员、卡车司机。

RAI：手工雕刻人员、玻璃雕刻人员、模型制作人员、家具木工、皮革品制作人员、手工绣花人员、手工钩针纺织人员、排字工作人员、印刷工作人员、图画雕刻人员、装订工。

RSI：纺织工、编织工、农业学校教师、某些职业课程教师（诸如艺术、商业、技术、工艺课程）、雨衣上胶工。

RSE：消防员、交通巡警、警察、门卫、理发师、房间清洁工、卖肉商人、锻工、开凿工人、管道安装工、出租汽车驾驶员、货物搬运工、送报员、勘探员、娱乐场所的服务员、起卸机操作工、灭害虫者、电梯操作工、厨房助手。

REI：轮船船长、航海领航员、大副、试管实验员。

RES：旅游服务员、家畜饲养员、渔民、渔网修补工、水手长、收割机操作工、搬运行李工人、公园服务员、救生员、登山导游、火车工程技术员、建筑工作人员、铺轨工人。

REC：抄水表员、保姆、实验室动物饲养员、动物管理员。

RCI：测量员、勘测员、仪表操作者、农业工程技师、化学工程技师、民用工程技师、石油工程技师、资料管理员、探矿工、煅烧工、烧窑工、矿工、保养工、磨床工、取样工、样品检验员、纺纱工、炮手、漂洗工、电焊工、锯木工、刨床工、制帽工、手工缝纫工、油漆工、染色工、按摩工、木匠、农民建筑工作者、电影放映员、勘测员助手。

RCS：公共汽车驾驶员、一等水手、游泳池服务员、裁缝、建筑工人、石匠、烟囱修建工、混凝土工、电话修理工、邮递员、矿工、裱糊工人、纺纱工。

RCE：打井工、吊车驾驶员、农场工人、邮件分类员、铲车司机、拖拉机司机。

IRA：地理学家、地质学家、声学物理学家、矿物学家、古生物学家、石油学家、地震学家、原子和分子物理学家、电学和磁学物理学家、气象学家、设计审核员、人口统计学家、数学统计学家、外科医生、城市规划家、气象员。

IRS：流体物理学家、物理海洋学家、等离子体物理学家、农业科学家、动物学家、食品科学家、园艺学家、植物学家、细菌学家、解剖学家、动物病理学家、作物病理学家、药物学家、生物化学家、生物物理学家、细胞生物学家、临床化学家、遗传学家、分子生物学家、质量控制工程师、地理学家、兽医、放射性治疗技师。

IRE：化验员、化学工程师、纺织工程师、食品技师、渔业技术专家、材料和测试工程师、电气工程师、土木工程师、航空工程师、行政官员、冶金专家、原子核工程师、陶瓷工程师、地质工程师、电力工程师、口腔科医生。

IRC：飞机领航员、飞行员、物理实验室技师、文献检查员、农业技术专家、动植物技术专家、生物技师、油管检查员、工商业规划者、矿藏安全检查员、纺织品检验员、照相机修理者、工程技术员、计算机程序员、工具设计者、仪器维修工。

IAR：人类学家、天文学家、化学家、物理学家、医学病理家、动物标本剥制者、化石修复者、艺术品管理者。

IAS：普通经济学家、农场经济学家、财政经济学家、国际贸易经济学家、实验心理学家、工程心理学家、心理学家、哲学家、内科医生、数学家。

ISR：水生生物学者、昆虫学者、微生物学家、配镜师、矫正视力者、细菌学家、牙科医生、骨科医生。

ISA：实验心理学家、普通心理学家、发展心理学家、教育心理学家、社会心理学家、临床心理学家、皮肤病学家、精神病学家、妇产科医师、眼科医生、五官科医生、医学实验室技术专家、民航医务人员、护士。

ISE：营养学家、饮食顾问、火灾检查员、邮政服务检查员。

ISC：侦查员、电视播音室修理员、电视修理服务员、验尸室人员、编目录者、医学实验室技师、调查研究者。

IES：细菌学家、生理学家、化学专家、地质专家、地理物理学专家、纺织技术专家、医院药剂师、工业药剂师、药房营业员。

IEC：档案保管员、保险统计员。

ICR：质量检验技术员、地质学技师、工程师、法官、图书馆技术辅导员、计算机操作员、医院听诊员、家禽检查员。

AIR：建筑师、画家、摄影师、绘图员、环境美化工、雕刻家、包装设计师、陶器设计师、绣花工、漫画创作工作者。

AIS：画家、剧作家、编辑、评论家、时装艺术师、新闻摄影师、演员、文学作者。

AIE：花匠、皮衣设计师、工业产品设计师、剪影艺术家、复制雕刻师。

ASI：音乐教师、乐器教师、美术教师、管弦乐指挥、合唱队指挥、歌手、演奏家、哲学家、作家、广告经理、时装模特。

ASE：戏剧导演、舞蹈教师、广告撰稿人、专栏作家、记者、演员、翻译。

AER：新闻摄影师、电视摄影师、艺术指导、录音指导、丑角演员、魔术师、木偶戏演员、骑士、跳水员。

AEI：音乐指挥、舞台指导、电影导演。

AES：流行歌手、舞蹈演员、电影导演、广播节目主持人、舞蹈教师、口技表演者、喜剧演员、模特。

SRI：外科医师助手、医院服务员。

SRE：体育教师、职业病治疗者、体育教练、专业运动员、房管员、儿童家庭教师、警察、引座员、传达员、保姆。

SRC：护理员、护理助理、医院勤杂工、理发师、学校儿童服务人员。

SIR：理疗员、救护队工作人员、医疗保健专业人员、职业病治疗助手。

SIA：社会学家、心理咨询者、学校心理学家、政治科学家、大学或学院的系主任、大学或学院的教育学教师、农学专业教师、大学工程和建筑课程的教师、大学法律教师、大学数学、医学、物理学、社会科学和生命科学的教师、研究生助教、成人教育教师。

SIE：营养学家、饮食学家、海关检查员、安全检查员、税务稽查员、校长。

SIC：描图员、兽医助手、诊所助理、体检检查员、监督缓刑犯的工作者、导游、咨询人员、社会科学教师。

　　SER：体育教练、游泳指导。

　　SEI：大学校长、学院院长、医院行政管理员、历史学家、家政经济学家、职业学校教师、资料员。

　　SEA：娱乐活动管理员、国外服务办事员、社会服务助理、一般咨询者。

　　SEC：社会活动家、退伍军人服务官员、工商会事务代表、教育咨询者、宿舍管理员、旅馆经理、饮食服务管理员。

　　SCE：部长助理、福利机构职员、生产协调人员、环境卫生管理人员、戏院经理、餐馆经理、售票员。

　　ERI：建筑物管理员、工业工程师、农场管理员、护士长、农业经营管理人员。

　　ERS：仓库管理员、房屋管理员、货栈监督管理员。

　　ERC：邮政局局长、渔船船长、机械操作领班、木工领班、瓦工领班、驾驶员领班。

　　EIR：科学、技术和有关周期出版物的管理员。

　　EIS：警官、侦查员、交通检验员、安全咨询员、合同管理者、商人。

　　EIC：专利代理人、鉴定人、运输服务检查员、安全检查员、废品收购人员。

　　EAR：展览室管理员、舞台管理员、播音员、驯兽员。

　　EAS：法官、律师、公证人。

　　ESR：家具售货员、书店售货员、公共汽车驾驶员、日用品售货员、护士长、自然科学和工程的行政领导。

　　ESI：博物馆管理员、图书馆管理员、古迹管理员、饮食业经理、地区安全服务管理员、技术服务咨询者、超级市场管理员、零售商品店店员、批发商、出租汽车服务站调度。

　　ESA：博物馆馆长、报刊管理员、音乐器材售货员、广告商、画商、导游、（轮船或班机上的）事务长、飞机上的服务员、船员、法官、律师。

　　ESC：理发师、裁判员、政府行政管理员、财政管理员、工程管理员、职业病防治人员、售货员、商业经理、办公室主任、人事负责人、调度员。

　　ECI：银行行长、审计员、信用管理员、地产管理员、商业管理员。

　　ECS：信贷专员、保险人员、各类进货员、海关服务经理、售货员、购买员、会计。

　　CRI：簿记员、会计、计时员、铸造机操作工、打字员、按键操作工、复印机操作工。

　　CRS：仓库保管员、档案管理员、缝纫工、讲解员、收款人。

　　CRE：标价员、实验室工作者、广告管理员、自动打字机操作员、电动机装配工、缝纫机操作工。

　　CIR：校对员、工程职员、海底电报员、检修计划员。

　　CIS：记账员、顾客服务员、报刊发行员、土地测量员、保险公司职员、会计师、估价员、邮政检查员、外贸检查员。

　　CIE：打字员、统计员、支票记录员、订货员、校对员、办公室工作人员。

　　CSR：运货代理商、铁路职员、交通检查员、办公室通信员、簿记员、出纳员、银行财务职员。

　　CSA：秘书、图书管理员、办公室办事员。

CSE：接待员、通讯员、电话接线员、卖票员、旅馆服务员、私人职员、商学教师、旅游办事员。

CER：邮递员、数据处理员、办公室办事员。

CEI：推销员、经济分析家。

CES：银行会计、记账员、法人秘书、速记员、法院报告人。[1]

体验活动　测一测你的职业兴趣类型

霍兰德职业兴趣测量表

本测量表将帮助你发现和确定自己的职业兴趣和能力特长，从而更好地做出求职择业的选择。如果你已经考虑好或选择好了自己的职业，本测验将使你的这种考虑或选择具有理论基础，或向你展示其他合适的职业；如果你至今尚未确定职业方向，本测验将帮助你根据自己的情况选择一个恰当的职业目标。

本测验共有七个部分，每部分测验都没有时间限制，但请您尽快按要求完成。

第一部分　你心目中的理想职业

对于未来的职业，你可能早有考虑，它可能很抽象、很朦胧，也可能很具体、很清晰。不论是哪种情况，现在请你将自己最想做的三种工作按顺序写下来。

1. _____
2. _____
3. _____

第二部分　你所感兴趣的活动

下面列举了一些十分具体的活动（表3-10）。这些活动无所谓好坏，如果你愿意参加（包括过去、现在或将来），就请在答题卷相应题号的"选项"一栏内画"√"。注意，这一部分测验主要想确定你的职业兴趣，而不是让你选择工作，你喜欢某种活动并不意味着你一定要从事这种活动。答题时不必考虑过去是否做过或是否擅长这种活动，只根据你的兴趣直接判断即可。请务必做完每一个题目。

表3-10　你所感兴趣的活动

R：现实型活动		A：艺术型活动		I：研究型活动	
题目	选项	题目	选项	题目	选项
1. 装配修理电器或玩具		1. 素描、制图或绘画		1. 读科技图书和杂志	
2. 修理自行车		2. 参加话剧、戏曲表演		2. 在实验室工作	
3. 用木头做东西		3. 设计家具、布置房间		3. 改良水果品种，培育新的水果	
4. 开汽车或骑摩托车		4. 学习乐器、参加乐队		4. 调查了解土和金属等物质的成分	
5. 用机器做东西		5. 欣赏音乐或戏剧		5. 研究自己选择的特殊问题	

---

[1] 任晓剑，姚树欣. 大学生职业规划与创新教育. 北京：国家行政学院出版社，2017.

续表

S：社会型活动		E：企业型活动		C：常规型活动	
6. 参加木工技术学习班		6. 看小说、读剧本		6. 解算术题或做数学游戏	
7. 参加制图描图学习班		7. 从事摄影创作		7. 学习物理知识	
8. 驾驶卡车或拖拉机		8. 写诗或吟诗		8. 学习化学知识	
9. 参加机械和电气学习班		9. 进艺术（美术、音乐）培训班		9. 学习几何知识	
10. 装配修理机器		10. 练习书法		10. 学习生物知识	
题目	选项	题目	选项	题目	选项
1. 参加学校或单位组织的正式活动		1. 说服鼓动他人		1. 整理好桌面和房间	
2. 参加某个社会团体或俱乐部活动		2. 卖东西		2. 抄写文件和信件	
3. 帮助别人解决困难		3. 谈论政治		3. 为领导写报告或公务信函	
4. 照顾儿童		4. 制订计划、参加会议		4. 检查个人收支情况	
5. 出席晚会、联欢会、茶话会		5. 以自己的意志影响别人的行为		5. 参加打字培训班	
6. 和大家一起出去郊游		6. 在社会团体中担任职务		6. 参加算盘、文秘等实务培训	
7. 想获得心理学方面的知识		7. 检查与评价别人的工作		7. 参加商业会计培训班	
8. 参加讲座或辩论会		8. 结交名流		8. 参加情报处理培训班	
9. 观看或参加体育比赛和运动会		9. 指导有某种目标的团体		9. 整理信件、报告、记录等	
10. 结交新朋友		10. 参加政治活动		10. 写商业贸易信	

统计"√"的数量，并填入表 3-11。

表 3-11 统计表

类型	数量
R：现实型活动	
S：社会型活动	
A：艺术型活动	
E：企业型活动	
I：研究型活动	
C：常规型活动	

第三部分 你所擅长或可以胜任的活动

下面从六个方面分别列举一些十分具体的活动（表 3-12），以确定你具备哪一方面的工作特长。回答时，只需考虑你过去或现在对所列活动是否擅长、胜任，不必考虑你是否喜欢这种活动。如果你认为你擅长从事某一项活动，就请在答题卷相应题号的"选项"一栏内画"√"。注意，你如果从未从事过某一项活动，那就请考虑你将来是否会擅长从事该项活动。请务必做完每一个题目。

表 3-12 你所擅长或可以胜任的活动

R：现实型活动		A：艺术型活动		I：研究型活动	
题目	选项	题目	选项	题目	选项
1. 能使用电锯、电钻和锉刀等木工工具		1. 能演奏乐器		1. 能制作真空管或晶体管	
2. 知道万用表的使用方法		2. 能参加二部或四部合唱		2. 能列举三种含蛋白质较多的食品	
3. 能修理自行车或其他机械		3. 能独唱或独奏		3. 理解铀的裂变	
4. 能使用钻床、磨床或缝纫机		4. 能扮演剧中角色		4. 会使用计算尺、计算机、对数表	
5. 能给家具和木制品刷漆		5. 能创作简单的乐曲		5. 会使用显微镜	
6. 能看懂建筑设计图		6. 会跳舞		6. 能找到星空中的三个星座	
7. 能修理简单的电器用品		7. 能绘画，会素描，会写毛笔字		7. 能独立进行调查研究	
8. 能修理家具		8. 能雕刻、剪彩纸或泥塑		8. 能解释简单的化学现象	
9. 能修收录机		9. 能设计板报、服装或家具		9. 能理解人造卫星为什么不会落地	
10. 能简单地修理水管		10. 写得一手好文章		10. 经常参加学术会议	
S：社会型活动		E：企业型活动		C：常规型活动	
题目	选项	题目	选项	题目	选项
1. 有向各种人说明解释的能力		1. 担任过学生干部并且干得不错		1. 会熟练地打汉字	
2. 常参加社会福利活动		2. 工作上能指导和监督他人		2. 会用外文打字机或复印机	
3. 能和同事友好相处		3. 做事充满活力和热情		3. 能快速记笔记和抄写文章	
4. 善于与年长者相处		4. 有效地利用自身的做法调动他人		4. 善于整理保管文件和资料	
5. 会邀请人、招待人		5. 销售能力强		5. 善于从事事务性工作	
6. 能简单易懂地教育儿童		6. 曾担任俱乐部或社团的负责人		6. 会用算盘	
7. 能安排会议等活动的议程		7. 向领导提出建议或反映意见		7. 能在短时间内分类和处理大量文件	
8. 善于体察人心和帮助他人		8. 有开创事业的能力		8. 能使用计算机	
9. 帮助护理患者和伤员		9. 知道怎样做能成为一个优秀的领导者		9. 能收集数据	
10. 安排社团组织和各种事务		10. 健谈善辩		10. 善于为自己或集体做财务预算表	

统计"√"的数量，并填入表 3-13。

表 3-13 统计表

类型	数量
R：现实型活动	
S：社会型活动	
A：艺术型活动	
E：企业型活动	
I：研究型活动	
C：常规型活动	

第四部分　你所喜欢的职业

下面列举了许多职业（表3-14），对这些职业的基本情况你或多或少都有所了解，并在此基础上形成了自己的评价态度。如果你对某项职业喜欢的话，请在答题卷相应题号的"选项"一栏中画"√"。这一部分测验也要求每题必做。

表 3-14　你所喜欢的职业

R：现实型活动	选项	A：艺术型活动	选项	I：研究型活动	选项
1. 飞机机械师		1. 乐队指挥		1. 气象学或天文学学者	
2. 野生动物专家		2. 演奏家		2. 生物学学者	
3. 汽车维修工		3. 作家		3. 医学实验室的技术人员	
4. 木匠		4. 摄影家		4. 人类学学者	
5. 测量工程师		5. 记者		5. 动物学学者	
6. 无线电报务员		6. 画家、书法家		6. 化学学者	
7. 园艺师		7. 歌唱家		7. 数学学者	
8. 长途公共汽车司机		8. 作曲家		8. 科学杂志的编辑或作家	
9. 火车司机		9. 电影电视演员		9. 地质学学者	
10. 电工		10. 节目主持人		10. 物理学学者	

S：社会型活动	选项	E：企业型活动	选项	C：常规型活动	选项
1. 街道、工会或妇联干部		1. 厂长		1. 会计	
2. 小学、中学教师		2. 电视制片人		2. 银行出纳员	
3. 精神病医生		3. 公司经理		3. 税收管理员	
4. 婚姻介绍所工作人员		4. 销售员		4. 计算机操作员	
5. 体育教练		5. 不动产推销员		5. 簿记员	
6. 福利机构负责人		6. 广告部部长		6. 成本核算员	
7. 心理咨询员		7. 体育活动主办者		7. 文书档案管理员	
8. 共青团干部		8. 销售部部长		8. 打字员	
9. 导游		9. 个体工商户		9. 法庭书记员	
10. 国家机关工作人员		10. 企业管理咨询人		10. 人口普查登记员	

统计"√"的数量，并填入表3-15。

表3-15 统计表

类型	数量
R：现实型活动	
S：社会型活动	
A：艺术型活动	
E：企业型活动	
I：研究型活动	
C：常规型活动	

第五部分 你的能力测评简评

下面两张表是你在六个职业能力方面的自我评定表（表3-16、表3-17）。你可以与同龄者比较自己在每一方面的能力，经斟酌后对自己的能力做一评价。请在表中适当的数字上画圈。数字越大，表示你的能力越强。注意：请勿全部画同样的数字，因为人的每项能力不可能完全一样。

表3-16 能力测评表（A）

项目	R型 机械操作能力	I型 科学研究能力	A型 艺术创作能力	S型 解释表达能力	E型 商业洽谈能力	C型 事务执行能力
特高	7	7	7	7	7	7
高	6	6	6	6	6	6
较高	5	5	5	5	5	5
中等	4	4	4	4	4	4
较低	3	3	3	3	3	3
低	2	2	2	2	2	2
特低	1	1	1	1	1	1

表3-17 能力测评表（B）

项目	R型 体力技能	I型 数学技能	A型 音乐技能	S型 交际技能	E型 领导技能	C型 办公技能
特高	7	7	7	7	7	7
高	6	6	6	6	6	6
较高	5	5	5	5	5	5
中等	4	4	4	4	4	4
较低	3	3	3	3	3	3
低	2	2	2	2	2	2
特低	1	1	1	1	1	1

第六部分　统计和确定你的职业兴趣

请将上述几个部分的测验分数按前面已经统计好的六种人格倾向（R型、I型、A型、S型、E型、C型）的得分填入表内（表3-18），并做纵向累加。

表3-18　统计表

测试	R型	I型	A型	S型	E型	C型
第二部分						
第三部分						
第四部分						
第五部分（A）						
第五部分（B）						
总分						

请将上表中的六种人格倾向总分按大小顺序从上至下排列：
_____型_____型_____型_____型_____型_____型
选出你的人格三字母（得分排在前三位的顺序排列）_____

第七部分　测评你的职业价值观

这一部分测验列出了人们在选择工作时通常会考虑的9项因素。请你在其中选出最重要的两项因素，以及最不重要的两项因素，并将序号填入下边相应空格上。

工作价值标准

（1）工资高、福利好
（2）工作环境（物质方面）舒适
（3）人际关系良好
（4）工作稳定，有保障
（5）能提供较好的受教育机会
（6）有较高的社会地位
（7）工作不太紧张，外部压力小
（8）能充分发挥自己的能力和特长
（9）社会需要与社会贡献大
最重要_____；次重要_____；最不重要_____；次不重要_____

以上全部测验完毕。

得分最高的职业类型意味着是最适合你的职业。比方说，你在I型上得分最高，说明你适合做自然科学方面的研究工作，如气象研究、生物学研究、天文学研究或科学杂志编辑等。其余以此类推。

如果最适合你的工作和你在第一部分所填写的理想工作不太一致，或者在各种类型的职业上你的能力和兴趣不相匹配，那么请你参照第七部分——你的职业价值观来做出最佳选择。比方说，第二部分你在 I 型上得分最高，但第三部分你在 A 型上得分最高，就请参考第七部分你最看重的因素：假如你最看重第 8 项"能充分发挥自己的能力和特长"或第 2 项"工作环境（物质方面）舒适"，那么 A 型工作最适合你；假如你最看重第 9 项"社会需要与社会贡献大"或第 4 项"工作稳定，有保障"，那么 I 型工作最适合你；假如你最看重的是其他因素，那么请向 A 型职业方面的专家咨询，选择与你的职业价值观最接近的工作。

知识链接

一、正确对待测评结果

职业测评可以帮助我们清楚地认识自己，了解自己的性格特征和职业倾向，帮助我们准确地进行职业定位，找到职业生涯发展的有效起点，扬长避短，在职业道路上事半功倍，走得更远。但是，职业测评并不是万能的，它不能解决所有人的所有问题。而对于测评结果，更是需要正确地对待。

首先，同学们对各种专业的人才素质要求还没有很全面、深刻的了解，即使测评结果显示你适合某种工作，那只是从性格、能力或未来能力、兴趣等几个方面提供的参考，而你能否适应职业本身的压力、节奏、竞争力，以及职业对经验、学历等的要求，则往往是测评之外的事。所以在不知所措时，先就业，等自己对各种职业有了一定的了解后再择业，才是明智之举。

其次，有的职业测评显示一些职业较适合性格外向的人做，但实践中，一些性格内向的人也会做得很好，为什么？因为一种职业对人才的需求是多样性的。所以，个人的职业测评最好和单位用人的测评结合起来，即用人者可能更了解你是否适合某种职业。

最后，职业选择决策是一个复杂的、动态的过程，要考虑很多因素。在做具体决策时，除了把本测评结果作为参考依据外，还要考虑以下一些因素，如职业的发展前景、职业的工作环境、职业给你带来的经济及非经济的报酬、你的个性特征与职业要求的匹配性，你个人的能力特长与职业要求的一致性，以及父母、亲人和朋友对你的期望，等等。这些信息需要你自己去获取，也可以向有关的专家或专业机构咨询。

二、其他探索兴趣的方法——回顾总结法

一个人对自己的过去和现在回顾总结得越多，就越能发现真正的自己。这里介绍回顾总结法，用于更深、更全面地探索自己的兴趣。通过回顾一个人的经历，看他专注于做哪些事情、在什么事情上花的时间多，选择了什么专业、选择什么样的课外活动，都可以发现其兴趣所在。例如，一个人回顾童年和求学经历，发现自己花了很多时间阅读、思考、写文章，而花了较少时间参加社交活动；学习成绩很好，善于钻研，选择了哲学专业，课外的时间经常旅游和拉小提琴，那么可以大致判断，他的兴趣类型就偏向于研究型或艺术型。

项目三 探索自我

体验活动 小组讨论

小组讨论：职业兴趣是生来就有的吗？还是可以培养的？我们应该怎样培养自己的职业兴趣？

知识链接 职业兴趣的培养

职业兴趣是人们通过参与某种自己感兴趣的职业而体验到心理上的满足后产生的长期的心理感受。大学生起初可能对许多职业都有兴趣，但这种兴趣往往是短暂的、多变的，随着对职业认识的深入，职业的中心兴趣会逐步形成，进而对从事某项职业十分向往，并希望体验到快乐，这就是比较稳定的职业兴趣。

然而，在现实生活中，由于种种因素的限制，我们所选择的职业未必如自己所愿。遇到这种情况，我们应当积极采取多种途径和方法，发现所选职业的价值，努力培养自己对所选职业的兴趣。那么，我们该如何培养自己的职业兴趣呢？

一、主动参与职业实践活动

职业兴趣只有在真正的社会实践活动中才会形成和巩固，关键在于亲自参与，从活动中获得亲身体验。例如，可以到与所学专业相关的企事业单位参观，还可以与工人师傅们好好谈一谈，了解所学专业的重要作用和岗位成才的事迹，帮助自己增强对即将从事职业的兴趣和热爱。

二、注意培养间接兴趣

有些大学生还存在着学习偏科的现象。这些大学生还没有认识到系统、综合的知识学习与未来职业发展需求之间的关系。一个工科大学生如果没有掌握计算机辅助设计技术、英语、写作等知识，将来就不可能胜任工科类的技术工作。所谓间接兴趣，是指由活动的目的、结果引起的兴趣。例如，学习计算机编程很枯燥，但是，想到将来从事任何职业都需要掌握计算机编程技能才会有更好的发展，就会对计算机学习产生间接兴趣，从而努力克服学习中的困难。

三、客观评价和确定职业兴趣

必须指出的是，对某类职业有浓厚的兴趣，并不说明就一定适合这类职业，关键在于是否具备相应的职业能力。换言之，渴望从事某类或某种职业只是我们的一厢情愿。今天，人才交流已逐步市场化，在一些紧俏职位的招聘中，具有较高职业能力和职业道德的人才能获得机会。所以，应当学会客观地评价和确定自己的职业兴趣，既要考虑到自己想干什么，又要考虑到与他人相比，自己更适合干什么。大学期间所学的专业是自己和家长经过慎重选择和努力而获得的，要珍惜它。大学生的首要任务是努力学习，提高自己的职业能力，增强对未来社会的适应能力，使得自己在毕业时具有较强的竞争力，切不可荒废在校学习的宝贵时间。当然,这并不主张人的职业方向终生不变。今后,随着科学技术的发展,一些职业会消失,同时又会兴起一些新职业。只有在校期间努力学好各门功课,掌握扎实的基础知识和专业知识,才能适应各种变化。所以,对待职业选择最客观的态度,还是安心学好现有的专业,以适应社会经济发展的要求。

兴趣人物 兴趣为伴,自得其乐——访北京大学数学系教授李铁军

生涯行动 我的兴趣发展计划

(1)我的兴趣特点是_____;
职业兴趣类型是_____。

(2)在专业学习和未来的职业中,可以满足我的兴趣的职业有:_____
_____。

(3)我将采取什么途径来培养我的职业兴趣:_____
_____。

任务四　高效工作——探索职业能力

体验活动　细数自己有哪些能力

请在 5 分钟内写出自己具备的所有能力，不论大小，可以涵盖能力的各个方面。然后按照能力的强弱，以 10 分为满分给每项能力打分。

知识链接

一、能力的概述

能力是人们顺利实现某种活动的心理条件，它不仅包含了一个人现在已经达到的水平，而且包含了一个人所具有的潜力。例如，从事外交工作，要具有灵活而敏捷的思维、较好的语言表达、较强的记忆等能力；从事管理工作，要具备一定的组织、交际、宣传与说服等能力。

按照获得方式不同，能力分为能力倾向和技能两大类。能力倾向是指生来具有的特殊才能，也就是我们常说的天赋；而技能是指经过后天学习和训练而培养的能力，如运动技能、心智技能。

（一）能力倾向分类

哈佛大学教授加德纳认为，能力倾向是多元的，是由同样重要的多种能力构成的，这就是著名的多元智能理论（图 3-8）。

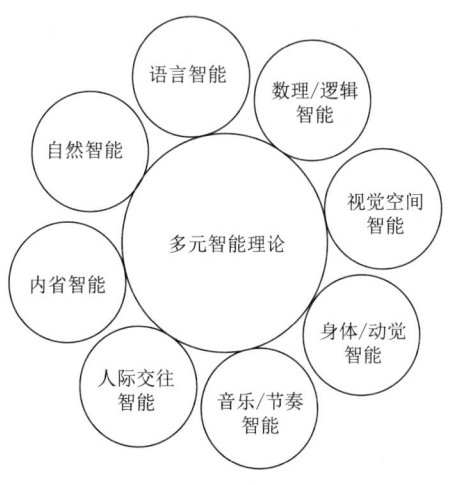

图 3-8　多元智能理论

1. 语言智能

语言智能主要是指有效地运用口头语言及文字的能力，即听、说、读和写的能力，表现为个人能够顺利而高效地利用语言描述事件、表达思想并与人交流的能力。这种智能在作家、政治活动家、演说家、记者、编辑、节目主持人、播音员、律师、教师、企业管理者、演员、营销者等职业上有更加突出的表现。

2. 数理/逻辑智能

数理/逻辑智能是指有效地计算、测量、推理、归纳、分类，并进行复杂数学运算的能力。数理/逻辑智能强的人学习时靠推理来进行思考，喜欢提出问题并执行实验以寻求答案，寻找事物的规律及逻辑顺序，对科学的新发展有兴趣。对可被测量、归类、分析的事物比较容易接受。科学家、会计师、统计学家、工程师、电脑软件研发人员等，需要具备突出的数理/逻辑智能。

3. 视觉空间智能

视觉空间智能是指能准确地感觉视觉空间，并且能把所感觉到的形象以图画的形式表现出来的能力。视觉空间智能强的人对色彩、线条、形状、形式、空间及它们之间关系的敏感性很高，感受、辨别、记忆、改变物体的空间关系并借此表达思想和情感的能力比较强，表现为对线条、形状、结构、色彩和空间关系的敏感以及通过平面图形和立体造型将他们表现出来的能力。这类人在学习时是用意象及图像来思考的。视觉空间智能可以划分为形象的视觉空间智能和抽象的视觉空间智能两种能力。适合的职业是导游、室内设计师、建筑师、摄影师、画家、飞行员等。

4. 身体/动觉智能

身体/动觉智能是指善于运用整个身体来表达思想和情感、灵巧地运用双手制作或操作物体的能力。包括特殊的身体技巧，如平衡、协调、敏捷、力量、弹性、速度以及由触觉所引起的能力。这类人喜欢动手建造东西，喜欢户外活动，与人谈话时常伴有手势或其他肢体语言。他们学习时是透过身体感觉来思考的。这种智能主要是指人调节身体运动及用巧妙的双手改变物体的技能。表现为能够较好地控制自己的身体，对事件能够做出恰当的身体反应以及善于利用身体语言来表达自己的思想。运动员、演员、舞蹈家、外科医生、宝石匠、机械师、手艺人等都有这种智能优势。

5. 音乐/节奏智能

音乐/节奏智能主要是指人敏感地感知音调、旋律、节奏和音色等能力，表现为个人对音乐节奏、音调、音色和旋律的敏感以及通过作曲、演奏和歌唱等表达音乐的能力。这种智能在作曲家、指挥家、歌唱家、乐师、乐器制作者、音乐评论家等人员那里都有出色的表现。

6. 人际交往智能

人际交往智能是指能够有效地理解别人及其关系、与人交往的能力，包括四大要素。①组织能力，包括群体动员与协调的能力。②协商能力，指仲裁与排解纷争的能力。③分析能力，指能够敏锐察知他人的情感动向与想法，易与他人建立密切关系的能力。④社交能力，指对他人表现出关心，善解人意，适于团体合作的能力。适合的职业是政治家、外交家、领导者、心理咨询师、教师、公关人员、推销员等。

7. 内省智能

内省智能是指能正确、全面地认识自己，有自知之明，并能做出适当行为的能力。包括能够认识自己的长处和短处，意识到自己的爱好、情绪、意向、脾气等，喜欢独立思考的能力。这类人对自己的生活有规划，能自尊、自律，会吸收他人的长处；会从各种回馈渠道中了解自己的优势和劣势，常静思以规划自己的人生，爱独处，以深入自我的方式来思考；喜欢独立工作，有自我选择的空间。这种能力在优秀的政治家、哲学家、思想家、心理学家、教师等人员身上都有出色的表现。

8. 自然智能

自然智能是指善于观察自然界中的各种事物，对物体进行辨别和分类的能力。这类人有着强烈的好奇心和求知欲，有着敏锐的观察能力，能了解各种事物之间的细微差别，在观察自然客观事物时善于比较，有较宽的知识面，能从中提取出有用的规律。自然智能强的人在打猎、耕作、生物科学上的表现较为突出。适合的职业是天文学家、生物学家、地质学家、物理学家、考古学家、环境设计师等。[1]

测一测

多元智能测评

（二）技能的分类

辛迪·梵和理查德·鲍尔斯将技能分为专业知识技能、可迁移技能和自我管理技能三种类型，如图3-9所示。

1. 专业知识技能

专业知识技能是指那些需要通过教育或者培训才能获得的特别的知识或能力，也就是个人所学习的科目、所懂得的知识。知识技能的特点如下。

（1）需要经过有意识的、专门的学习和记忆才能掌握。

---

[1] 谢明初，王爱珍. 数学课程与教学论. 广州：广东高等教育出版社，2014.

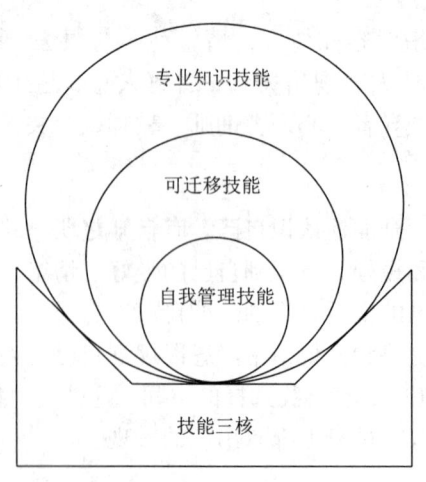

图 3-9 技能三核

（2）常常与我们的专业学习或工作内容直接相关。
（3）一般用名词来表示。

> **小贴士**
>
> **专业知识技能的发现**
>
> ➢ 你学习的是什么专业？
> ➢ 你的专业课有哪些？
> ➢ 除了专业课之外，你还选修了哪些课程？
> ➢ 你参加过哪些相关培训？
> ➢ 你最近在看什么书？

下面列举了部分专业知识技能词汇，如图 3-10 所示。

研磨剂	美学	过敏性反应	黏合剂	会计
管理	农业	解剖学	声学	青春期
疾病	麻醉药	杂技	飞机	丙烯酸树脂
酒精中毒	古董	人类学	制陶术	地理
发动机	仪器	老年病学	学徒	支票簿
设备	仲裁	玻璃	建筑	高尔夫球
数学	织物	政府	艺术（史）	农用机械
调味	食品供应	刹车	外交	室内装饰
……	……	……	……	……

图 3-10 专业知识技能词汇表

2. 可迁移技能

可迁移技能是指那些可以迁移的技能，也叫通用技能，如组织、说服、沟通、交往、设计、修理、分析、观察、演讲等技能。可迁移技能是一个人会做事的能力，它们可以从生活中的方方面面，特别是工作之外得到发展，也可以迁移应用到不同的工作之中。可迁移技能是个人最能持续运用和最能够依靠的技能。

比如，大学宿舍里同学之间发生了矛盾，你作为宿舍长组织大家一起开会讨论，协商解决问题的途径。这里就用到了组织、商讨、问题解决、管理等重要的可迁移技能。可迁移技能是用人单位最看重的部分，一般用动词来表示。

> **小贴士**
>
> **可迁移技能的发现**
>
> ➤你都会做什么？
> ➤你参加过哪些社会实践？
> ➤请用5~10个动词来概述你的工作能力。
> ➤你觉得自己最突出的工作能力有哪些？
> ➤哪些能力使你能够胜任这项工作？

可迁移技能词汇表如图3-11所示。

实现	写作	获胜	工作	概述	利用
建议	行动	适应	讲话	接受指令	掌管
确定	分析	预测	仲裁	指导	安排
预算	组合	评估	获取	系统化	审计
分类	建筑	计算	制图	翻译	结账
完善	训练	收集	交流	统一	编纂
保存	演奏	估算	概念化	打字	指挥
处理	巩固	建构	控制	陈述	决策
……	……	……	……	……	……

图3-11 可迁移技能词汇表

3. 自我管理技能

自我管理技能是指一种个性特征和品质，用来帮助一个人更好地适应环境，是个人最有价值的资产，是影响职业生涯成功与否的关键。一般用形容词或副词来表示。

> **小贴士**
>
> **自我管理技能的发现**
>
> ➢ 请用 5 个形容词来描述你的优点。
> ➢ 在老师眼里，你是一个什么样的学生？
> ➢ 你的同学通常怎么评价你？
> ➢ 通常，你给人留下最深刻的印象会是什么？
> ➢ 你觉得自己身上最明显的特点是什么？

自我管理技能词汇表如图 3-12 所示。

我非常……				
勤学	机敏	高效	随和	细心
沉着	努力	灵活	精明	认真
慷慨	忠诚	宽容	积极	可靠
有效率	有创意	有欣赏力	有经验	有进取心
精力充沛	消息灵通	有文化修养	有冒险精神	富有想象力
……	……	……	……	……

图 3-12 自我管理技能词汇表

二、职业能力的概述

通常，我们把与职业相关的能力称为职业能力。职业能力是人们从事某种职业的多种能力的综合。例如，作为教师只具有语言表达能力是不够的，还必须具备对教学的组织和管理能力，对教材的理解和使用能力，对教学问题和教学效果的分析、判断能力，对学生学习的指导、启发能力等。

一定的职业能力是胜任某种职业岗位的必要条件，任何一个职业岗位都有相应的岗位职责要求，一定的职业能力则是胜任某种职业岗位的必要条件。因此，大学生在择业时，首先要明确自己的能力优势以及胜任某种职业的可能性。职业能力是决定一个人能否进入职业的先决条件，也是一个人能否胜任工作的客观条件。无论从事何种职业，都要有一定的技能。在一个人的职业生涯中，要从事多种社会生产生活活动，因此必须具备多种能力与之相匹配。职业能力能够说明人的能力在不同领域的表现情况，即在某些领域具有良好的能力表现，而在另一些领域的能力可能相对欠缺。了解自己的能力倾向，并根据职业活动对职业技能进行培养，对于职业生涯发展意义重大。

三、能力对职业发展的影响

（一）能力是就业的关键

一个人要想谋求理想的职业，并在工作岗位上做出成绩，不仅要具有一定的科学文化知识和思想道德素质，还要具备良好的能力。因此，能力是就业的关键，也是获得职业成功的前提。

面对目前严峻的就业形势，就业竞争日益激烈，这种竞争突出体现为能力的竞争。因此，若不具备一定的能力，就意味着就业的失败，意味着可能失业或再次择业。有些企业下岗人员从被迫下岗到再就业较难，其中一个重要原因是一部分下岗人员缺乏能力，没有过硬的技术本领。

（二）能力推动职业生涯快速发展

具有较高的能力，不仅是成功就业的敲门砖，而且是保职升职的有力保障。反之，如果能力不足，即使暂时获得了岗位，也会因不能胜任而遭到淘汰。因此，具有较高的能力，能让自己在工作时游刃有余，获得较强的工作愉悦感和成就感。

在工作过程中，能力强的人一般会取得更好的工作绩效，为组织创造更大的价值，也就比能力差的人有更多的职业晋升机会，从而获得更快更好的职业生涯发展。随着能力的积累和发挥，职业发展空间会越来越大，而随着职业发展空间的增大，能力的提升也会更快更多，从而形成良性循环，最终取得职业生涯的成功。

榜样人物 "技能大师"李征：创新关键在于用实践去检验

知识拓展 职业核心能力

职业核心能力在人的发展中是最基础的和最重要的能力之一，它在人的能力体系中处于核心地位。在能力金字塔中，职业核心能力位于最关键的核心层次，是职业特定能力和行业通用能力的基础，是大学生大学期间应重点掌握的职业能力。

我国劳动和社会保障部的课题主报告《国家技能振兴战略纲要》将职业核心能力分为 8 项，称为"8 项核心能力"（图 3-13），包括：与人交流、与人合作、解决问题、自我学习、数字应用、信息处理、创新革新和外语应用。[1]

---

[1] 陈宇. 国家技能振兴战略. 中国人力资源开发，1999，16（2）：4-7，49.

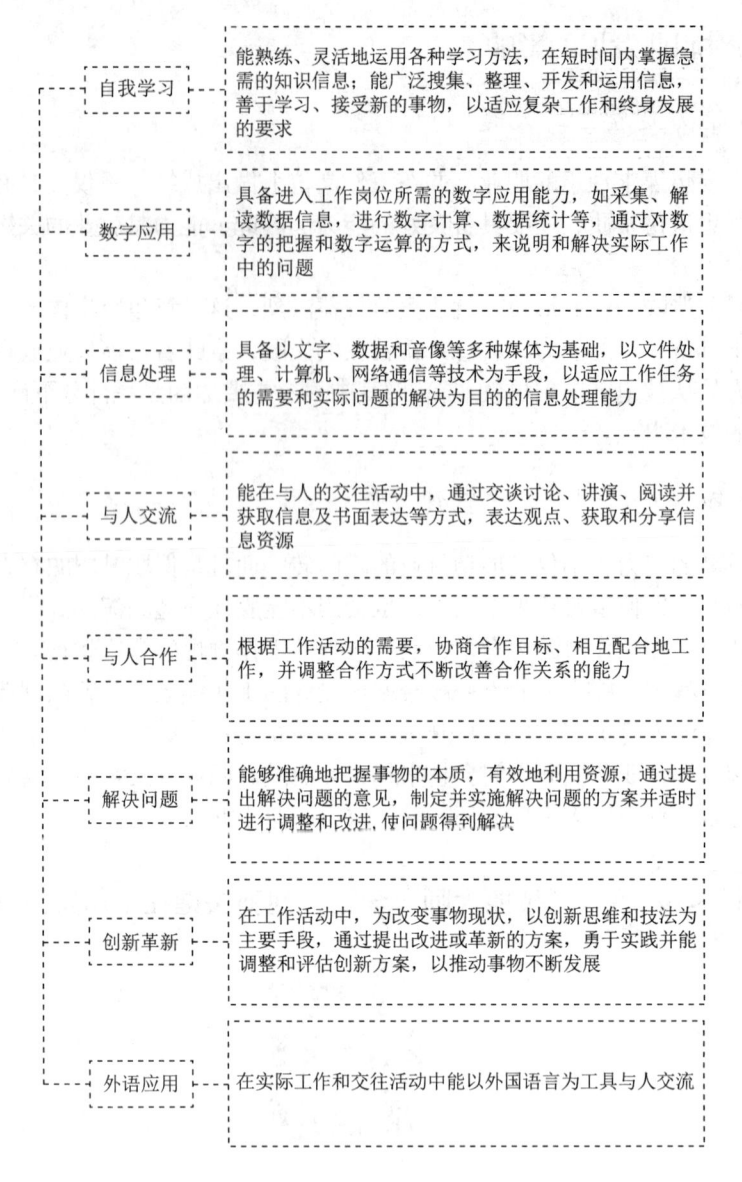

核心能力	描述
自我学习	能熟练、灵活地运用各种学习方法,在短时间内掌握急需的知识信息;能广泛搜集、整理、开发和运用信息,善于学习、接受新的事物,以适应复杂工作和终身发展的要求
数字应用	具备进入工作岗位所需的数字应用能力,如采集、解读数据信息,进行数字计算、数据统计等,通过对数字的把握和数字运算的方式,来说明和解决实际工作中的问题
信息处理	具备以文字、数据和音像等多种媒体为基础,以文件处理、计算机、网络通信等技术为手段,以适应工作任务的需要和实际问题的解决为目的的信息处理能力
与人交流	能在与人的交往活动中,通过交谈讨论、讲演、阅读并获取信息及书面表达等方式,表达观点、获取和分享信息资源
与人合作	根据工作活动的需要,协商合作目标、相互配合地工作,并调整合作方式不断改善合作关系的能力
解决问题	能够准确地把握事物的本质,有效地利用资源,通过提出解决问题的意见,制定并实施解决问题的方案并适时进行调整和改进,使问题得到解决
创新革新	在工作活动中,为改变事物现状,以创新思维和技法为主要手段,通过提出改进或革新的方案,勇于实践并能调整和评估创新方案,以推动事物不断发展
外语应用	在实际工作和交往活动中能以外国语言为工具与人交流

图 3-13　8 项核心能力

体验活动　说一说让你有成就感的 3 件事

说一说让你有成就感的 3 件事,并从中发现自己的能力。每个成就故事应当包括以下 5 个要点:

(1)你想达到的目标。
(2)你面临的困难和挑战。
(3)你是如何一步步克服困难、接受挑战的。
(4)你取得的成就。

（5）你发挥的能力和使用的技能。

成就故事 1：_____。

成就故事 2：_____。

成就故事 3：_____。

分析成就故事中反映的你的个人技能：

_____。

知识链接

一、能力的评估

真正了解自己并不是一件容易的事情，我们通常都是关注身体以外的东西，而很少内省和反观自己。了解自己的能力可以使我们在工作中扬长避短，充分发挥自己的优势。在技能探索与评估的道路上，我们可以尝试以下四种方法。

1. 利用可衡量的业绩

我们可以从一个人取得的业绩或成就入手，衡量他的技能是否符合企业需求。例如，学习成绩排名全年级第三；连续三年获得国家奖学金；作为学生会干部辅助老师完成职业技能鉴定培训工作；兼职化妆品销售员时提高了该地区 5% 的销售额；等等。

2. 利用他人的认可

成绩单、获奖证明、社会实践报告单、实习证明、工作履历表等材料可以证明你在某段时间、某个地点有过何种经历，借此来判断你是否具备用人单位所需的专业知识技能、可迁移技能和自我管理技能。他人的认可还可以体现在领导或同事的口头表扬或工作岗位的升职。

3. 利用技能词汇表

借助"专业知识技能词汇表""可迁移技能词汇表""自我管理技能词汇表"，从表中圈出任何你所拥有的技能并做以归纳总结，词汇表详见表 3-19、表 3-20 和表 3-21。

4. 编写与分析成就故事

回忆自己取得过的成就，也就是自己曾经做过的或是自己认为比较成功、感觉不错的事情。成就故事可以是学习、生活的各个方面，不限于工作领域。"成就"代表的含义是自己感到满足，有价值感，为之兴奋或激动，也可以包括外界的认可或好评。在撰写成就故事的时候我们尝试运用 STAR 工作法，注意包含以下 4 个要素。

situation（情境）：事情是在什么情况下发生的。

target（目标）：你是如何明确你的目标的。

action（行动）：针对这样的情况分析，你采用了什么行动方式。

result（结果）：结果怎样，在这样的情况下你学习到了什么。[1]

---

[1] 蓝少廷. 物流企业关键岗位人才培训新模式：校企共育. 北京：中国财富出版社有限公司，2021.

视频课程　**STAR 工作法的运用**

二、能力的培养

那么，大学生应该如何提升自己的能力呢？

（一）做好专业课与选修课的学习

作为在校大学生，要扎扎实实地学好专业课及选修课，全面提升自己的理论功底与综合素质，为将来步入社会取得职业成功夯实基础。

（二）积极参加专业实践与自主科研活动

大学生通过专业实践，能够较好地将所学专业理论知识与实践相结合，检阅、修正和巩固已有的专业知识和理论体系，训练和提高专业技能，并强化专业思维和职业伦理修养。专业实践活动有助于培养大学生的专业基本能力、自我学习和发展能力、独立分析和解决问题能力、组织和协调能力，以及判断与决策能力。

大学生还可以在专业老师的指导下，组成科研（课题）小组，选定研究课题，经过一段时间的调研，完成调查报告或提出解决方案。参加自主科研活动，一方面有助于培养自己的团结合作与交流沟通的能力；另一方面，在选定课题的调查、分析与研究过程中，需要针对既定的目标，设计实施方案，选择解决问题的途径，确定具体的方法和工具，并去实践，在实践中不断修正方案，直至达到目标。在这个过程中，可以培养自己的管理能力和完成任务的能力。

（三）积极参加职业技能大赛与顶岗实习实践

参加职业技能大赛是提升职业技能的一种有效手段，如参加云南省职业院校技能大赛、全国职业院校技能大赛等。在大赛中，大学生不仅能磨炼自己的技能，试验自己基本技能的掌握情况，学会解决问题，还能加强自己的团队沟通协作能力。

大学生还应充分利用毕业前的顶岗实习机会，投入到实地的生产、生活中。要充分学习工作岗位所要求的知识能力，同时在实际工作中学会与工作相关的方式方法和社会能力，要对遇到的困难和问题进行积极的思考和解决，从而在实习实践中提升自己的能力。

（四）积极参加公益性实践活动

大学生参加公益性实践活动对能力的培养也非常重要。因为除了致力于培养和提高自己的专业基本技能、具体的职业岗位能力和通用职业能力外，大学生还应关注自己是否具有高度的社会责任感和高尚的品德修养，是否具有较强的社会竞争力，人格发展是否健康和完善。这些基本素养同样是构成通用职业能力的重要组成部分。

高度的社会责任感和良好的人格品德等个人素养决定着个人职业生涯的成败，更关乎国家和民族的文明、进步、和谐与繁荣。大学生是未来社会的建设者和中坚力量，公益性实践活动对于帮助大学生树立社会责任感、奉献意识尤为重要。参加形式多样的社会公益实践活动，有助于大学生培养和提高自己的自我学习与发展、获取与利用信息及应对挫折等能力，从而使自己在未来的职业活动中更具有竞争力。

知识拓展　"冰山模型"

1973年，哈佛大学的麦克利兰教授提出了"冰山能力素质模型"，简称"冰山模型"（图3-14），也称为职业胜任力模型。该模型较为完整地论述了个体参与社会活动及胜任某一职业应具有的知识、能力体系，在人力资源领域受到了广泛的关注和应用。麦克利兰把人的职业胜任力模型抽象地描绘成一座在水中漂浮的冰山。其中，"水平面以上"包括知识技能，是显性能力、素质，比较容易被感知；"水平面以下"包括社会角色、自我形象、特质和动机，是人内在的、难以测量的隐性能力、素质，它们不太容易通过外界的影响而得到改变，是决定人们行为表现的比较稳定的关键因素。越处于底端的能力、素质，被挖掘与感知的难度越大[①]。

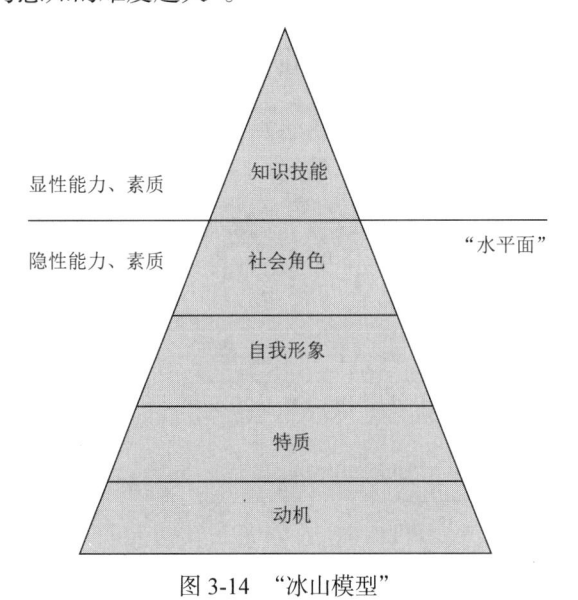

图3-14　"冰山模型"

---

① 李莉. 大学生就业指导实训教程. 北京：北京理工大学出版社，2015.

简言之,"冰山模型"包括五个方面,从上到下分别是:①知识技能,知识是指个人在特定领域拥有的事实型与经验型信息,如专业销售知识等,技能是指运用某种知识进行具体工作的操作能力,如人际交流能力、组织能力、时间管理能力等。②社会角色,指一个人在与他人和社会互动交往中呈现出的行为方式与风格,如有的人对别人充满善意,易于合作,有的人则可能对环境充满警惕。③自我形象,是指对自己人生观、价值观、世界观的认知,即"我是谁?从哪里来?到哪里去?"等问题。④特质,也称"品质",是指个性、身体特征对环境和各种信息所表现出来的持续反应。⑤动机,来源于需求,驱动着人们不断地去做某些事。

因"冰山模型"全面、系统地描述人们参与社会所应具备的能力、素质要求而被人力资源界和教育界广泛地应用,在企业中也以其作为选拔员工和评定员工工作能力的基准。

生涯行动　我的能力清单

搜集理想职业的岗位能力要求,填写自己的能力清单。
(1) 我的理想职业需要的专业知识技能有＿＿＿＿＿＿＿＿＿＿＿＿。
(2) 我的理想职业需要的可迁移技能有＿＿＿＿＿＿＿＿＿＿＿＿。
(3) 我的理想职业需要的自我管理技能有＿＿＿＿＿＿＿＿＿＿＿。
(4) 我的职业能力优势是＿＿＿＿＿＿＿＿＿＿＿＿＿＿＿＿＿＿。
(5) 我的职业能力劣势是＿＿＿＿＿＿＿＿＿＿＿＿＿＿＿＿＿＿。
(6) 适合我能力的职业还有＿＿＿＿＿＿＿＿＿＿＿＿＿＿＿＿＿。
(7) 我的能力提升计划是＿＿＿＿＿＿＿＿＿＿＿＿＿＿＿＿＿＿。

任务五　坚定工作——探索职业价值观

案例导入　小王的职业价值观

小王是某高校土建类专业的毕业生，毕业时拿到了三家企业的录用通知书。一个是北京某高新技术企业，薪资很高，但是专业不对口；一个是天津某研究院，专业对口，待遇也不错；还有一个在家乡，需要去一线的建筑公司，专业对口，最关键的是，小王的家乡近几年发展很快，需要大量的土建类人才，政府制定了相关的人才引进政策，未来的发展会很好。经过几天的思考，小王最终决定回家乡工作，因为他觉得建设家乡、到需要自己发光发热的地方才是最重要的。

思考： 小王为什么选择回老家工作？

说一说

请说出你对工作的期待。
（1）你认为工作……
（2）在一分钟内尽可能地写下你对工作的"价值"的理解。
（3）你想要在工作中得到什么？
（4）你判断工作"好"与"坏"的标准是什么？

知识链接

一、价值观与职业价值观

（一）价值观

价值观是人们按照自己所理解的重要性，对事物进行评价与抉择的标准，指一个人对于人、事、物的看法或原则。凡是自己觉得重要的、想追求的就是自己的价值观。它是我们生活中的信念、情感和动力、行为的"指挥官"。

价值观是一种内心尺度，是我们认识和处理事务的一套价值体系，也就是我们在生活和工作中所看重的原则或标准。它支配着人的行为、态度、信念等，支配着人认识世界、明白事物对自己的意义和自我了解、自我定向、自我设计等。一个人愈清楚自己的价值观，生活目标愈明晰。

（二）职业价值观

价值观在职业选择上的体现就是职业价值观，是人们对待职业的一种信念和态度，或是在职业生活中表现出来的一种价值取向。职业价值观可以反映出个人价值观。

二、职业价值观对职业发展的影响

人们在选择职业时，个人的择业标准和对具体职业的评价集中反映了他们的职业价值观。例如，在择业过程中，有的人追求丰厚的收入，有的人希望奋斗到较高的社会地位，有的人喜欢工作环境轻松愉快，也有的人将充分发挥自己的才能作为择业的第一标准。职业价值观决定人们的职业期望，影响人们对职业方向和职业目标的选择，决定人们就业后的工作态度和劳动绩效水平，从而决定人们未来的职业发展情况。哪个职业好？哪个岗位适合自己？从事某一项具体工作的目的是什么？这些问题都是职业价值观能给予我们答案的具体表现。

体验活动　职业价值观测试

本测试的目的是了解你对未来职业的期待。本问卷（表3-19）共有52个题目，请根据自己的真实想法对这些问题的重要性进行评价，5表示你认为非常重要，4表示比较重要，3表示一般，2表示较不重要，1表示很不重要。

表3-19　职业价值观测试表

问题	5 非常重要	4 比较重要	3 一般	2 较不重要	1 很不重要
1. 你的工作必须经常解决新的问题					
2. 你的工作能为社会带来看得见的福利					
3. 你的工作奖金很高					
4. 你的工作内容经常变换					
5. 你能在工作范围内自由发挥					
6. 你的工作能使你的同学、朋友非常羡慕你					
7. 你的工作带有艺术性					
8. 你的工作能使人感觉到你是团队中的一分子					
9. 不论表现如何，你总能像大多数人一样晋级、加薪					
10. 你的工作使你有可能经常变换工作地点、工作场合或工作方式					
11. 在工作中你能接触到各种不同的人					

续表

问题	5 非常重要	4 比较重要	3 一般	2 较不重要	1 很不重要
12. 你的工作上下班时间比较随便、自由					
13. 你的工作使你有不断取得成功的感觉					
14. 你的工作赋予你高于别人的权力					
15. 在工作中，你能实行一些自己的新想法					
16. 在工作中，你不会因身体、能力等因素而被别人瞧不起					
17. 你能从工作的成果中知道自己做得不错					
18. 你的工作经常要外出参加各种集会和活动					
19. 只要你干上这份工作，就不会再被调到其他意想不到的单位或工种上去					
20. 你的工作能使你的世界更美丽					
21. 在你的工作中，不会经常有人来打扰你					
22. 只要努力，你的工资会高于其他同龄人，升迁或加薪的可能性比干其他工作大得多					
23. 你的工作是一项对智力的挑战					
24. 你的工作要求你把一些事务管理得井井有条					
25. 你的工作单位有舒适的休息室、更衣室及其他设备					
26. 你的工作有可能使你结识各行各业的知名人士					
27. 在你的工作中，能和同事建立良好的关系					
28. 在别人的眼中，你的工作是很重要的					
29. 在工作中你经常接触到新鲜的事物					
30. 你的工作使你能经常帮助别人					
31. 你在工作单位中有可能经常变换工种					
32. 你的工作作风使你被别人尊重					
33. 你工作单位的同事和领导人品较好，相处比较随意					
34. 你的工作会使很多人认识你					
35. 你的工作场所很好，比如有合适的灯光，舒适的座椅，安静、清洁的环境，宽敞的工作空间甚至恒温恒湿等优越的条件					

续表

问题	5 非常重要	4 比较重要	3 一般	2 较不重要	1 很不重要
36. 在工作中，你为他人服务，使他人感到很满意，你自己也就很高兴					
37. 你的工作需要计划和组织别人的工作					
38. 你的工作需要敏锐的思考					
39. 你的工作可以使你获得较多的额外收入，比如常发实物、能购买打折扣的商品、常发商品的提货券、有机会购买进口商品等					
40. 在工作中你是不受别人差遣的					
41. 你的工作结果应该是一种艺术品而不是一般的产品					
42. 在工作中不必担心会因为所做的事情让领导不满意而受到训斥或经济惩罚					
43. 你在工作中能和领导有融洽的关系					
44. 你可以看见你努力工作的成果					
45. 在工作中常常要你提出许多新的想法					
46. 由于你的工作，经常有很多人来感谢你					
47. 你的工作成果常常能得到上级、同事或社会的肯定					
48. 在工作中，你可能做一个负责人，虽然可能只是领导很少的几个人，你信奉"宁做兵头，不做将尾"的俗语					
49. 你从事的工作经常在报刊、电视中被提到，因而你在人们的心目中很有地位					
50. 你的工作有数量可观的夜班费、加班费、保健费或营养费等					
51. 你的工作在体力上比较轻松，精神上也不紧张					
52. 你的工作需要和电影、电视、戏剧、音乐、美术、文字等打交道					

按表 3-20 的对应题号统计分数（各小题分数加到一起），找到其中得分最高的 5 项和最低的 5 项，并参照下面的 13 种价值观类型的含义进行解释。

表 3-20 统计表

序号	价值观类型	对应题号	价值观类型的含义
1	利他主义	2,30,36,46	总是为他人着想,把为大众谋幸福和利益作为自己的追求
2	审美主义	7,20,41,52	能不断地追求美的东西,得到美感的享受
3	智力刺激	1,23,38,45	不断进行智力开发,动脑思考、学习和探索新事物,解决新问题
4	成就动机	13,17,44,47	不断创新,不断取得成就,不断得到领导和同事的赞扬或不断实践自己想要做的事
5	自主独立	5,15,21,40	能够充分发挥自己的独立性和主动性,按自己的方式、想法去做,不受他人干扰
6	社会地位	6,28,32,49	所从事的工作在人们的心目中有较高的社会地位,从而使自己得到他人的重视与尊敬
7	权力控制	14,24,37,48	获得对他人或某事的管理权,能指挥和调遣一定范围内的人或事物
8	经济报酬	3,22,39,50	获得优厚的报酬,使自己有足够的财力去获得自己想要的东西,使生活过得较为富足
9	社会交往	11,18,26,34	能和各种人交往,建立比较广泛的社会联系和关系,甚至能和知名人士结识
10	社会稳定	9,16,19,42	希望不管自己能力怎样,在工作中要有一个安稳的局面,不会因为奖金、加薪、调动工作或领导训斥等而经常提心吊胆、心烦意乱
11	轻松舒适	12,25,35,51	希望将工作作为一种消遣、休息或享受的形式,追求比较舒适、轻松、自由、优越的工作条件和环境
12	人际关系	8,27,33,43	希望一起工作的大多数同事和领导人品好,在一起相处会感到愉快、自然
13	追求新意	4,10,29,31	希望工作的内容经常变换,使工作和生活显得丰富多彩,不单调枯燥

得分最高的 5 项是：_____。
得分最低的 5 项是：_____。

知识链接

怎样才能认清你的职业价值观呢？你对什么活动或社会环境越积极，越充满热情，就说明你越看重它。现在有没有什么事情让你感到兴奋或者不悦？有没有什么活动让你充满了力量？生活中有没有什么情境，让你不得不去做一件特定的事情？所有的这一切都体现了你的价值观。

对价值观特别是职业价值观进行分析时，很多人并不清楚自己到底属于哪一种。在此，我们参照学者们所提出的价值观类型，把不同职业价值观的内容加以归纳总结。大学生可根据它们所体现的主要方面，来确定自己职业价值观中的主要因素是什么。

一、舒伯的 15 种职业价值观

每个人在学业和职业上都有各自不同的价值追求。对此，舒伯总结了 15 种最为普遍的职业价值观，代表着不同群体在工作中所重视和追求的15个方面。

（1）美的追求——使你能够制作美丽的物品并将美带给世界的职业。

（2）安全稳定——不太可能失业，即使在经济困难的时候也有工作。

（3）工作环境——在宜人的环境里工作（不冷也不热，不吵闹也不脏乱），环境或工作的物质条件对某些工作者来说是很重要的，他们对于相应的工作条件比工作本身更加感兴趣。

（4）智力激发——能让你独立思考，了解事物怎样运行和发挥作用的工作。

（5）独立自主——能让你以自己的方式去做事，或快或慢随你所愿地工作。

（6）多样变化——在同一份工作中有机会尝试不同的工作内容。

（7）经济报酬——报酬高，使你能拥有想要的事物的工作。

（8）管理权力——允许你计划并给别人安排任务的工作。

（9）帮助他人——让你能为了他人的福利做贡献的职业，满足社会服务方面的兴趣。

（10）生活方式——工作能让你按照自己所选择的生活方式生活，并成为自己所希望成为的人。

（11）创造发明——能使你发明新事物、设计新产品或产生新思想的工作。

（12）上级关系——在一个公平并且能与之融洽相处的管理者手下工作，和老板相处融洽。

（13）同事关系——能与你喜欢的人接触并共事。对某些人来说，工作中的社交生活比工作本身要重要得多。

（14）成就满足——能让你有一种做好工作的成功感。重视成就的人喜欢能给人现实可见的结果的工作。

（15）声望地位——让你在别人的眼里有地位、受尊敬的工作[①]。

二、施恩的职业锚类型

施恩将当一个人不得不做出选择的时候，无论如何都不会放弃的职业中的那种至关重要的东西或价值观称为职业锚。

经过多年的发展，职业锚已经成为职业发展、职业设计的必选工具。许多大公司将职业锚作为员工职业发展、职业生涯规划的主要参考点。施恩根据自己对麻省理工学院斯隆管理学院毕业生的研究，确定了8种基本的职业锚类型[②]，如表3-21所示。

表3-21 职业锚类型

职业锚类型	擅长的工作
技术/职能型	技术/职能型的人追求在技术/职能领域的成长和技能的不断提高，以及应用这种技术/职能的机会。他们对自己的认可来自他们的专业水平，他们喜欢面对专业领域的挑战。他们通常不喜欢从事一般的管理工作，因为这意味着他们不得不放弃在技术/职能领域的成就

---

① 袁敏. 大学生职业生涯规划（职业生涯规划篇）. 北京：北京理工大学出版社，2020.
② 黄婷，谢琴. 大学生职业规划与就业指导. 重庆：西南师范大学出版社，2014.

续表

职业锚类型	擅长的工作
管理型	管理型的人追求并致力于工作晋升,倾心于全面管理,独立负责一个部分,可以跨部门整合其他人的努力成果。他们想去承担整体的责任,并将公司的成功与否看成自己的责任。具体的技术/职能工作仅仅被看作是通向更高、更全面管理层的必经之路
自主/独立型	自主/独立型的人希望随心所欲地安排自己的工作方式、工作习惯和生活方式。追求能施展个人能力的工作环境,最大限度地摆脱组织的限制和制约。他们宁愿放弃提升或工作发展机会,也不愿意放弃自由与独立
挑战型	挑战型的人喜欢解决看上去无法解决的问题,战胜实力强硬的对手,克服难以克服的困难障碍等。对他们而言,参加工作的原因是工作允许他们去战胜各种不可能。他们需要新奇、变化和困难,如果事情非常容易,工作马上会变得令他们厌烦
生活型	生活型的人希望将生活的各个主要方面整合为一个整体,喜欢平衡个人的、家庭的和职业的需要。因此,生活型的人需要一个能够提供"足够弹性"的工作环境来实现这一目标。生活型的人甚至可以牺牲职业的一些方面,例如,放弃职位的提升,来换取三者的平衡。他们将成功定义得比职业成功更广泛。相对于具体的工作环境、工作内容,生活型的人更关注自己如何生活、在哪里居住、如何处理家庭事务及怎样自我提升等
安全/稳定型	安全/稳定型的人追求工作中的安全感与稳定感,他们会因为能够预测到稳定的将来而感到放松。他们关心财务安全,如退休金和退休计划
创造/创业型	创造/创业型的人希望用自己的能力去创建属于自己的公司或创建完全属于自己的产品(或服务),而且愿意去冒风险,并克服面临的障碍。他们想向社会学习并寻找机会,一旦时机成熟,他们便会走出去创立自己的事业
服务/奉献型	服务/奉献型的人一直追求他们认可的核心价值,例如,帮助他人,改善人们的生活质量,通过新产品消除疾病等。他们一直寻觅这种机会,这意味着即使变换公司,他们也不会接受不允许他们实现这种价值的变动或工作提升

三、张再生的职业价值观

张再生教授认为职业价值观中的主要因素可以分为三类,并认为职业价值观的分析可以从以下三个方面展开。

第一,发展因素,包括符合兴趣爱好、机会均等、公平竞争、工作有挑战性、能发挥自身才能、工作自主性大、能提供培训机会、晋升机会多、专业对口、发展空间大、出国机会多等,这些职业要素都与个人发展有关,因此称之为发展因素。

第二,保健因素,包括工资高、福利好、保险全、职业稳定、工作环境舒适、交通便捷、生活方便等,这些职业要素与福利待遇和生活有关,因此称之为保健因素。

第三,声望因素,包括单位知名度、单位规模、行政级别和社会地位等。这些职业要素都与职业声望地位有关,因此称之为声望因素。

职业价值观是一个复杂的多维度的心理因素,对职业的选择和衡量有多种要素的参与,但各要素起的作用是不同的。从当前的实际来看,许多调查显示,大学生在职业价值分析和测定过程中,必须处理好职业价值观不同要素之间的关系,并根据不同时期、不同情况明确自己的职业核心需求,以便合理制定自己的职业生涯规划和相关策略。

体验活动　忍痛割爱

在职业价值观测试中你已经测出了自己五项重要的价值观。现在，请思考以下问题：
（1）你选出的五项最重要的价值观是＿＿＿＿＿＿＿＿＿＿＿＿＿＿＿＿＿＿＿。
（2）你对这五项价值观的定义分别是＿＿＿＿＿＿＿＿＿＿＿＿＿＿＿＿＿＿＿。
你的五项重要价值观中，如果你不得不放弃其中一项，你会选择放弃哪项？
＿＿＿＿＿＿＿＿＿＿＿＿＿＿＿＿＿＿＿＿＿＿＿＿＿＿＿＿＿＿＿＿＿＿＿。
（3）如果让你再放弃一项，你会放弃哪项＿＿＿＿＿＿＿＿＿＿＿＿＿＿＿。
（4）继续下去，你第三次放弃的价值观是＿＿＿＿＿＿＿＿＿＿＿＿＿＿＿。
（5）继续下去，你第四次放弃的价值观是＿＿＿＿＿＿＿＿＿＿＿＿＿＿＿。
（6）最后留在你手中的价值观是＿＿＿＿＿＿＿＿＿＿＿＿＿＿＿＿＿＿＿。
这是不是你无论如何也不愿意放弃的价值观＿＿＿＿＿＿＿＿＿＿＿＿＿＿＿。
（7）通过这个活动，你对自己的价值观有什么样的了解和想法：
＿＿＿＿＿＿＿＿＿＿＿＿＿＿＿＿＿＿＿＿＿＿＿＿＿＿＿＿＿＿＿＿＿＿＿
＿＿＿＿＿＿＿＿＿＿＿＿＿＿＿＿＿＿＿＿＿＿＿＿＿＿＿＿＿＿＿＿＿＿＿
＿＿＿＿＿＿＿＿＿＿＿＿＿＿＿＿＿＿＿＿＿＿＿＿＿＿＿＿＿＿＿＿＿＿。

（8）你认为你的价值观会对你的职业选择和人生产生什么样的影响：
＿＿＿＿＿＿＿＿＿＿＿＿＿＿＿＿＿＿＿＿＿＿＿＿＿＿＿＿＿＿＿＿＿＿＿
＿＿＿＿＿＿＿＿＿＿＿＿＿＿＿＿＿＿＿＿＿＿＿＿＿＿＿＿＿＿＿＿＿＿。

知识链接　真实价值观的澄清

每个人都有自己独特的价值观，而且不论喜欢与否。生活中重要他人（如父母、同学、师长等）的价值观也常常会对我们产生影响。重要的不是去评判这些价值的对错，而是去考量它们给自己的生活和职业发展带来的影响，并适时做出调整。

很少有工作能完全满足人所有的重要价值观。因此，我们总是要不断地做出妥协和放弃。这是不可避免的，也是必要的。只有对自己的价值观进行澄清和排序，才能知道如何取舍。

在你的价值观排序的活动中，可能有人会发现对价值的取舍和排序是一个艰难的过程，甚至做完了这个活动，仍然不清楚自己想要的到底是什么，可能有人发现留下来的最后一条价值观也不见得是对自己真正重要的。出现这样的情况是正常的，因为大学生还处在建立和形成个人价值观的生涯探索期，有一些混乱是必然的。重要的是对自己的职业和生活进行不断的思考和探索。价值观的澄清本身也不是一劳永逸的过程。因此，有必要进行进一步的探索，并在今后的生活中不断反思。

路易斯·拉思斯（Louis E. Raths）等学者指出：真实的"价值"需要具备以下基本要素[①]。

---

① 路易斯·拉思斯. 价值与教学. 谭松贤译. 杭州：浙江教育出版社，2003.

1. 选择

（1）它是你没有来自任何人或任何方面的压力，自由选择的吗？

（2）它是你从众多的价值观中挑选出来的吗？

（3）它是你思考了所做选择的结果后被挑选出来的吗？

2. 珍视

（1）你是否珍爱你的价值观，或者为你的选择感到自豪？

（2）你愿意公开向其他人承认你的价值观吗？

3. 行动

（1）你的行动是否与你选择的价值观一致？

（2）你是否始终如一地根据你的价值观来行动？

对于某件事情，如果你能对上述所有问题都给出肯定的答复，那么，这说明你确实认为它有价值。

如果对其中一些问题的回答是否定的，那么你需要思考一下自己看重的、想要得到的到底是什么。

例如，有很多人常说健康很重要，但在实际生活中所采取的行动却往往与健康的生活方式背道而驰，例如，常常为了学习熬夜，不注意饮食和休息等。如果进一步分析，我们会发现，对于这样的人，学习所代表的"成就感"，或是学习成绩好所带来的"被认可"的感觉是更为重要的。

体验活动　小组讨论毕业生离职原因

小组讨论：查阅本校的就业质量报告，对毕业生离职的原因，说说自己的看法。

知识链接　树立正确的职业价值观

习近平总书记在党的十九大报告中指出，"中国特色社会主义进入新时代"。新时代新使命，树立正确的职业价值观，做有理想，有本领，有担当的时代新人，是青年大学生成长成才的必由之路。党的十八大提出，倡导富强、民主、文明、和谐，倡导自由、平等、公正、法治，倡导爱国、敬业、诚信、友善，积极培育和践行社会主义核心价值观[1]。

（1）富强、民主、文明、和谐是国家层面的价值目标。新时代大学生职业生涯离不开社会主义核心价值观的引领，大学生应以国家富强的崇高目标支撑个人职业理想，将个

---

[1] 迟云平，陈翔磊. 就业指导. 广州：华南理工大学出版社，2020.

人梦与中国梦相结合，努力实现国家建设目标与自身生涯目标的同构，以自强不息的时代精神为社会发展创造物质财富和精神财富。

（2）自由、平等、公正、法治是社会层面的价值取向。大学生职业生涯规划正是自由选择个人职业，平等是实现自由的基础。在职业生涯中，大学生要主动维护公平正义的职业责任感，以法治思维规范职业思维，使自己成为有思想、有文化、有行动的时代新人。

（3）爱国、敬业、诚信、友善是公民个人层面的价值准则。大学生在从事职业的过程中要做到爱国，要能正确处理个人利益与国家利益，以浓厚的爱国情怀坚定职业理想，以强烈的国家认同感增进自己的职业归属感；大学生还应热爱本职工作，要敬业奉献，以自强不息的精神锐意进取，以良好的职业品德恪守职业操守，努力做到知行合一；诚信是做人的基本要求，一切的职场行为必须待人以诚、信守承诺；友善是中华民族的传统美德，大学生要以仁爱之心提升自我修养，养成良好的职业品德，增强个人职业生涯规划凝聚力。

社会主义核心价值观是当代中国精神的集中体现，凝结着全体人民共同的价值追求。社会主义核心价值观充分体现了时代精神，应成为大学生必须具有的最基本、最重要的品质。[1]因此，大学生要坚持以实现社会主义的共同理想为目标，不断加强学习，提高自己的思想素质、文化素质和能力素质，不断完善自我，做到自尊、自爱、自强，践行社会主义核心价值观，把择业与国家需要有机地结合起来，使自己在从业或创业的过程中，既实现自己的职业理想，又为人民和社会做出应有的贡献。

大学生该怎样树立正确的职业价值观？树立正确的、科学的职业价值观，不仅要有理论知识，更要勇于实践，在具体的学习生活实践中培养、形成和提升自己崇高的人生价值观。这就需要大学生自觉实践，勇于探索，读书好学，多思好问，革新创造，求真务实，践行社会主义道德规范，经过价值实践的反复强化，锻炼敏锐的思维，形成良好的判断能力，进而树立正确的职业价值观。

生涯行动 我的价值观探索报告

请在下面的方框里填写你的价值观探索报告。

我的价值观探索报告
（1）我的理想职业是什么？ （2）我的理想职业具有的社会价值是什么？ （3）我为什么选择该职业？ （4）我认为自己具有的职业价值观是什么？ （5）我的理想职业符合我的职业价值观吗？ （6）如果我的理想职业符合我的职业价值观，那么符合我的职业价值观的职业还有哪些？ （7）如果我的理想职业不符合我的职业价值观，我该怎么做？

---

[1] 王险峰. 企业文化管理指南：职场新人必读. 镇江：江苏大学出版社，2014.

任务六　调适自我内在冲突

案例导入　小静的自我内在冲突

小静完成了自我探索。她想选择一份自己感兴趣的、喜欢的、能胜任的，而且能给自己带来满意报酬的工作。但是她发现自己在做职业选择时，内心会出现以下几种情况，这几种情况会导致自己在选择职业时内在产生冲突。

第一种是选择了一份自己很有兴趣的职业，而这个职业也能给自己带来比较满意的回报（有价值），但是自己的能力有限，不足以让自己达到工作的要求。这个时候，自己会感受到焦虑。焦虑是因为自己能力不足，无法完成这项工作，很有可能职业会无法继续下去。

第二种是职业能给自己带来满意的价值报酬，自己也有能力去完成，但是偏偏自己对这个职业没有太多的兴趣。这个时候，自己最大的感受是厌倦。因为不喜欢，所以没有持续向上发展的动力，面对压力的时候只想逃离。

第三种是对选择的职业有兴趣，也有足够的能力去完成，但是这个职业带来的价值并不能使自己满意。这时候，小静的感受是失落。刚刚开始的时候，小静还能靠兴趣支撑着，但这种失落的情绪持续得久了，有可能会变成自卑，甚至自我否定，找不到自己的价值所在。

思考：小静内在产生冲突的原因是什么？如果你遇到小静这种情况，你会做什么样的选择呢？

知识链接

一、自我内在冲突产生的原因

自我内在冲突是大学生在认识自我、探索自我时常出现的重要心理问题之一。大学生在进行自我探索时会探索多个维度。当一个人要在多个维度中做出选择时，就会产生自我的内在冲突。

二、调适自我内在冲突的方法

我们可以使用职业生涯三叶草模型和职业四象限法来调适自我的内在冲突。

（一）使用职业生涯三叶草模型调适自我内在冲突

1. 职业生涯三叶草模型介绍

职业生涯三叶草模型（图3-15）被广泛应用于职业生涯规划领域，诊断并解决了很多职业选择的问题。职业生涯三叶草模型中的"三叶"指的是兴趣、能力与价值。兴趣能让我们找到自己喜欢的职业；能力会帮助我们获得能够胜任的工作；价值是我们想要从工作中收获的东西，可以是物质上的，也可以是心理上的，价值能帮助我们筛选适合的工作环境。在职业生涯三叶草模型中，中间是三者都具备的完美职业。一个完美的职业应该是我们感兴趣的，有能力做到的，还能从中收获想要的价值的职业。

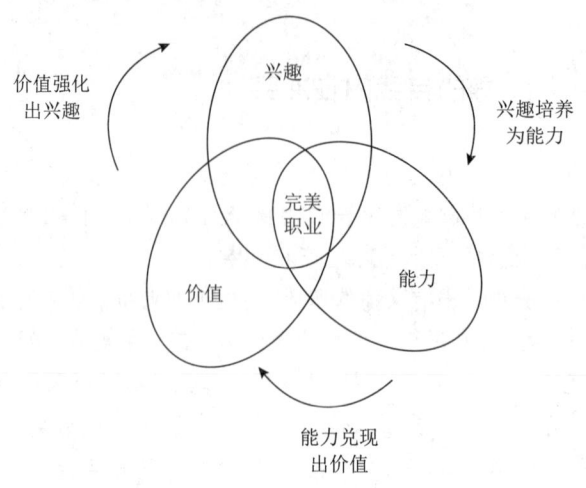

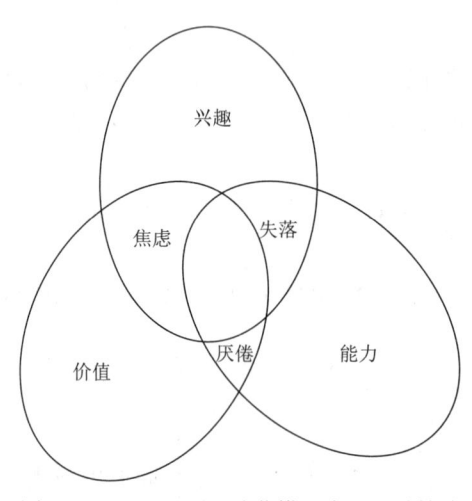

图 3-15 职业生涯三叶草模型

2. 职业生涯三叶草模型中的三种情绪

在职业生涯三叶草模型中，如果我们选择的职业是完美职业那就最好了，但是我们很难找到一个完美职业。而如果只能满足其中两点，就会出现小静遇到的三种情况。小静遇到的三种情况对应着职业生涯三叶草模型中的焦虑、厌倦、失落（图 3-16）。当我们选择有兴趣、有价值、缺能力的职业时，就会产生焦虑的情绪。当我们选择有价值、有能力、缺兴趣的职业时，就会产生厌倦的情绪。当我们选择有兴趣、有能力、缺价值的职业时，就会产生失落的情绪。焦虑、厌倦、失落这些情绪就会造成自我的内在冲突。

图 3-16 职业生涯三叶草模型中的三种情绪

3. 调适方法

对于这些内在冲突，我们可以用让三叶草"转起来"的方法来调适（表3-22）。所谓让三叶草"转起来"，是指在个人的职业生涯中，兴趣、能力与价值这三者的推动关系，即把兴趣培养发展为能力，然后用能力找平台兑现价值，再用价值强化兴趣。依次不断旋转，让三叶草的漩涡不断循环扩大，让自己在职场中充分完美发展。

当这三者正常转动时，我们就会明显地发现，自己做事的速度和效率会高很多，更重要的是心情会无比愉悦，没有厌倦、焦虑、失落等心态，工作和生活质量都会好很多。

那么，具体应该怎么做才能让三叶草"转起来"呢？

表3-22 调适方法

内在冲突	解决方法
焦虑（缺能力）	（1）降低目标，一步步来，步步为营； （2）在短期内通过请教专业人士、更用心地付出来快速提升能力； （3）换个凸显自己现有能力的赛道
厌倦（缺兴趣）	（1）发展副业，把副业做大做强后转行投入去做； （2）发展职业兴趣，参加职业培训，找到对标对象，思考这个领域里还有哪点值得去做； （3）发展新的职业兴趣，找到下一个突破口
失落（缺价值）	（1）投入价值：我能做什么…… （2）链接资源：如果能获得新的资源，那么就…… （3）转化工作，进入能实现价值的领域

（二）使用职业四象限法调适自我内在冲突

一个人的职业选择，根据喜欢和擅长两个维度，可以分为四个象限，如图3-17所示。

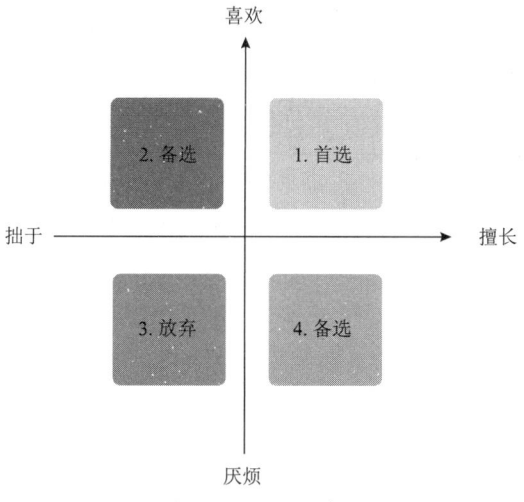

图3-17 职业四象限

在职业四象限图中，横轴从左到右，表示个人对职业所需技能的擅长程度，纵轴从下到上表示个人对职业涉及领域的喜欢程度。

右上角为第一象限，这个象限里的职业，自己既喜欢又擅长，是首选。

左上角为第二象限，这个象限里的职业，自己喜欢但不太擅长，作为备选职业。此时需要我们提升自己的能力。

右下角为第四象限，这个象限里的职业，自己擅长但不太喜欢，作为备选职业。此时需要我们培养自己的兴趣。

左下角为第三象限，这个象限里的职业，自己既不喜欢又不擅长，最好直接放弃。

生涯行动　转动你的职业生涯三叶草

观察一下现在你的内在有着怎样的冲突？找到冲突背后，你的兴趣、能力、价值，哪一方面没有得到满足？下一步你该如何做，采取哪些应对办法？试试看，转动你的职业生涯三叶草！

学习总结

在完成本部分学习后，小静更加客观、准确地认识了自己。小静从职业性格、职业兴趣、职业能力和职业价值观四个方面进行了自我探索，全面分析了自我，并找到了自我内在产生冲突的原因。探索自我是认识自己、选择职业的重要一步。通过探索自我，小静知道了自己真正想做什么，自己为什么要去做，自己现在正在做些什么以及自己为什么要这样做。小静逐渐破解生涯选择的迷思，为成为一个能够本色工作、快乐工作、高效工作、坚定工作的职场人打下了坚实的基础。

推荐阅读

1. 〔美〕理查德·尼尔森·鲍利斯. 你的降落伞是什么颜色？李春雨，王鹏程，陈雁译. 北京：中国华侨出版社，2014.

2. 〔美〕都布林. 职业心理学：平衡你的工作与生活. 第七版. 姚翔，陆昌勤，等译. 北京：中国轻工业出版社，2008.

项目四　调适人职冲突

学习目标

知识目标：了解人职冲突的概念、影响与类型；了解调适人职冲突的内涵及意义。
能力目标：掌握调适人职冲突的方法。
素质目标：树立正确的择业观。

生涯名言

人既尽其才，则百事俱举；百事举矣，则富强不足谋也。

——孙中山

生涯困惑

在完成自我探索后，小静有些沮丧。因为她发现好像没有一种职业是完全适合自己，完全与自己所有特质相匹配的。要么与自己的性格相悖，要么与自己的价值追求相悖，要么与自己的兴趣不符，要么与自己的技能不匹配……

从事与性格相悖的职业就意味着小静必须隐藏天性，伪装自己才能胜任工作。伪装会很累，而且小静非常怀疑自己能否"装"得来？从事与价值追求相悖的职业就意味着小静从工作中得不到自己想要的价值。这样的工作自己还会坚持吗？可是如果不坚持，自己就无法通过时间的积淀获取核心竞争力。但是，坚持真的有意义吗？从事与兴趣不符的职业就意味着小静每天做的都是自己不喜欢的工作。每天都做自己不喜欢的事，光是想一想小静就觉得痛苦！更重要的是，在这种痛苦情绪的支配下，小静非常怀疑自己真的能在工作中全情投入吗？从事与能力不匹配的职业，意味着工作要求小静做的事情，小静可能完全不会做。小静连做都不会做，何谈效率。没有效率，又怎么能够成为有竞争力的职场人？

"自我特质与职业要求不能完全匹配，这是不是意味着不管自己未来从事何种职业，自己的职业生涯都只能以失败告终？如果失败是'宿命'，探索自我是否还有价值，选择职业目标是否还有必要？"小静陷入了疑惑。

思维导图

- **项目四 调适人职冲突**
  - 学习目标
  - 生涯名言
  - 生涯困惑
  - 任务一 认识人职冲突
    - 【体验活动】CareerSky系统综合职业推荐自检
    - 【知识链接】一、人职冲突的概念、影响及类型
      二、人职冲突调适的内涵及意义
    - 【生涯行动】辨析职场冲突与人职冲突
  - 任务二 "演技"高超——调适兴趣与性格的冲突
    - 【案例导入】我做了一份需要"伪装"自我的工作
    - 【知识链接】一、性格与职业冲突的内涵
      二、调适性格与职业冲突的"四部曲"
    - 【生涯行动】适合我的调适性格与职业冲突的方法
  - 任务三 自得其乐——调适兴趣与职业的冲突
    - 【案例导入】我做了一份自己不感兴趣的工作
    - 【知识链接】一、兴趣与职业冲突的内涵
      二、调适兴趣与职业冲突的"四部曲"
    - 【生涯行动】适合我的调适兴趣与职业冲突的方法
  - 任务四 活在当下——调适价值观与职业的冲突
    - 【案例导入】我做了一份满足不了自我需求的工作
    - 【知识链接】一、价值观与职业冲突的内涵
      二、调适价值观与职业冲突的"三部曲"
    - 【生涯行动】适合我的调适价值观与职业冲突的方法
  - 任务五 积极进取——调适能力与职业的冲突
    - 【案例导入】我做了一份能力不足以完全胜任的工作
    - 【知识链接】一、能力与职业冲突的内涵
      二、调适能力与职业冲突的"两部曲"
    - 【生涯行动】适合我的调适能力与职业冲突的方法
  - 学习总结
  - 推荐阅读

项目四　调适人职冲突

任务一　认识人职冲突

体验活动　**CareerSky 系统综合职业推荐自检**

小静在 CareerSky 职业测评结果中看到了未来职业生涯面临的困境：人职冲突。人职冲突是阻碍个人职业生涯成功的常见的"拦路虎"。现在，小静邀请你与她一同"打怪"通关，扫除"拦路虎"。

（1）人-职匹配可能性调查。请根据 CareerSky 测评系统的综合职业推荐进行填写。

与 2 个自我特质相匹配的职业有：＿＿＿＿＿＿＿＿＿＿＿＿＿＿＿＿＿＿

与 3 个自我特质相匹配的职业有：＿＿＿＿＿＿＿＿＿＿＿＿＿＿＿＿＿＿

与 4 个自我特质相匹配的职业有：＿＿＿＿＿＿＿＿＿＿＿＿＿＿＿＿＿＿

（2）你是否有与小静相似的困扰？如果有，请将问题写下来：

＿＿＿＿＿＿＿＿＿＿＿＿＿＿＿＿＿＿＿＿＿＿＿＿＿＿＿＿＿＿＿＿＿＿＿＿＿＿
＿＿＿＿＿＿＿＿＿＿＿＿＿＿＿＿＿＿＿＿＿＿＿＿＿＿＿＿＿＿＿＿＿＿＿＿＿＿
＿＿＿＿＿＿＿＿＿＿＿＿＿＿＿＿＿＿＿＿＿＿＿＿＿＿＿＿＿＿＿＿＿＿＿＿＿＿
＿＿＿＿＿＿＿＿＿＿＿＿＿＿＿＿＿＿＿＿＿＿＿＿＿＿＿＿＿＿＿＿＿＿＿＿＿＿
＿＿＿＿＿＿＿＿＿＿＿＿＿＿＿＿＿＿＿＿＿＿＿＿＿＿＿＿＿＿＿＿＿＿＿＿＿＿
＿＿＿＿＿＿＿＿＿＿＿＿＿＿＿＿＿＿＿＿＿＿＿＿＿＿＿＿＿＿＿＿＿＿＿＿＿＿

知识链接

一、人职冲突的概念、影响及类型

人职冲突既指个人特质与职业对个人的要求存在不一致的一种现象（人职不匹配现象），又指前述现象导致的心理不平衡状态。

人职冲突会增加个体的心理内耗，不仅会引发挫败、焦虑、抑郁、失眠等多种身心问题，也会影响个体工作的积极性，降低工作效率。

常见的人职冲突类型主要有：个人兴趣与职业的冲突，个人性格与职业的冲突，个人价值观与职业的冲突，以及个人能力与职业的冲突。

阅读资料

"我是倒班族，上夜班很多。""我经常加班，经常熬夜。""我时不时就要出国，倒时差倒得很辛苦。"当中青年因失眠问题求诊时，常会向医生抱怨工作劳累剥夺了他们的睡眠。这理由听上去够充分，但在心理医生看来，失眠的原因并不是这么简单。"同样是倒班、熬夜,为什么有些人容易失眠,而有些人却从不失眠呢?"广东省中医院心理睡眠专科主任李艳表示,"人职不匹配"是一个长期被人忽视,但又确确实实会导致失眠的重要因素。

何为"人职不匹配"?

对于这个名词,李艳做出如下解释。

一是性格与工作能力和职业范围不匹配,体现在人对自己要求过高,或者欲望多。有的人虽然工作能力很强,但随着年龄的增长,能力随之减弱,自己却不能接受这种变化,于是超负荷加班;有的人永远不满足现状,总是想着超越,也强迫自己超负荷工作。当自我需求与承受力不成正比时,差距拉得越大,越容易出现失眠症状,此类较为多见的是与销售有关的行业。

二是体质与职业类型不匹配,大部分与遗传有关。有睡眠障碍家族史的人一般不能胜任高度紧张、劳累的工作,否则出现失眠的概率要比普通人高。"在'人职不匹配'的人群中,最多见的就是销售、会计、审计、银行职员、信息技术人士。这些职业要求员工注意力高度集中,承受力不强的人往往难以适应。"此外,有精神病史或曾受过较大的精神刺激的人,也不太适合压力大的工作岗位。

三是应激性不匹配。当在工作中应对一些重要事件或面对难得的机会时,这类人会感到格外紧张,进而影响工作的效率和质量,身体的调控也失调,失眠就是一个显著特点。

规避、调控无效应求医

因为"人职不匹配"引起的失眠,首先要看能不能规避。换一份工作,或者调一个岗位,避开难以适应的工作环境,很多时候失眠可以不治而愈。如果规避不了,譬如有的人在这个岗位已经工作了很长一段时间,离开并不是一件容易的事,要面对很多新问题,那么可以在心情不好时用一些健康的方式去疏泄情绪。

李艳表示,运动是较为健康的情绪发泄方式,抽烟、酗酒等行为则害处极大。有些人出现失眠症状,情绪就变得抑郁、焦虑,便想到用药物辅助睡眠。但在不了解病因的情况下,长期自行随意用药不但不能解决失眠问题,而且很有可能产生其他的问题,药物的副作用也会对身体造成较大伤害。

李艳建议,出现失眠症状,一开始可以先自我观察,看看自己的生活方式等是否影响到健康,自行尝试调整,也无须过度敏感,觉得失眠就是抑郁症。有时只要生活方式调整一下,失眠就能改善。但在调整之后还不见改善,就应该去看专科医生,进行心理和生理的双重治疗。[①]

---

① 宋导,吴远团. 失眠或源于"人职不匹配" 规避调控无效应求医. https://www.chinanews.com/jk/jk-xljk/news/2010/03-18/2177876.shtml[2010-03-18].

二、人职冲突调适的内涵及意义

（一）人职冲突调适的内涵

解决人职冲突有两个基本方向，一是规避，二是调适。

规避人职冲突，指的是个体为实现自我特质与职业环境要求的一致性而做出的努力。常见的规避方式有：在入职前选择人-职匹配的岗位，或者入职后发现存在人职冲突选择辞职或者调岗。

调适人职冲突，指的是个体为减少自我特质与职业环境要求的不一致性，顺应职业环境要求，改变已有认知结构、行为方式并实现心理平衡的过程。

规避人职冲突不失为解决人职冲突困境的一种一劳永逸的方法，但此种方法存在重大风险。首先，入职之前个人是否有足够的时间、资源和认知能力可以选择到人-职匹配的岗位；其次，入职后发现人职冲突就辞职，辞职以后一定能找到人-职匹配的岗位吗？想调岗，就一定有合适的岗位可供调动吗？可见，规避人职冲突做法对大部分人并不适用，相反，"顺应职业环境要求，改变自我认知结构、行为方式"去调适人职冲突，才是多数人更现实的选择。因此，本项目的学习重点将集中在人职冲突的调适而非规避上。

（二）人职冲突调适的意义

人职冲突调适对大学生的意义主要表现在两个方面：一是入职前，大学生通过学习人职冲突调适的方法，可以建立化解人职冲突的自信，从而免受"人职完美匹配"的择业目标限制，扩大就业选择范围；二是入职后，当人职冲突无法规避时，大学生通过积极践行人职冲突调适的方法，可以消除负面心理，激发主动性与创造性，培养积极的工作心态。

生涯行动　辨析职场冲突与人职冲突

28岁的小明是某厂的班组长，管理着几十个工人。在同事眼中，外表斯文的小明工作认真，管理严格，是一个胆大心细、有着美好前途的年轻人，但谁都没有想到，小明每天上班都特别害怕遇见一个人。这个人会让他惶恐不安、六神无主，什么事都干不好，而这个人就是他班里的同事王大姐。当初为了躲开这个比自己大10多岁的同事，小明辞去了班组长的职务，并想尽种种办法调离了原来的岗位，去了另外一个部门。调了部门之后，小明发现问题还是没有解决，只要想到王大姐和自己在一个厂里上班，那种奇怪的恐惧感就会涌上心头，现在连班都上不了了。

事情是这样的：王大姐在上班期间洗头，小明制止她，但她却不服管。

"你管我呢！"

小明说了王大姐几句："作为咱们单位的员工，不应该做出违反厂规厂纪的事情，这样不但对咱们名誉有损害，而且还牵扯到咱们的经济利益。"

"你别管，到时候损害的是我自己的利益，和你没关系。"

"当然有关系了，咱们作为一个集体，而且我又作为你的一个小小的领导，肯定对我也有所牵连。"

"那也不用你管，你管不着我。"

小明觉得很委屈，他觉得王大姐应该尊重他。

后来他们大吵一架，这件事让小明在同事面前威风扫地，自信心受到了很大的打击，一心想把工作干好，可偏偏遇到了王大姐这样一个不服管的人。从那之后，王大姐不仅不服他的管理，还经常当着同事的面对他冷嘲热讽，让小明很不舒服。

小明以为调离原来的部门问题就解决了，但没想到，离王大姐远了，那种惶恐感反而越来越强烈了。小明认为自己碰到了典型的"人职冲突"的情况。你认同他的判断吗？为什么？

_____
_____
_____
_____
_____

项目四　调适人职冲突

任务二　"演技"高超——调适兴趣与性格的冲突

案例导入　我做了一份需要"伪装"自我的工作

我叫小杨，大学专业是市场营销，现已在某大型保险公司实习一个月了，从事的是销售工作。通过这一个月的实习，我发现我的工作需要频繁地与人交流，很多时候还会碰钉子……可我是一个典型的内倾型性格的人，我喜欢安静，独处。从我师傅的成功经验上看，要想做好现在的工作，我必须每天强打精神"伪装"自己——内向装外向，冷淡装热情，寡言装话痨——这太累了！况且我又不是艺术学院毕业的，又没有学过表演，我根本"伪装"不了！我想换工作，但现在又没有换工作的能力，我真的太痛苦了！我不过就是想做自己，怎么那么难？

涂一涂

假设你从事了与性格不匹配的工作需要"伪装"，那你的痛苦指数是多少（最痛苦为10分）？请将你认为的痛苦指数用笔涂出来。

1分	2分	3分	4分	5分	6分	7分	8分	9分	10分

【小组讨论】如何在不辞职、不调岗的情况下降低小杨的痛苦感。

知识链接

一、性格与职业冲突的内涵

性格与职业之间的冲突指的是一个人相对稳定的心理特征与职业本身的特点存在不一致的现象。比如，喜欢从独处中获得能量的内倾型性格的人去做了经常需要与外界沟通的销售工作。这份工作不仅不能为他"赋能"，反而会导致他的能量进一步流失。

"性格如脚，工作如鞋。"合脚的鞋子能让人健步如飞，不合脚的鞋子再漂亮也会夹脚,甚至会磨破脚。所以,当性格与工作不匹配时,人们往往会感到压抑,甚至苦不堪言。

不过,性格与职业冲突并不意味着一个人一定无法胜任工作(影响一个人能不能胜任工作的决定性因素是能力而非性格),只不过在"伪装"的状态下工作会增加自我内耗,影响情绪,进而影响工作业绩。

二、调适性格与职业冲突的"四部曲"

(一)通关"四部曲"之一:认清现实——冲突与和谐辩证存在

你的性格真的与你的职业相冲突吗?不要过早下结论。

1. 人是多种性格的综合体

MBTI 理论将人的性格分为四个维度,每个维度各有两种倾向。在每一个性格维度上都存在绝对偏向的人是少数,大多数人在一个性格维度上都是两种倾向的组合。比如,喜欢独处的内倾型性格的人也会有喜欢热闹的时候,关注细节的感觉型性格的人也会有高屋建瓴的时刻,原则性很强的思考型性格的人也会有讲人情的时候,强调计划性的判断型性格的人也会有随遇而安的瞬间。另外,不要因为某份测评报告的结果,就忽略了"人的性格是一个矛盾的复合体"这一事实。

2. 职业对性格的要求具有多样性

《了不起的我》一书中有一个有趣的案例:一个性格内向的女孩成了金牌保险销售。一般人们都认为,外倾型性格的人才适合干保险销售的工作,但其实并不是所有的客户都喜欢过分热情的销售。过分热情的销售容易让一些客户产生防御心理,反而是擅倾听的内倾型性格的人更容易抓住这些客户的核心需求从而成单。又如财务工作,一般人们都默认需要内倾型性格的人才适合,但事实上由于财务工作者需要与银行的工作人员和本单位的员工打交道,所以有时外倾型性格的人反而更具优势。

一份职业甚至一个岗位,由于工作内容的多样性,其对性格的需求也往往是多样的。不存在某个职业或岗位只适合某种特定性格的情况。不同性格的人在同一个岗位上也能找到发挥性格优势的领域。

(二)通关"四部曲"之二:充分自信——性格可以在一定范围内"伪装"

性格在某种程度上是由基因和环境共同决定的,因此人们可以根据环境的要求做出与本身性格相反的表现。这个概念被称作自由特质(free traits),是由剑桥大学心理学家布赖恩·利特尔(Brian R. Little)创造的。利特尔认为,每个人除了拥有相对稳定的性格之外,还有一个不易被察觉的性格"角落",那里藏着根据不同场景而灵活变化的个性,称为"自由特质"[①]。

简单来说,我们每个人身上,都有一种若隐若现的能力,那就是能根据不同场景调

[①] 布赖恩·利特尔. 突破天性. 黄珏苹译. 杭州:浙江人民出版社,2018.

取不同的性格，表现出适应力。这种适应力常常被看成是一种"伪装"。

性格的形成机制决定了每个人都具备"伪装"的能力，但这种能力通常只在一定时间或一定人群内有效（人们不可能永远"伪装"）。比如，即使没有学过表演专业，我们也可以在一定时间内对所有人"伪装"，也可以在所有时间内对一定人群"伪装"。只要有范围的限制，每个人都有能力可以"伪装"性格（其实是切换性格），适应工作。

阅读材料

自由特质理论[①]

自由特质理论认为，我们天生的因素与文化赋予了我们某些性格特征，比如内向，但是我们可以在某些"个人核心项目"中超越自己的性格限制。换言之，内向者可以为了他们认为重要的工作、他们爱的人，或者任何他们重视的事情而表现出外向者的一面。怎么做呢？那就是和自己订一个契约，在规定的时间内完成任务以换取自己独处的权利。

比如，你害怕在公众面前讲话，但是由于工作需要，而且你又特别喜欢这份工作，所以你必须要当着大家的面把自己的想法给说出来。这个时候你就需要和自己订一个契约：只要是工作的时候就要变得外向，要勇敢地表达自己，做个敢想、敢说、敢做的人，积极地和别人互动，大胆地表达自己的想法。有了这个契约之后，内向型的人格就会短时间地变成外向型的人格。

在"伪装"完之后，还要给自己设立一个恢复期，就是在"扮演"完这个外向性格之后，要赶快给自己找一个安静的地方恢复一下。这个特别关键，如果你不这么做的话，你会一直处在一种紧张的状态，慢慢地会对自己的工作产生厌恶感。

（三）通关"四部曲"之三：深度挖掘——熟练变换"面具"是职业人必备的能力

1. 职业人往往要扮演多种角色，不同职业角色要求不同的"职业面具"

人处于社会群体之中，会不可避免地扮演各种不同的角色。比如，在父母面前，我们是子女；在子女面前，我们是父母；在妻子面前，我们是丈夫……在职场，我们同样会扮演各种不同的角色。按层级分，我们会扮演下级、同级、上级等角色；按服务对象分，我们会扮演供应商、合作伙伴、客户等角色。不同的角色，会有不同的需求，而要满足不同的需求，需要戴上不同的"面具"。职场是一个根据需求分配角色的大舞台，取得多样化"面具"并熟练"演出"是职业人必备的能力。表4-1是一位教师的职业角色扮演清单。

[①] 苏珊·凯恩. 内向性格的竞争力. 高洁译. 北京：中信出版社，2016.

表 4-1　一位教师的职业角色扮演清单

需要扮演的角色	角色需求	需要的"面具"
教书匠	在课堂上热情，富有感染力，能与学生充分互动……	外倾型"面具"
学者	在研究工作中能保持客观和理性，沉稳而有深度……	内倾型"面具"
下级	在与上级交往时主动沟通，谈吐从容，谦逊有礼……	综合型"面具"

2. 戴上"职业面具"无关"虚伪"

一提到"面具"或者"表演"，有些人很容易将其与"虚伪"或"厚黑"[①]联系起来，因此一旦戴上"职业面具"容易形成强烈的心理负担——我没能坚持做自己！但其实考虑到自我人格的多样性和综合性，戴上"职业面具"并不一定意味着你在"假装"一个不存在的自己，你只不过是在行使"选择性地表达自我"的权利，并且行使这一权利的目的也不是指向"诈骗"，而是为了能更好地"胜任"自己的工作。所以，当你戴上"职业面具"时，无须有心理负担，你只是在"社会化过程"和"坚持做自我"之间找到了一个风险可控的平衡点。

（四）通关"四部曲"之四：釜底抽薪——工作会塑造性格

不少戴上"职业面具"的人在"伪装"的初期都会有一个很深刻的感受，那就是"累"！不仅身体"累"，心更"累"！这是因为压抑真实的自我会导致压力水平上升，而要平抑这种压力需要消耗大量的能量。"伪装"所导致的"累"，特别是对于"累"的持续性预期会让很多职场新人对于戴上"职业面具"望而生畏。

这种对于"累"的持续性预期通常基于"江山易改，禀性难移"的成见，但"真实的自我"是永远恒定不变的吗？美国南卫理公会大学就曾做过一个名为"怎样改善自己的性格"的研究，他们召集了 377 个对自己的性格不满意，想改变自己性格的大学生，如有的人希望变得更外向一些，有的人希望思想能更开放一些。然后研究者在接下来的 15 周里，每周研究都会安排两个挑战自己性格弱点的任务。比如，你想做一个更外向的人，那这个任务就可以是在超市里主动跟服务员打招呼。更难的任务则是在一个集体活动中，你能不能主动站出来，起一个领导作用。又如，如果你想做一个思想更开放的人，你可以去读一篇介绍某个国家的文章，或者去跟一个和你观点对立的人对话，理解他的想法。15 周测试结束后，再让大家填写性格问卷，那些认真且成功完成了任务的受试者普遍发现自己的性格发生了改变。

其实，随着年龄的增长，很多人的性格都会或多或少地发生改变。比如，很多高层管理者年轻的时候，我们可以很清楚地判断他们是外向型性格还是内向型性格，但当他们到了 40 岁以后，我们会发现很难判断了，大部分人会成为混合型性格，即可以在外向与内向之间根据需要自由切换，这就是一种成长。工作可以促成这一"成长"。比如，有些粗心的人，干了几年会计工作后会变得细心、谨慎。

[①] "厚黑"即脸皮厚，心肠黑。源自李宗吾的《厚黑学》。

当你因为戴上"职业面具"而感到"累"的时候,请提醒自己这种"累"并非持久的,因为工作会"塑造"你的性格!当"真实的你"改变之后,"累"会成为一个伪命题。

生涯行动 适合我的调适性格与职业冲突的方法(原始痛苦指数得分:)

(1)当你意识到,职业对性格的需求具有多样性,并且你自身的性格也具有综合性,你总能在职业的某个领域发挥自己的性格优势的时候,你的痛苦指数会有变化吗?涂一涂吧!

1分	2分	3分	4分	5分	6分	7分	8分	9分	10分

你的痛苦指数改变了吗?不管变还是没变,请说明原因。

_____
_____
_____
_____
_____

(2)当你意识到,因为自由个性的存在,你能在一定范围内根据需要"选择性地表达自己的个性"时,你的痛苦指数会有变化吗?涂一涂吧!

1分	2分	3分	4分	5分	6分	7分	8分	9分	10分

你的痛苦指数改变了吗?不管变还是没变,请说明原因。

_____
_____
_____
_____
_____

(3)当你意识到,戴上"职业面具"无关"虚伪",而是每位职业人必备的职业能力的时候,你的痛苦指数会有变化吗?涂一涂吧!

1分	2分	3分	4分	5分	6分	7分	8分	9分	10分

你的痛苦指数改变了吗?不管变还是没变,请说明原因。

_____
_____

（4）当你意识到，工作将"塑造"性格，伪装的痛苦只是暂时的时候，你的痛苦指数会有变化吗？涂一涂吧！

1分	2分	3分	4分	5分	6分	7分	8分	9分	10分

你的痛苦指数改变了吗？不管变还是没变，请说明原因。

（5）你找到的适合你的调适性格与职业冲突的方法是_____

任务三　自得其乐——调适兴趣与职业的冲突

案例导入　我做了一份自己不感兴趣的工作

我叫小丽，大学专业是会计，现正在某大型国企从事会计工作。我最喜欢与人交流，最讨厌计算数据，现在却被迫做着计算数据的工作，而且计算的时候还不能说话，我现在时时刻刻都不想干了！

为什么别人都能做自己感兴趣的工作，只有我不行？现在，我一做会计的活就觉得头疼，一想到下半辈子都要面对自己不喜欢的职业就觉得简直"生无可恋"……

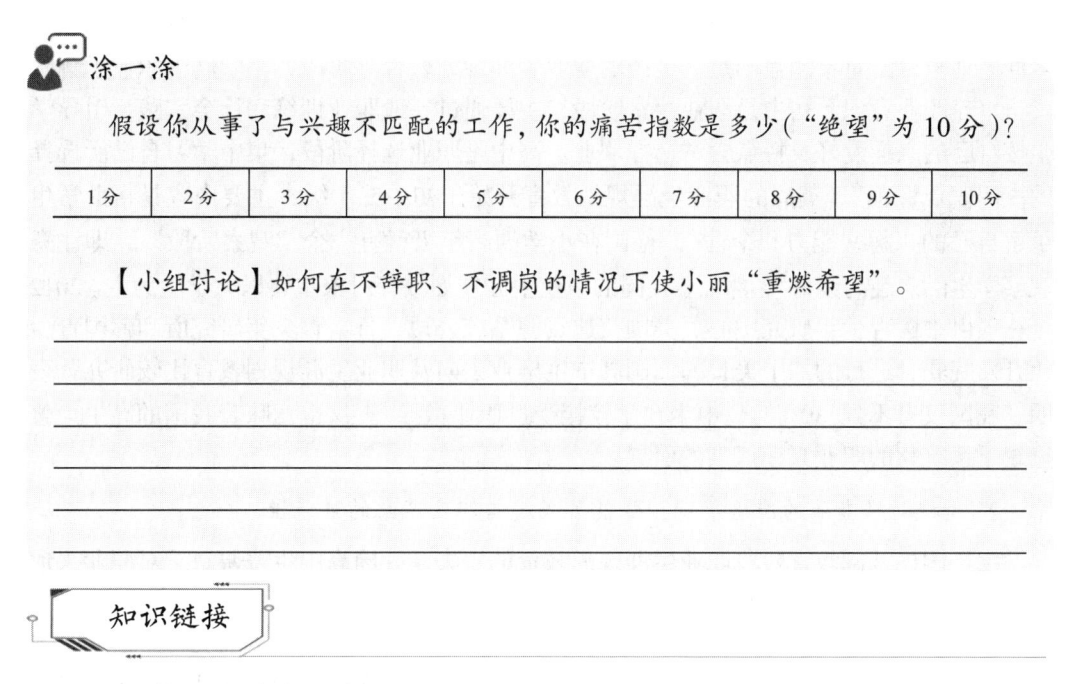

涂一涂

假设你从事了与兴趣不匹配的工作，你的痛苦指数是多少（"绝望"为10分）？

1分	2分	3分	4分	5分	6分	7分	8分	9分	10分

【小组讨论】如何在不辞职、不调岗的情况下使小丽"重燃希望"。

知识链接

一、兴趣与职业冲突的内涵

兴趣与职业之间的冲突指的是一个人的主要职业兴趣倾向（霍兰德六大类型中得分居前三位的类型组合）与职业本身的特点存在不一致。比如更乐意与"物"打交道的现实型职业兴趣的人被迫从事了需要经常与"人"打交道的销售类的工作。再比如崇尚自由、追求独立的艺术型职业兴趣的人被迫从事了需要规行矩步、按部就班的图书管理员的工作。

"兴趣是最好的老师"，做不喜欢的事情，我们会提不起兴趣，找不到动力，形成抵触心理，产生痛苦情绪。兴趣与职业冲突容易导致我们在"被迫的工作岗位上"，浑浑噩噩，降低职业生涯成功的可能性。

二、调适兴趣与职业冲突的"四部曲"

(一)通关"四部曲"之一:认清现实——兴趣与职业冲突是一种常态

在什么情况下,兴趣与职业存在冲突会让你真正"生无可恋"呢?往往是当你认为全世界只有自己一个人在从事不感兴趣的职业,而其他人都在做他们感兴趣的职业的时候。然而事实真的是这样吗?

中华英才网曾经进行了一项白领工作状态大调查,调研数据显示,近六成的上班族工作得并不开心,近七成的上班族对目前从事的工作毫无热情,同时近六成的上班族对目前的工作表示不满,仅有 4.2%的上班族明确表示热爱自己从事的工作[1]。可见,兴趣与职业存在冲突,是一种普遍现象。究其原因,主要有以下两方面。

1. 国内职业生涯规划教育滞后,高中生存在普遍的职业兴趣探索不足的情况

首先,我国职业生涯规划教育相较西方发达国家起步晚。美国早在 1971 年就开始在全国实施职业生涯规划教育。我国直到 21 世纪初才开始重视和推广。其次,我国职业生涯规划教育的对象涵盖不足。美国的职业生涯规划教育分阶段,小学属于职业了解阶段,培养职业意识。初中是职业探索阶段,主要通过一般职业训练和社会实践,引导学生按自己的兴趣爱好及特点尝试选择职业。高中是职业选择阶段,集中学习自己所选择的一门职业课程[2]。英国的职业生涯规划教育开始于初中二年级,主要内容是帮助学生了解自己的兴趣、能力和个性[3]。德国在小学的高年级就有一个"观察阶段",即注意观察学生的志趣与爱好[4]。然而,我国的职业生涯规划教育对象主要以大学生为主。2012 年一项由中国青少年研究中心、美国艾迪资源系统公司、日本青少年研究所和韩国青少年开发院联合进行的"中美日韩四国高中生毕业去向及职业生涯规划教育比较研究"表明,我国仅有不到 30%的高中生在学校接受过职业指导[5]。这也意味着我国的高中生普遍缺乏系统化的职业兴趣探索的引导。

2. 高校对转专业的严格限制,降低了兴趣与职业匹配的可能性

由于国内基础教育阶段职业生涯规划教育的缺失,我国高中生普遍缺乏对职业兴趣的足够探索,这直接导致了高考志愿填报犹如"开盲盒"。一项针对全国 31 个地区、175 所普通高校、47 000 余名 2007 级大一新生的问卷调查显示,50%以上的大学生对所学专业的满意度评价未达到"满意"水平。这项调查还显示,在对就读专业"未达到满意"的 22 437 名学生中,有 27.06%的人打算转专业,还有 8.48%的人打算转学或重新参加高

---

[1] 王晓易. 大调查:仅有 4.2%的上班族热爱自己的工作. https://www.163.com/edu/article/93TJT30U00294IJJ.html [2013-07-16].

[2] 张晓明. 美国职业教育与普通教育的沟通. 外国教育研究,1995,(6):40-42.

[3] 黄日强. 英国普通中学的职业指导. 河南职师院学报(职业教育版),2003,(3):57-60.

[4] 刘艳霞. 如果"选择"可以重来……——专业选择与职业发展调查. 职业,2006,(8):40-42.

[5] 孙宏艳. 我国职业生涯规划教育应端口前移——基于中美日韩高中生职业生涯规划教育的研究. 教育科学研究,2013,(8):52-57.

考，同时改变主修领域。这两项加起来，对专业不满意并打算转专业的比例超过 35%[①]。

然而，转专业是想转就能转的吗？显然不是！

受制于就业考核的约束，很多高校都对转专业进行了严格的限制，如成绩限制、指标限制、院系限制、降级限制等，使得不少学生不敢转，也不能转。

一方面是高中生盲目选择大学专业留下了人职冲突的隐患，另一方面是高校限制"规避"人职冲突的尝试，两种因素累加，进一步降低了大学生入职后兴趣与职业匹配的可能性。

（二）通关"四部曲"之二：充分自信——兴趣可以改变

1. 你是"兴趣最集中型"的人吗？

霍兰德的职业兴趣理论为我们研究人的兴趣类型提供了多种角度。按兴趣的集中程度，可以将个人的职业兴趣分为"最集中型""次集中型""中间型""次广泛型""最广泛型"五种类型（表4-2）。

表 4-2 霍兰德兴趣广度分类表

类别	规则	代码
最集中型	最高码与相邻两码的组合	RIC、RCI、IRA、IAR、AIS、ASI、SAE、SEA、ECS、ESC、CRE、CER
次集中型	最高码与相隔、相邻的组合	RIA、RAI、RCE、REC、IAS、ISA、IRC、ICR、ASE、AES、AIR、ARI、SAI、SIA、SEC、SCE、ECR、ERC、ESA、EAS、CRI、CIR、CES、CSE
中间型	其他类型	上面两组和下面两组以外的其他组合
次广泛型	第一码与第二码是相对关系	RSA、RSE、RSI、RSC、IES、IEC、IEA、IER、ACR、ACE、ACI、ACS、SRI、SRC、SRA、SRE、EIA、EIR、EIC、EIS、CAI、CAS、CAE、CAR
最广泛型	三个码都是相隔的	CIS、SIC、ICS、SCI、ISC、CSI、RAE、REA、EAR、ERA、AER、ARE

"兴趣最集中型"者由于兴趣高度集中在某个领域，兴趣变迁的可能性相对较小，因此一旦职业不能与兴趣相匹配，则痛苦感会特别强烈，比如 RIC 型者三个主要兴趣倾向都集中在与"物"打交道，想要快速转变到喜欢与"人"打交道，难度较大。相反，"兴趣最广泛型"者由于兴趣领域比较分散，兴趣迁移相对容易，即使职业不能与兴趣相匹配，痛苦感也不会特别强烈，比如 CIS 型者，既对"物"感兴趣，又对"人"感兴趣；既对"想"感兴趣，又对"做"感兴趣。这类人即使一开始从事了自以为不感兴趣的工作，也能很快将"不感兴趣"变为"感兴趣"。

只要你不是"兴趣最集中型"的人，改变兴趣没有你想得那么难。

[①] 樊明成. 我国大学生专业满意度调查分析. 教育学术月刊, 2011, (10): 43-45, 106.

2. 充分体验，可以拓展兴趣

如果你做了很多测评之后，仍然对自己"喜欢什么样的工作，还是一点头绪都没有"，这是否意味着你对任何工作都不会感兴趣？

不！在没有充分体验过一份职业之前，不要仅凭想象就轻易做出"我对这份工作感兴趣"或"不感兴趣"的判断。你会对一份自己从来没有做过的工作"真正感兴趣"吗？仔细想一下，你就会发现这其实是很荒谬的。很多时候，你对一份工作不感兴趣，是因为你缺乏对这份工作的体验，或者至少体验得不够充分。

一位就读于机电设备维修与管理专业的学生，大一刚入校的时候测出的兴趣代码是ES，但毕业时再测，代码却变成了RS。为什么会出现这样的变化呢？原因是通过精工实习，这位学生发现自己的手脚并没有自己想象的那么笨，在学生会的工作经历也让他意识到自己对"掌控他人"也没有想象的那么感兴趣。可见，增加工作体验，可以刷新对自我的认知，拓展或者改变一个人的兴趣——这也是自我建构的过程。

对于大学生来说，增加工作体验的方式一般有两种：一种是充分利用校内外实习、兼职机会，一种是多进行"生涯人物访谈"。前者是直接体验，更加深刻；后者是间接体验，更加高效。不管是增加直接体验还是间接体验，都能帮助大学生重新建构自我，拓展或者改变兴趣。

阅读材料1

我喜欢上了自己的专业[①]

我叫小桦，大学专业是遥感专业，我刚开始时并不喜欢自己的专业，但一段时间过后，我的想法改变了。

由于和自己理想的两个专业擦肩而过，大一时，我一直在思考要不要转到电子或者计算机学院去。但首先，我得先了解自己的专业。

我认为对我帮助最大的是学院组织的实验室参观活动。参观遥感实验室时，我看到了非常有趣的东西：几道带着条纹的蓝光咔咔一闪，直接算出了整个物体的三维点云；把植物的叶片放到一个仪器里，屏幕上就画出了一条曲线，植物是不是缺氮磷钾，直接就能分析出来……我从未见过这样神奇的仪器，听老师讲才知道：第一种技术叫结构光三维测量，第二种技术叫高光谱分析，都是遥感探测技术。

当时我就觉得遥感这门学科真有意思，想再深入学习。如果有朝一日自己也能做出这样的仪器，那就太帅了！这次参观让我发现自己并不讨厌这个专业，甚至还有点喜欢这个专业了。

[①] 高艳. 通过测评寻找自我靠谱吗？同学们还是信自己吧. 中国青年报，2019-05-24（7）.

项目四 调适入职冲突

> **阅读材料 2**

兴趣是怎么发生改变的？[①]

我大概在 2018 年之前还不怎么喝咖啡，偶尔喝一点也是应景。因为我喝了咖啡之后会感觉有点心慌，所以我对咖啡没什么好印象。但是现在，我已经迷上了咖啡，喝完咖啡心慌这个事情也莫名地消失了。每天至少要喝两杯，并且是自己手磨，不加糖和奶，甚至晚上喝一杯再去睡觉完全没问题。改变是怎么发生的呢？

我有个同事叫米粒，喜欢喝咖啡，她跟我说："你不喜欢喝咖啡，是因为没有喝到好喝的咖啡。"于是她非常热心地给我了几包她常喝的挂耳。这回，我真的品尝到了咖啡的醇香，再也不喝速溶咖啡了。

后来，当我在课堂上讲兴趣转变的时候，以自己的这个例子为引子。结果有个学生课下找到我说："老师你喜欢喝咖啡啊？以后我给你推荐咖啡吧，珠三角有名的咖啡馆我都考察过了。"原来她也是一个咖啡爱好者，不光自己爱喝，还喜欢研究，未来也想在这个领域从业。对于我而言，她就是个"大专家"了。重要的是她还很热心，问了我一些问题之后，给我推荐了她认为最适合我的咖啡。我也从此知道了咖啡还有迷人的花香味。

之后，这个学生送了我一个小小的手动磨豆机，说是她淘汰的，但是还挺好用的。当我开始自己磨豆子的时候，又体会到咖啡的新鲜程度真的非常重要，刚磨出来的粉冲出来的咖啡味道更好。现在我连出差都要带着这台磨豆机，现磨一杯，成为我一个重要的乐趣。

看到了吗？人到了一定年纪，按说兴趣应该是不太容易改变的，但是我还是在几个月的时间从抵触咖啡到了热爱咖啡的程度。其实这种情况还可以在很多领域发生。

比如你不喜欢数学，是因为你没有遇到好的数学老师！

比如你不喜欢游泳，是因为没有遇到好的游泳池。我学了好多年游泳，最终还是在我们学校的游泳池学会的，因为浅水区面积好大好大啊，而且是露天山谷泳池，夕阳无限美，而且免费！要是在这样的地方还不喜欢游泳，那就太浪费了！

3. 提升能力，可以培养兴趣

古典在《拆掉思维里的墙：原来我还可以这样活》一书中曾提到：你的母亲对如何用电脑"不感兴趣"，也许是因为她觉得自己用不好电脑，或者你让她觉得她太笨了。老人对新鲜事情"不感兴趣"，也许是因为他们觉得自己能力不足，或者怎么做都没有年轻人做得好；孩子对学习"不感兴趣"，往往是由于他们觉得没有学好的能力，或者再怎么努力也达不到父母的要求；毕业生对工作"不感兴趣"，其实是觉得自己没有能赚钱的本事，或者是害怕再怎么努力也达不到自己心里满意的目标。李笑来在《把时间当作朋友》一书中也说，能够做好的事，怎么都不会讨厌……

两位作者的提醒，让我们不能不意识到一种可能性：你不是对工作不感兴趣，而是

[①] 高高在珠海. 兴趣是怎么发生改变的？https://www.qqtest.com/info/30.html[2019-09-08].

因为"能力不足",不能对工作感兴趣。

社会认知生涯理论[①](图 4-1)很清楚地解释了因为能力不足而导致的兴趣改变:"自我效能"和"结果预期"会大大影响职业兴趣的形成。其中自我效能,就是对自我能力的评估,对自己是否能够做成某件事情的预期。这种预期可以改变兴趣——当自我判断能力不足以完成工作时,个人可能选择放弃原有兴趣。同理,当自我判断有能力可以完成工作,或者可以出色地完成工作时(结果预期),个人可能维持或形成新的兴趣。

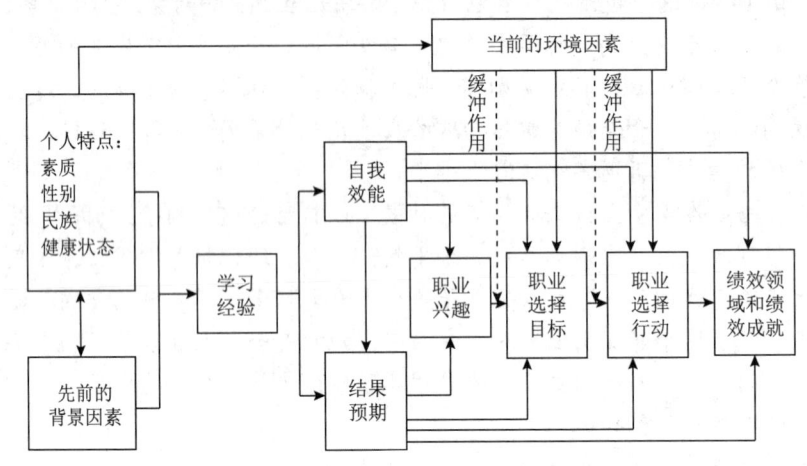

图 4-1　社会认知生涯理论模型

要想化解因为能力不够而对工作不感兴趣这一问题,我们可从干预自我效能的前因变量"学习经验"着手——提升能力,构建新的积极的学习经验,有助于提高自我效能,维持或增强职业兴趣。

(三)通关"四部曲"之三:深度挖掘——"乐"在"苦"中

当你说"我不喜欢这份职业"的时候,你真的了解这份职业吗?

1. 搜索职业对应的多种岗位

没有职业只对应一个岗位。以大学生较为熟悉的"教师"这份职业为例,这份职业所对应的岗位就包括但不限于专职教师岗、行政管理岗、科研岗等。当你说"我不喜欢这份职业"的时候,请弄清你是不喜欢这份职业对应的所有岗位,还是不喜欢其中的某个岗位。

2. 调查岗位对应着的多样化的工作内容

哪怕是一个岗位,它也常常对应着多样化的工作内容。以大学专职教师岗为例,它所对应的工作内容就包括但不限于教书、教学辅助、科研、生产实践、社会服务等。当你说"我不喜欢这个岗位"的时候,请弄清你是不喜欢这个岗位所对应的所有的工作内容,还是不喜欢其中的某个工作内容。

---

① 社会认知生涯理论(social cognitive career theory,SCCT)是由班杜拉(A. Bandura)提出的。该理论认为,人是外部环境因素、内部主体性因素(认知的、情感的、生理的等)以及过去与现在的行为这三者动态交互作用的产物。

3. 在"平衡"中快乐工作

大学生由于缺乏足够的社会经验，往往只了解一个岗位的主要工作内容，所以当大学生说"我讨厌一份工作"的时候，他事实上讨厌的可能只不过是某个岗位的"主要工作内容"。主要工作内容也许的确让你痛苦，但其他次要工作内容呢，你都讨厌吗？如果你并不讨厌这个岗位的全部工作内容，是否能尝试在你喜欢的次要工作内容上多花点心思，并通过它所带来的快乐去缓解主要工作内容带给你的痛苦？

所以，当你说"我不喜欢这份职业"的时候，请先确保你对这份职业有充分的了解！

（四）通关"四部曲"之四：釜底抽薪——变"苦"为"乐"

如果你对一个岗位的所有工作内容都不喜欢，是否就只能沉溺"苦海"呢？你可以尝试用你的兴趣为你的工作"加分"。

一位绝对"艺术型"职业兴趣倾向的人在单位的人事部门做着一份收发文件的工作，他觉得很痛苦，因为他自身的"艺术型"职业兴趣倾向与工作"常规型"的特点存在极大冲突。虽然他觉得很痛苦，但受自身"艺术型"完美主义倾向的影响，他在收发文件的时候还是会逐字检查文件是否存在错别字、病句，字体、字号、排版是否美观。很快，领导就感受到这个人哪怕只是收发文件都比别的员工做得好，于是领导向上级推荐这个人担任培训科的科长。

他升职了！他不用再收发文件了，他的主要工作内容变成了设计培训方案、实施培训计划，以及当培训讲师。培训工作的开放性和自由度让"艺术型"职业兴趣倾向的他彻底脱离了"苦海"。

用兴趣为工作"加分"，"加分"带来"升职"，"升职"将改变或者拓展你的工作内容。在已经改变或已经拓展的工作内容里去寻找你的兴趣点是否会比原来容易很多。

生涯行动 适合我的调适兴趣与职业冲突的方法（原始痛苦指数得分： ）

（1）当你意识到，你并不是唯一受到兴趣与职业冲突折磨的人的时候，你的痛苦指数（最痛苦为10分）会有变化吗？涂一涂吧！

1分	2分	3分	4分	5分	6分	7分	8分	9分	10分

你的痛苦指数改变了吗？不管变还是没变，请说明原因。

_____
_____
_____
_____
_____

（2）当你意识到，兴趣可以改变甚至可能很容易改变，痛苦只是暂时而非永恒的时候，你的痛苦指数（最痛苦为10分）会有变化吗？涂一涂吧！

1分	2分	3分	4分	5分	6分	7分	8分	9分	10分

你的痛苦指数改变了吗？不管变还是没变，请说明原因。

_____
_____
_____
_____

（3）当你意识到工作内容具有多样性，苦中必定有乐的时候，你的痛苦指数（最痛苦为10分）会有变化吗？涂一涂吧！

1分	2分	3分	4分	5分	6分	7分	8分	9分	10分

你的痛苦指数改变了吗？不管变还是没变，请说明原因。

_____
_____
_____
_____

（4）当你意识到哪怕兴趣与职业不匹配，兴趣仍然可以助力你的职业生涯时，你的痛苦指数（最痛苦为10分）会有变化吗？涂一涂吧！

1分	2分	3分	4分	5分	6分	7分	8分	9分	10分

你的痛苦指数改变了吗？不管变还是没变，请说明原因。

_____
_____
_____
_____

（5）适合你的调适兴趣与职业冲突的方法是_____

任务四 活在当下——调适价值观与职业的冲突

案例导入 我做了一份满足不了自我需求的工作

我叫小天，大学专业是财务管理，现在被父母安排在一所重点中学的财务室工作。这份工作是我父母眼中的超级好的工作——轻松、稳定、待遇丰厚、假期多……我承认，我也喜欢这些，但我更希望我的工作能让我结识各个领域的朋友，能让我的生活充满挑战和刺激，能让我每天都得到美的享受（比如音乐、舞蹈）……现在的工作满足不了我的需求，为此我几乎每天都在纠结是否辞职：辞职，我不确定是否能找到另一个完全符合我需求的工作；不辞职，我又心有不甘，广结善缘、刺激、挑战、无时无刻不享受美的生活难道就和我无缘了吗？

涂一涂

假设你从事了不能满足自我需求的工作，你的"不甘心"指数（极度不甘心为10分）是多少？涂一涂吧！

1分	2分	3分	4分	5分	6分	7分	8分	9分	10分

【小组讨论】如何在不辞职、不调岗的情况下使小天"心有所甘"？

知识链接

一、价值观与职业冲突的内涵

价值观与职业之间的冲突指的是一个人的职业价值取向与职业本身的特点存在不一致，个人所看重的东西无法从职业中得到满足的现象。

职业价值观决定了人们的职业期望，影响着人们对职业方向和职业目标的选择，决定着人们就业后的工作态度和劳动绩效水平。当职业价值观得不到满足的时候，人们的工作热情会降低，工作动力会丧失，劳动绩效水平也往往随之受到影响。

二、调适价值观与职业冲突的"三部曲"

（一）通关"三部曲"之一：认清现实——能同时满足所有价值需求的工作罕见

无论是美国心理学家洛特克提出的 13 种职业价值需求（成就感、审美追求、挑战、健康、收入与财富、独立性、爱、家庭与人际关系、道德感、欢乐、权利、安全感、自我成长和社会交往）[①]，还是我国学者阚雅玲提出的 12 种职业价值需求（收入与财富、兴趣特长、权力地位、自由独立、自我成长、自我实现、人际关系、身心健康、环境舒适、工作稳定、社会需要、追求新意），对大学生都充满了吸引力。大学生对一份理想工作的定义往往是满足自身所有的价值需求，然而一份能同时满足自我所有价值需求的工作在现实中是很罕见的。不妨想想，你最崇拜的职业人，他的工作是否满足了他全部 12 种或是 13 种价值需求？

一份满足不了自我所有价值需求的工作是会让我们困扰，但不至于让我们放弃。只有当自我的核心价值需求得不到满足时，我们才会对这份工作嗤之以鼻，所以比起追求全部价值需求的满足，我们更应该关注一份工作对自我核心价值需求实现的帮助。比如，一个初出茅庐的大学生，既想在一份工作中获得优厚的报酬，又想得到充分的自由，往往并不现实。特别是，如果这名大学生家境困难，那他就必须思考，在现阶段是一份优厚的报酬对他来说更重要，还是充分的自由更有价值。当不能得到所有的价值满足时，聚焦自我当下的核心价值满足才是更现实的选择。

（二）通关"三部曲"之二："曲线救国"——分阶段满足价值需求

也许你并不贪心，并不指望通过一份工作得到自我的全部价值需求的满足，但你还是会发现你想实现的价值满足虽少但还是不能通过一份工作得到。这个时候怎么办？会沮丧吗？会想辞职吗？别着急，虽然你想实现的这些价值没办法同时实现，但是否有可能分阶段实现？比如，有的大学生往往期待毕业的时候能找到一份既能让自己很快成长又很轻松的工作。这种期待虽然不算贪心，但要在职业生涯的早期同时得到却非常有难度。在职业生涯的早期，由于缺乏足够的经验和技能，大学生们要想快速成长势必要付出辛劳的代价。然而到了职业生涯的中晚期，情况却不一样。由于经验的积累和技能的提升，大学生们有望以较轻松的方式实现成长。

如果一份工作能够分阶段满足你的价值需求，那它也不失为一份优质的工作。

（三）通关"三部曲"之三："域外补偿"——分领域满足价值需求

我们必须承认的是，有的价值追求在一份工作中即使分阶段也无法满足。这是否意味着这份工作就没有价值了呢？当然不是，我们为什么一定要强求一份工作就能满足自己的全部的价值追求！

---

① Rokeach M. The Nature of Human Values. New York：Free Press，1973.

当你因为一份工作不能满足你的全部价值需求而心有不甘的时候，不妨考虑"域外补偿"。补偿主要有两种方式：一种是成为"斜杠青年"，在主业外实现价值需求。比如，小天对交友、刺激挑战和美的需求，会计这份主业工作可能满足不了，但小天的副业——哔哩哔哩网站的"UP 主"（上传者）却很有可能满足；另一种是"平衡生涯"，在职业外补偿。人一生不仅扮演着"工作者"的角色，还扮演着"学习者""休闲者""公民""持家者"等多种角色。当"工作者"角色无法满足你的价值需求时，不妨从别的角色中寻求满足，比如小天对"广泛交友"的需求，不一定非要在工作中实现，可以选择在自己参加的"山区学校音乐空间志愿者"项目里得到满足。

拓展阅读

生涯行动 适合我的调适价值观与职业冲突的方法（原始不甘心指数得分：）

（1）当你意识到，能同时满足自我所有价值需求的工作罕见，在工作中追求自我当下的核心价值的满足更为现实的时候，你的不甘心指数（极度不甘心为 10 分）会有变化吗？涂一涂吧！

1分	2分	3分	4分	5分	6分	7分	8分	9分	10分

你的不甘心指数改变了吗？不管变还是没变，请说明原因。

_____
_____
_____
_____
_____

（2）当你意识到，你的自我价值需求虽然不能在工作中同时得到满足，但有望在职业生涯的不同阶段实现时，你的不甘心指数（极度不甘心为 10 分）会有变化吗？涂一涂吧！

1分	2分	3分	4分	5分	6分	7分	8分	9分	10分

你的不甘心指数改变了吗？不管变还是没变，请说明原因。

_____
_____
_____
_____

（3）当你意识到虽然主业工作也许满足不了你的价值需求，但副业或者在非工作者角色以外的领域，你完全有可能满足自我的价值需求，你的不甘心指数（极度不甘心为10分）会有变化吗？涂一涂吧！

1分	2分	3分	4分	5分	6分	7分	8分	9分	10分

你的不甘心指数改变了吗？不管变还是没变，请说明原因。

_____
_____
_____
_____

（4）你找到的适合你调适价值观与职业冲突的方法是_____

项目四　调适人职冲突

任务五　积极进取——调适能力与职业的冲突

案例导入　我做了一份能力不足以完全胜任的工作

我叫小曲，大学专业是电子商务，现在正在一家外贸公司从事外贸跟单的工作。这份工作的报酬特别优厚，但对英语水平的要求比较高，我的英语只过了 A 级，其实根本达不到这家公司的用人标准。之所以会得到这份工作完全是因为人情关系。每次一接到订单，我就会很焦虑，因为这意味着我又要开始与外国客户进行英语交流。每次看到客户因为无法理解我的表达而抓耳挠腮的时候，我尴尬得都想找个洞钻进去。我也想过一些办法来提升自己的英语水平，比如背英语单词，但都没有效果。我现在很纠结是否应该继续在这个岗位待下去——离职，我舍不得如此丰厚的报酬；继续干，我又很焦虑。

涂一涂

假设你从事了能力不足以完全胜任的工作，你的焦虑指数（极度焦虑为 10 分）是多少？涂一涂吧！

1分	2分	3分	4分	5分	6分	7分	8分	9分	10分

【小组讨论】如何在不辞职、不调岗的情况下缓解小曲的焦虑？

知识链接

一、能力与职业冲突的内涵

能力与职业之间的冲突指的是一个人的能力不足以胜任或者不足以完全胜任工作的现象。当能力与职业不能匹配时，个人容易产生焦虑感，工作效率也难以保证。

二、调适能力与职业冲突的"两部曲"

（一）通关"两部曲"之一：区别对待——按工作领域选择能力提升策略

"能力是可以培养的"，这几乎已经成为一种共识。但真的如此吗？所有的能力一定都可以培养，特别是都能够培养到可以胜任某种特定的工作吗？当有的人听曲就能辨音，而你唱歌却找不到调时，你肯定会对"所有的能力都是可以培养的"这句话产生怀疑——也许有的技能别人是可以培养出来的，但未必你能。

要承认这种在能力培养天赋上的差异的确不容易，但你肯定观察到了，不是所有的工作领域当中的所有能力都能培养到可以胜任工作的程度，比如艺术领域、科研领域——牛顿总结万有引力定律，可能只需要一个苹果，而有的人却一辈子也不能。因此当你发现自己不能胜任某份工作的时候，首先要做的其实不是立刻去培养能力，而是先分析你所从事的工作领域是否属于主要靠天赋的领域。如果是，建议你在承认天赋优势的基础上，适当尝试提升技能就好，不用过分勉强，越勉强越焦虑。

如果你工作的领域属于常规领域，即使你的能力暂时不足以完全胜任，但你要意识到只要满足以下两个条件，你的能力是完全可以培养起来的。

1. 足够的动机

你为什么想提升能力？你有多想提升能力？是试一试还是不达目的誓不罢休？不同的动机水平会带来不同的行为表现。足够的动机才可能带来足够的行动力。

2. 正确的方法

动机足够，但能力仍然没有提升的时候，你就需要反思你所采取的方法是否合适——提升英语水平，光靠背英语单词就行吗？多向成功者学习能力提升经验，并多实践检验，就可以找到适合自己的能力提升方法。

（二）通关"两部曲"之二：另辟蹊径——整合能力是更为稀缺的能力

《西游记》里的唐僧，除了念紧箍咒，没有其他突出的本领，但这并不妨碍他取得真经，因为他为团队整合了能七十二变的孙悟空、任劳任怨的沙和尚、能说会道的猪八戒——谁说只有自己是复合型人才才能胜任工作。单一能力者同样可以通过整合他人的能力胜任工作。比如，小曲在自己的英语口头表达能力没有实质提升之前，完全可以通过团队内部再分工完成工作——英语口语好的组员可以安排去与客户做直接交流，阅读能力强的组员可以安排去收发并确认邮件订单，小曲自己可以重点关注订单生产的协调。这样一来，即使小曲的英语水平一般，也不影响他所带领的小组正常完成工作。

韩非子曾说："下君尽己之能，中君尽人之力，上君尽人之智。"在工作中，当你的能力还不足以成为"前锋"的时候，不妨尝试做一个"中间人"——整合他人的能力，完成冲锋。

项目四 调适人职冲突

> **生涯行动** 适合我的调适能力与职业冲突的方法（原始焦虑指数得分： ）

（1）当你意识到，常规工作领域需要的技能，在满足"足够动机"和"正确方法"的前提下都是可以提升的时候，你的焦虑指数（极度焦虑为10分）会有变化吗？涂一涂吧！

1分	2分	3分	4分	5分	6分	7分	8分	9分	10分

你的焦虑指数改变了吗？不管变还是没变，请说明原因。

_____
_____
_____
_____
_____

（2）当你意识到，并非具备了所有的能力才能胜任工作，能力的整合者同样也能胜任的时候，你的焦虑指数（极度焦虑为10分）会有变化吗？涂一涂吧！

1分	2分	3分	4分	5分	6分	7分	8分	9分	10分

你的焦虑指数改变了吗？不管变还是没变，请说明原因。

_____
_____
_____
_____
_____

（3）适合你的调适能力与职业冲突的方法是：_____

学习总结

在完成本部分的学习后，小静发现自我特质与职业要求不能完全匹配，并不意味着不管自己未来从事何种职业，自己的职业生涯只能以失败告终。人职冲突也许看上去像是一部悲剧，但只要自己愿意，就完全可以把它演成一部喜剧——工作不能让自己本色演出，自己就拼"演技"；工作不能直接给自己乐趣，自己就给自己找乐趣；工作不能满足自己的全部价值追求，就聚焦当下的核心需求；能力不足以胜任工作，就积极提升能力。"人-职匹配"是自我追求，绝不能成为自我限制。小静决定大胆地去确立自己的职业目标。她相信，只要自己掌握了人职冲突调适的方法，把自己打造成"演技"高超、自得其乐、活在当下、积极进取的工作者，即使人-职不匹配，同样也可以实现职业生涯的成功。

推荐阅读

1. 古典. 拆掉思维里的墙：原来我还可以这样活. 北京：中国书店，2010.
2. 李笑来. 把时间当作朋友：运用心智获得解放. 北京：电子工业出版社，2009.

项目五　确立职业目标

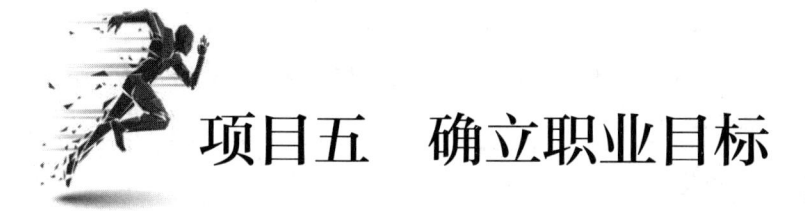

学习目标

知识目标：了解职业决策的概念、类型；掌握理性决策模型；掌握生涯决策平衡单和 SWOT 分析法的使用技巧。

能力目标：能够辨认自己在重大问题上常用的决策风格，能够利用所学方法做出初步的、理性的职业目标选择，能够辨析自己决策出现的非理性信念。

素质目标：树立合理的职业选择观，能够自主、理性决策，为自己承担责任，并落实到行动中。

生涯名言

青年的人生目标会有不同，职业选择也有差异，但只有把自己的小我融入祖国的大我、人民的大我之中，与时代同步伐、与人民共命运，才能更好实现人生价值、升华人生境界。

——习近平[1]

生涯困惑

转眼大一上学期就要过去了，小静度过了忙忙碌碌的大半学期，班委竞选、社团活动、满满当当的课程，让小静忙得脚不沾地。但是每当静下来的时候，小静就感觉到焦虑和迷茫，没有自己的目标，每天忙忙碌碌却不知道为什么而忙，不知道三年之后自己到底何去何从。小静很羡慕周围目标清晰的同学：有的非常喜欢自己的专业，就想踏踏实实学好专业知识，以后找一份对口的工作；有的认为学历才是好工作的敲门砖，早早地投入到了专升本的学习状态；有的家里能够提供创业的条件，大学对他们来说只是一种体验和锻炼，成绩什么的不太关心。反观自己，对专业谈不上喜欢，

---

[1] 习近平：在纪念五四运动 100 周年大会上的讲话. http://www.gov.cn/xinwen/2019-04/30/content_5387964.htm?cid=303 [2019-04-30].

不能全情投入到专业学习当中，想要专升本又怕自己没能力、考不上，更不能像家庭条件好的同学一样随性潇洒，以体验为主。小静现在的困扰是自己已经有了几个职业目标，但是不知道哪一个职业目标是最适合自己的。"我该选择哪一个作为自己的职业目标呢？"小静面临这样的困扰。你有没有和小静相同的困扰呢？请你说说你大学生活的困扰是什么。

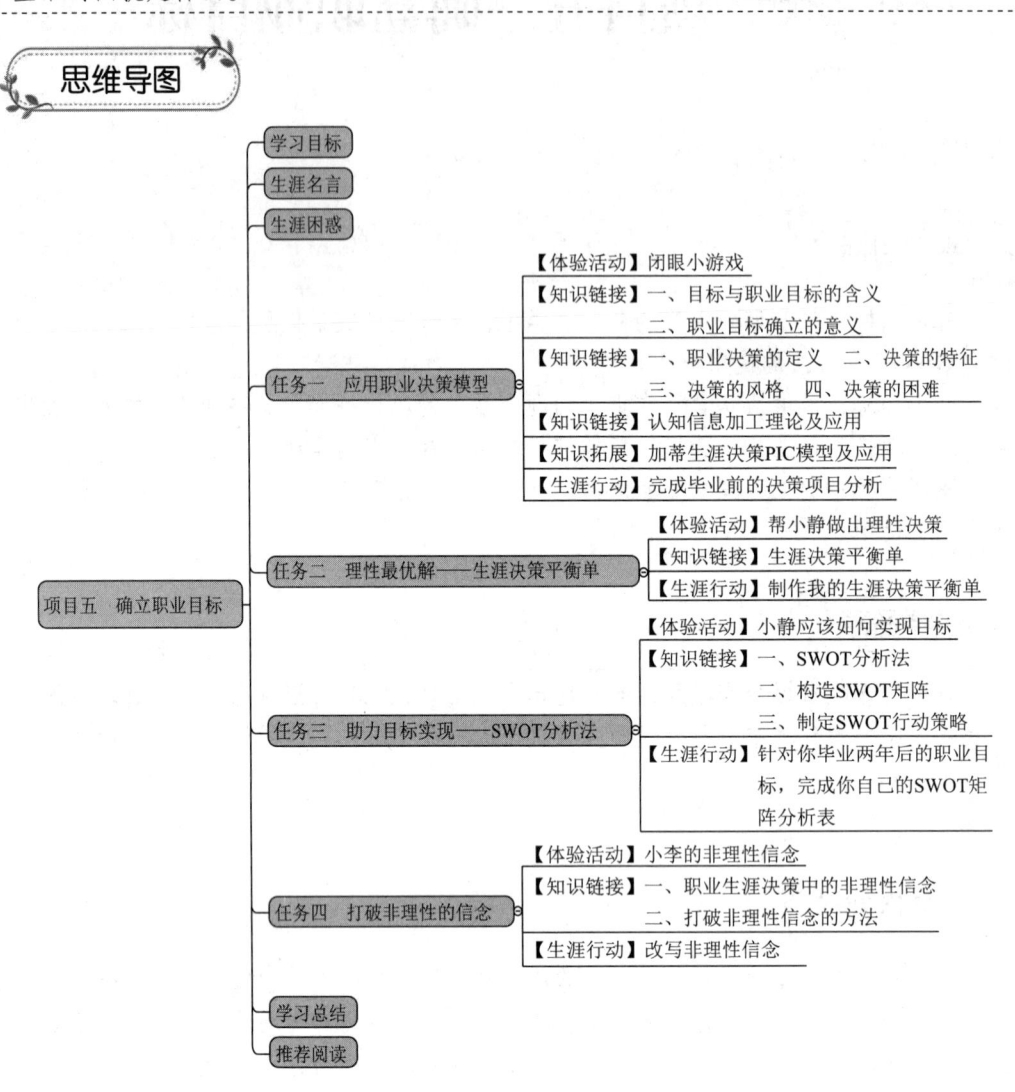

思维导图

项目五　确立职业目标

- 学习目标
- 生涯名言
- 生涯困惑
- 任务一　应用职业决策模型
  - 【体验活动】闭眼小游戏
  - 【知识链接】一、目标与职业目标的含义
  　　　　　　二、职业目标确立的意义
  - 【知识链接】一、职业决策的定义　二、决策的特征
  　　　　　　三、决策的风格　四、决策的困难
  - 【知识链接】认知信息加工理论及应用
  - 【知识拓展】加蒂生涯决策PIC模型及应用
  - 【生涯行动】完成毕业前的决策项目分析
- 任务二　理性最优解——生涯决策平衡单
  - 【体验活动】帮小静做出理性决策
  - 【知识链接】生涯决策平衡单
  - 【生涯行动】制作我的生涯决策平衡单
- 任务三　助力目标实现——SWOT分析法
  - 【体验活动】小静应该如何实现目标
  - 【知识链接】一、SWOT分析法
  　　　　　　二、构造SWOT矩阵
  　　　　　　三、制定SWOT行动策略
  - 【生涯行动】针对你毕业两年后的职业目标，完成你自己的SWOT矩阵分析表
- 任务四　打破非理性的信念
  - 【体验活动】小李的非理性信念
  - 【知识链接】一、职业生涯决策中的非理性信念
  　　　　　　二、打破非理性信念的方法
  - 【生涯行动】改写非理性信念
- 学习总结
- 推荐阅读

项目五　确立职业目标

任务一　应用职业决策模型

体验活动　闭眼小游戏

小游戏：现在请你闭起眼睛，回忆一下你家窗户上有多少块玻璃，你住的地方楼梯有多少阶，你衣服上有几颗扣子。

你能马上给出答案吗？估计你很难给出一个特别肯定的数字。要知道所有这些都是你天天见的事物。也就是说，当一件事情没有成为你的目标时，你就不会获得相关的信息。而当你把上面的那些小问题设为目标后，问题就不再是问题，你可以很轻松地回答出来。这个小游戏告诉我们，当你的目标明确了，你就可以找到你能够达成目标的资源来帮助你实现目标。但是，我们首先要确定自己的目标是什么，然后才能去挖掘实现目标所需要的资源及条件。要想解决小静和大家的困扰，首先要确定好自己的目标。

知识链接

一、目标与职业目标的含义

（一）目标的含义

目标是个人、部门或整个组织所期望实现的成果。目标是人的追求，人在不同情况下的追求是不同的。目标再低的人也是有目标的，生存实际上就是每个人的最低目标。不同的人的生存要求不同，因此形成了不同层次的需求和目标。

（二）职业目标的含义

职业目标是指人们对未来职业所表现出来的一种强烈的追求和向往，是人们对未来职业生活的构想和规划。职业目标是人们在职业上的追求、期望，如"人力资源总监"就是一个职业目标，而"人力资源方面的工作"就不是职业目标，只是一个职业发展方向。

二、职业目标确立的意义

无数事实证明，一个人能否成就一番事业，很大程度上取决于有无一个正确而适当的职业目标。职业目标确立对于大学生来说有以下三个意义。

（1）职业目标确立能促进大学生的职业发展。一个人的精力是有限的，只有明确了职业目标，才能集中精力在某个职业领域或某一方面取得较好、较快的发展，才能有所突破，形成自己的优势，为将来的职业发展打下基础。

（2）职业目标确立有利于大学生顺利就业。在大学期间，明确自己的职业目标，并且向这一目标努力奋斗，有利于提高大学生的就业能力，有助于大学生的顺利就业。

（3）目标确立有助于激发大学生的潜能。清晰、明确的职业目标有助于大学生明确自己的使命，保持积极、坚定、勇敢的心态，促使自己努力实践，使自己的生命在有限的时空里突破极限，最大限度地释放能量。

拓展阅读

人伟大是因为目标伟大

一位哲学家到一个建筑工地分别问三个正在砌筑的工人："你在干什么？"

第一个工人头也不抬地说："我在砌砖。"

第二个工人抬了抬头说："我在砌一堵墙。"

第三个工人热情洋溢、满怀憧憬地说："我在建一座教堂！"

听完回答，哲学家马上就判断出了这三人的未来：

第一个工人眼中只有砖，他一辈子能把砖砌好就很不错了。

第二个工人眼中有砖，心中有墙，好好干或许能当一位工长或者技术员。

唯有第三位工人必有大出息，因为他有"远见"，他的心中有一座殿堂[①]。

案例思考

小明填报志愿时是如何决策的

小明是一名理科生，平时喜欢研究城市的布局、建筑风格、交通规划，认为每个城市都应该有自己的文化与特色，城市规划应该将城市特色塑造作为重点，然后再展开一系列建设。然而现在很多新建城市千篇一律，容易造成审美疲劳，去过后也很难留下深刻的印象。小明想以后从事城乡规划的工作，将自己的想法应用于城乡建设上。因此，在高考结束后填报志愿时，小明参考了父母、老师的意见，考虑到自己的高考分数，要报考的城市、学校、专业等方面的因素，做出了自己的选择：报考云南某高校城乡规划专业。小明顺利地被录取到自己满意的专业。

思考：在填报高考志愿时，你是自己做的决定还是别人给你做的决定，当时你考虑了哪些因素？现在看来你对当时的决定满意吗？你有没有什么经验和教训是可以吸取的？

知识链接

如果我们希望获得最理想的职业，就需要认真地对自己进行完全的剖析，知道自己希望得到什么，自己应该在这个社会里获得什么，自己要过什么样的生活，要成为什么

[①] 白晓. 你只是没有能力过你想要的生活. 北京：台海出版社，2018.

样的人。这就需要我们认真做好职业决策。

一、职业决策的定义

决策是指为达到一定目标，从两个以上的可行方案中选择一个合理方案的分析判断过程。

职业决策（career decision making）又称为职业生涯决策或职业决定，它有广义和狭义之分，广义的职业决策是指一个完整职业生涯规划的过程，狭义的职业决策是指职业生涯规划过程中的一个环节。

职业决策的七个重大选择包括：①选择何种行业；②选择行业中的哪一种工作；③选择所适用的策略，以获得某种工作；④从数个工作机会中选择其一；⑤选择工作地点；⑥选择不同价值取向的工作；⑦选择生涯目标或一系列的升迁目标。

二、决策的特征

1. 决策无处不在

我们每天都在做决策。小到一日三餐吃什么，出行穿什么，看什么书和电影，买什么东西；大到上哪所大学，读哪个专业，从事什么工作，和谁交朋友……可以说，我们的生活方式和人生质量是建立在一个个决策之上的。正如法国存在主义大师萨特所说的："我们的决定，决定了我们。"认识决策、了解决策、学习决策，有助于提高个人的生涯成熟度。

2. 没有绝对完美的决策

虽然理想的决策是在多个选项中挑选最合适的那一个，但由于人的智力与精力、经验与资源是有限的，所以并非每个决策可以同时满足个人的所有需求。而且，一个决策的结果多是利弊共存，在有所得时，也会有所失去。因此，一个人的重要需求越明晰简单，越容易做决策；一个人越敢于承担代价，越容易做决策。

3. 决策有风险

决策是基于当下现有的信息或者经验做出的。在决策实施的过程中难免受到干扰因素的影响，有些干扰因素又不是人为可控的，因此，决策的结果可能与期待的结果之间存在着偏差。所以说，决策本身就是一次面向未来的冒险，是勇敢者的游戏。那些能够与不确定性共存的人，为接纳最糟糕结果做好准备的人，相对容易做决策。

4. 决策既包括选择，也包括行动

"三思而后行"强调在行动前的审慎思考，"绝知此事要躬行"说明由行动带出的豁然开朗。存在着不完美和不确定性的决策，难免令人焦虑。不行动，就不会结束焦虑，开启新的局面。当然，不行动也是一种选择，承担焦虑也是必然的。

5. 决策是一种问题解决的活动，相关的知识和技能是可以学习的

在某一个决策情境下习得的解决问题的能力和经验，可以迁移到其他情境中。从这个角度来讲，经历决策过程的意义大于拥有决策结果。

三、决策的风格

（一）决策风格的分类

决策风格的分类如图 5-1 所示。

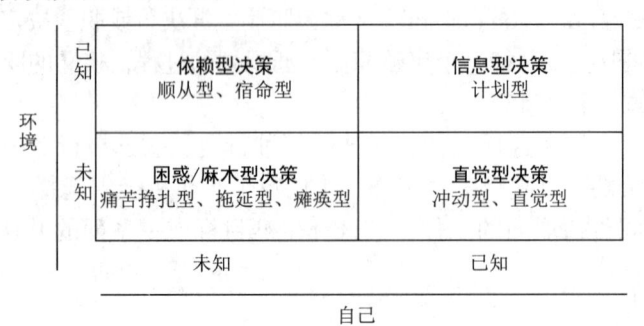

```
        |  依赖型决策        |  信息型决策
    已知 |  顺从型、宿命型    |  计划型
环境 ----+--------------------+----------------------
    未知 |  困惑/麻木型决策   |  直觉型决策
        |  痛苦挣扎型、拖延型、瘫痪型 | 冲动型、直觉型
        +--------------------+----------------------
             未知                  已知
                        自己
```

图 5-1　决策风格的分类

（二）决策风格类型分析

决策风格大致可以分为以下八种类型，见表 5-1。

表 5-1　决策风格类型分析

决策风格类型	决策风格类型分析
顺从型	顺从别人的计划而不是独立地做决定
宿命型	将决定留给境遇或命运
计划型	决定时会倾听自己内心的声音，考虑外在环境的要求，以理性方式平衡理智和感觉，做出适当、明确的抉择
痛苦挣扎型	花很多时间和精力来确认有哪些选择、收集信息、反复比较，却难以做出决定
拖延型	将对问题的思考和行动一再往后推迟
瘫痪型	接受了自己做决定的事实，却无法开始决策过程
冲动型	抓住遇到的第一个选择，不再考虑其他的选择或收集信息
直觉型	将自己的直觉感受作为决定的基础

四、决策的困难

（一）决策困难的认知来源

美国心理学家奥西普和以色列心理学家加蒂以决策和信息加工理论为基础，结合丰富的咨询实践经验，于 1996 年合作编制了职业决策困难问卷，用来辨识在不同决策阶段，引发生涯决策困难的认知要素，总计三大类十小类（图 5-2）[1]。

---

[1] 朱成科，崔国富. 乡村建设与教育发展：2009 年"渤海教育论坛"文集. 北京：光明日报出版社，2010.

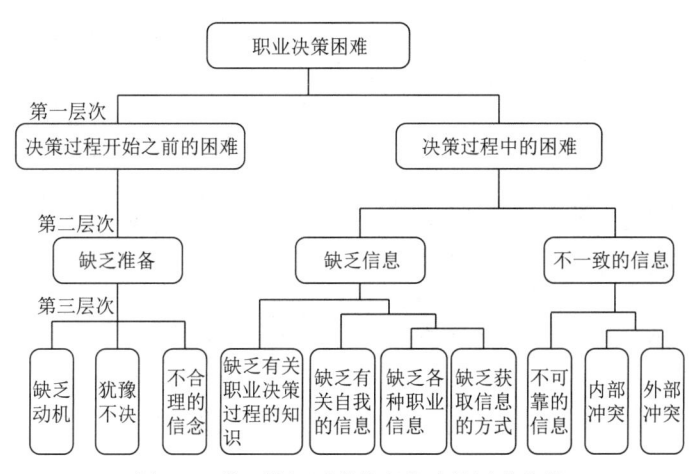

图 5-2 基于认知要素的职业决策困难分类

第一大类困难发生在职业决策前期，称为"缺乏准备"，包括三小类困难：①缺乏动机，即在此时此刻没有足够的意愿开始进行职业选择；②犹豫不决，即无论面对什么抉择情境和任务，普遍性地表现出难以决断；③在职业决策方面存在不合理的信念，即对决策抱有不合理的期望或想法。

第二大类和第三大类困难主要出现在职业决策过程中。第二大类困难命名为"缺乏信息"，包括四小类困难：①缺乏有关职业决策过程的知识，如怎样明智地做决策、职业决策过程中有哪些关键环节等；②缺乏有关自我的信息，如不了解自己的能力或者职业偏好等；③缺乏各种职业信息，如存在哪些职业机会，每一个职业机会的特点是什么；④缺乏获取信息的方式，比如有哪些渠道可以获得充足的信息、有哪些资源可以利用等。

第三大类困难叫作"不一致的信息"，是由获得的信息缺乏一致性而引起的信息使用困难，主要包括三小类困难：①不可靠的信息，指在获得的有关自我特质或职业特征的信息中，存在着相互矛盾的地方；②内部冲突，指看重的要素在一个选择中不能彼此兼容，个人在如何妥协和平衡方面出现的困难；③外部冲突，特别是指个人的选择偏好与重要他人的选择偏好不一致，或者与重要他人之间的意见不一致。

（二）与人格和情绪有关的生涯决策困难

由认知要素引发的职业决策困难，主要与信息的收集、使用有关，多为发展性的、过程性的，与特定情境相关联。与此相对，优柔寡断者可能遇到了慢性职业决策难题，他们在生涯决策中所表现出的焦灼不安、举棋不定、出尔反尔、拖延逃避，在面临其他决策任务和情境时也可以观察到。萨卡等[1]认为，慢性职业决策困难很可能是由于情绪或人格所致，据此归纳了三大类十一小类的人格与情绪要素（图 5-3）。

---

[1] Saka N, Gati I, Kelly K R. Emotional and personality-related aspects of career-decision-making difficulties. Journal of Career Assessment, 2008, 16（4）: 403-424.

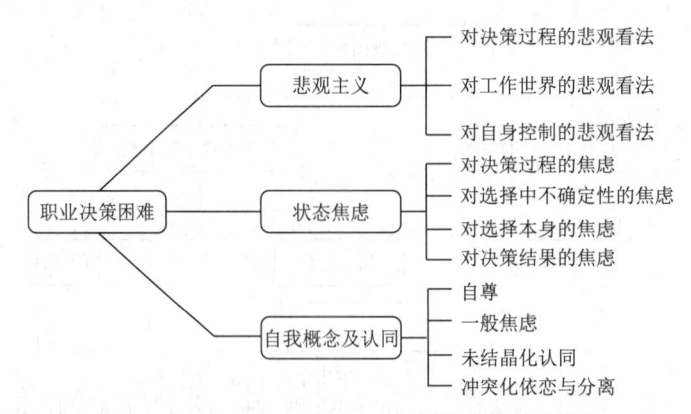

```
                        ┌── 对决策过程的悲观看法
              ┌─ 悲观主义 ─┼── 对工作世界的悲观看法
              │          └── 对自身控制的悲观看法
              │          ┌── 对决策过程的焦虑
              │          ├── 对选择中不确定性的焦虑
  职业决策困难 ─┼─ 状态焦虑 ─┤
              │          ├── 对选择本身的焦虑
              │          └── 对决策结果的焦虑
              │             ┌── 自尊
              │             ├── 一般焦虑
              └─ 自我概念及认同 ┤
                            ├── 未结晶化认同
                            └── 冲突化依恋与分离
```

图 5-3 基于人格和情绪要素的职业决策困难分类

第一大类困难命名为"悲观主义",指有关自我和世界的非理性信念与负面的认知偏见,分为三小类困难:①对决策过程的悲观看法,主要指较低程度的职业决策自我效能感,即对自己可以有效地完成职业决策全程的各项任务没有信心。②对工作世界的悲观看法,指对于各种职业整体上持有负面看法(如大多数职业是枯燥无味的,真正有意思的工作少之又少)。③对自身控制的悲观看法,认为职业决策及最后的结果主要受外因(如运气、机会、命运)影响,而内因(如技能、努力等)并不发挥主要作用。

第二大类困难命名为"状态焦虑",指由对决策过程和潜在结果的担忧而引发的状态焦虑,包含四小类困难:①对决策过程的焦虑,指在没开始决策之前就感到有压力,或者因为对决策过程追求过度的完美主义而焦虑,以致无法开始决策。②对选择中不确定性的焦虑,如由于未来充满不确定性而担忧,因身处充满不确定性的状态而担忧以及因无法忍受模棱两可的信息或结果而焦虑。③对选择本身的焦虑,包括有关选择的完美主义(如非得找到一个"完美的"职业)、害怕失去其他潜在的合适机会,害怕选择了一个错误的职业以及害怕选择之后特别是选错之后需要承担责任。④对决策结果的焦虑,指个体心中已经有了一些选择,但因为害怕失败,或者害怕不能通过所选职业达成个人期望,而不能实施上述选择。

第三大类困难命名为"自我概念及认同",特指某些方面的发展性人格缺陷,包括四小类困难:①自尊,既包括普遍意义上的低水平自我价值感,也包括生活中与职业自我概念相关的较低水平自我评价。②一般焦虑,在各种情境中持续性地体验到紧张和压力。③未结晶化认同,指在形成稳定的个人自我认同方面的困难,比如不能将信念、价值、偏好和生活目标等进行整合统一。④冲突化依恋与分离,指在考虑到重要他人时产生的困难,其产生有两种主要来源:一是无论对个人的一般性决定和偏好,还是特定的职业决策过程与结果,重要他人(特别是直系亲属)都表现出过度批评、不满意和不支持;二是过度需要得到他人对所做决定的肯定,以牺牲个人偏好与目标为代价取悦重要他人,愧疚与焦虑感,与重要他人公开的或者隐蔽的冲突等。

项目五 确立职业目标

问题思考

小静怎样才能做出一个好的决策?

小静通过自己做测试和对决策类型的解读,判断自己的决策类型为痛苦挣扎型,总是在各种选择之间徘徊纠结,拿不定主意,白白浪费了很多时间,做事效率十分低下。现在,小静想要改变这样的决策类型给自己带来的困扰,却又无从下手。小静应该怎么做才能做出一个好的决策呢?

知识链接 认知信息加工理论及应用

认知信息加工理论是当代认知心理学中迅速发展的一个重要理论范式,它主要探讨认知过程中的两个问题:①为什么能认知?②如何认知。认知信息加工理论是由美国彼得森等提出的,强调职业生涯问题的解决是一个认知的过程。他们将认知信息加工理论应用到职业决策中,并构建出"信息加工金字塔"模型(图 5-4)来说明个体职业决策中的信息加工过程。该模型共分三个层面:最基础部分位于金字塔的底部,属于知识层面,中间部分是决策层面,金字塔的顶端,即最上层是执行层面。

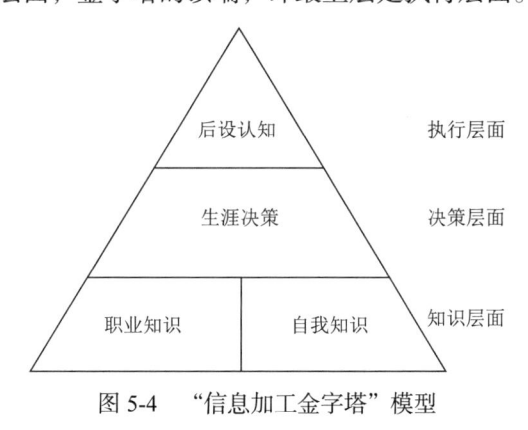

图 5-4 "信息加工金字塔"模型

(一)知识层面

信息加工的知识层面,类似于计算机处理信息的数据文件。知识层面主要包括两大部分:职业知识与自我知识。"职业知识"区储存了与个体所处的外部工作世界有关的各种信息,"自我知识"区储存的是有关经验、兴趣、能力、价值与需求等个体特质的信息。这些信息以图式的形式储存于个体的长期记忆中,当个体进行生涯决策时,会从中提取并加以处理。

"职业知识"区所储存的信息是个体对外部职业世界认识的各种图式,可分为两类:个别职业知识与职业之间结构关系的知识。个别职业知识,是指个体对某一个职业(包括但不限于工作内容、职责、发展趋势、薪资条件、所需教育与职业训练、工作环境和前景等)所了解并记忆的信息内容。职业之间结构关系的知识,又称为类别知识,主要区分不同职业的异同及其之间内部联系，如《中华人民共和国职业分类大典》中对职业的分类与描述。

"自我知识"区所储存的信息主要是个体的生活经历、职业经验、兴趣能力、价值与需求等相关知识信息。自我知识源于情节记忆（认知心理学中了解自我知识的基本概念）。情节记忆的基本构成单位是事件或情节。事件是特定时间与空间下的产物，是构成情节记忆的信息图式。个体通过对这些自我的认知信息进行统合，可形成其对自我的认知推论。自我认知相关知识信息，大多可借助标准化的心理测量工具获得并系统深化其内涵。

（二）决策层面

"信息加工金字塔"模型的中间层是决策层面，其类似于计算机程序，用来处理储存在记忆区中的数据信息，并得出结果。职业生涯决策过程就是通过分析个体掌握的职业和自我认知的知识与信息，运用一定的方法进行综合与评价，形成决策的过程。认知信息加工理论认为，生涯决策过程是一个循环往复、不断迭代的过程，具体可分为五个步骤：沟通（communication）—分析（analysis）—综合（synthesis）—评估（valuation）—执行（execution）。通常将这五个步骤的英文缩写字母组合在一起来表述，称之为CASVE循环模型[①]，具体见图5-5所示。

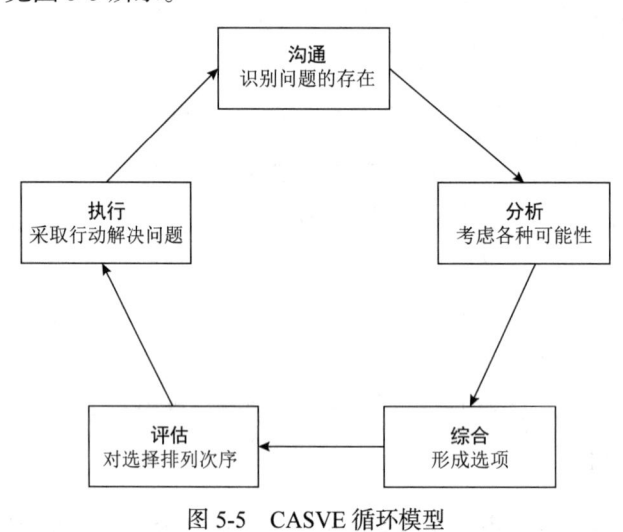

图 5-5　CASVE 循环模型

1. 步骤一：沟通

"沟通"是指个体"接收"到生涯需要做出决策的有关问题（个体生涯发展过程中遇到的问题或理想生涯情境与现实存在差距的问题）的信息，经过信息"编码"过程，形成"这个问题必须解决或需要做出决定了"信息的过程。

比如，在找工作的时候，毕业生可能在情绪上会感受到焦虑、抑郁、受挫等，在躯

---

① Peterson G W, Sampson J P, Jr, Reardon R C, et al. Career Development and Services: A Cognitive Approach. Los Angeles: Thomson Brooks, Cole Publishing Co., 1991.

体上会有疲倦、头疼、消化不良等反应。这些情绪和身体状态都是一些提醒毕业生需要进行问题识别的信号。外部信息是指外界产生的一些对大学生有影响的信息。比如，舍友开始准备简历就给大学生提供了一种外部信息，即自己也需要开始准备找工作了；又如，在求职过程中父母、老师、朋友提供的各种建议。

2. 步骤二：分析

"分析"是以确定生涯问题产生的原因及问题各部分之间的关系为根本出发点，对问题所有方面进行充分理解、系统梳理和深入剖析的反思过程。好的生涯个体需要一段时间去思考、观察和研究，以更充分地了解差距或问题。在此基础上，分析如何有效做出反应，是否能通过提升完善自我的知识能力或采取一定方法/措施/行动来弥补差距并解决问题，预测问题解决程度或不解决可能带来的后果。

3. 步骤三：综合

"综合"以形成一个可供选择的解决生涯问题的选项或方案清单为基本特征。这一步骤主要是通过将前面两个步骤结果信息进行综合的信息分析加工，结合生涯个体的实际情况与价值倾向，形成各种可能的选项，梳理出消除问题或弥补差距的所有可能决策方案。"综合"阶段的本质是"扩大后再缩小决策选项"，可分为"综合细化"和"综合具体化"两个步骤。"综合细化"，是利用"分析"的结果，运用发散思维尽可能多地形成解决问题的选择清单，即产生足够多的、尽可能细化的生涯决策选项。"综合具体化"，是生涯个体运用聚合思维对上述步骤中产生的众多选项进行综合分析，摒除不适合自己或不太适宜的决策方案，以形成较优的、自己相对认可的决策方案清单。

4. 步骤四：评估

"评估"是以对可能的决策方案进行排序为基本特征，力图找出最佳选择以开展行动尝试、形成最终决策的阶段。"评估"是生涯个体根据自身与外部影响因素，建立评估指标体系及影响决策的权重，利用其评估出各个决策方案的利弊得失，对各种决策选项进行排序，排列其优先级，从而找到最优选择的过程。

"评估"是具体抉择的取舍过程。取舍，对生涯个体而言是最难权衡的，往往会面临价值冲突或不确定的实际情况。

在此步骤中，通常得出的第一方案是最符合生涯个体实际的、最能解决理想状况与现实状况差距问题的。至此，生涯问题的解决暂时完成。在实际行动中，若第一决策方案行不通或遇到不可逾越的障碍，再依次动用第二、第三方案。如果这些方案都无法执行或无法真正解决问题，则需要再次启动"沟通""分析""综合""评估"步骤。

5. 步骤五：执行

"执行"是以实施生涯问题解决的执行方案为基本特征，对解决问题的首选方案进行尝试或可行性验证的阶段。这一阶段需要依照最佳的方案做出行动，将之前的思考转化为行动。

若在"执行"过程中遇到不确定性的问题，生涯个体可重复上述五个步骤进行生涯问题的进一步解决。这就是生涯决策的动态循环。

（三）执行层面

"信息加工金字塔"模型的最上层是执行层面，相当于计算机工作过程中的命令控制功能，以使计算机按指令来执行任务。信息加工理论认为，人脑的执行机制与过程类似计算机，人脑控制并主宰着行动策略的选择与排序，称为"后设认知"（也称为元认知）[1]。后设认知是一种"对认知历程的觉察"，在认知历程中扮演着综合性监督的角色，同时也可监视问题解决策略的执行状况，判断其能否达成预设的目标。一般认为，后设认知是认知的更高层次，可通俗地理解为"对认知的认知"。后设认知技能主要包括三类：自我语言、自我觉察、控制与监督。

案例思考

小静学习了 CASVE 循环模型后，认识到应该运用"沟通"（C）—"分析"（A）—"综合"（S）—"评估"（V）—"执行"（E）的程序来对自己进行复盘，帮助自己科学决策。于是，小静结合前面自我探索和职业环境探索得来的信息，对自己进行了全方位的分析。

"沟通"：这里的沟通实际上是指个体内部的思考和沟通，是意识到自己需要做出选择的阶段。小静的迷茫恰恰说明了她已经意识到问题的存在，她已经开始思考自己将来要做什么，是工作还是专升本？意识到问题之后，小静就会进入生涯决策的下一个阶段。

"分析"：小静认识到目前所学的建筑工程专业毕业后如果直接工作，最好能做施工员，因为能学以致用，工资高，也能够减轻家庭经济负担，但工作很辛苦，也不太适合女生。如果选择专升本，自己的就业选择可以更多，岗位晋升也更有资本，还可以考公务员、考教师编制，但是升本竞争激烈，而且也加重家庭经济负担。

"综合"：小静希望自己对未来的生活更有掌控感，决定从长计议，毕业后能找到适合自己的工作是她最关心的问题。于是，她开始去了解专升本的信息，她了解到可以申请各种奖助学金，同时自己还可以去做一些兼职补贴生活。她去学校官网查阅了往年的专升本信息，发现既可以跨专业专升本，也可以本专业升本，升本的学校也很多，总共有 8 个专业可供选择，还有不同专业的就业方向。

"评估"：小静把时间拉长到五年后，对选择直接工作与专升本的得与失进行利弊权衡后，她认为选择专升本更接近自己想要的生活。

"执行"：小静收集学校的升本备考要求以及目标职业的任职要求后，开始安排自己的日常学习、实习、专升本复习、学校活动等。

知识拓展　加蒂生涯决策 PIC[2] 模型及应用

加蒂等认为，职业决策过程的本质是找到与个体的偏好和能力最兼容的可选职业。

---

[1] Gagne R M. The Conditions of Learning and Theory of Instruction. 4th ed. Toronto: Holt, Rhinehart & Winston, 1985.

[2] PIC 的英文全称是 prescreening, in-depth exploration and choice，即排除、深度探索和挑选。

在多数情况下，广泛尝试所有的可选职业是不实用的。所以，他们把职业分成具有不同目标、过程和结果的三个阶段，即一个简洁的生涯决策模型——PIC 模型。依此模型，生涯决策有以下三个步骤。

第一步是排除。预先筛选出可选职业，并从中筛选出少数最有前景、值得进一步探索的、有希望的职业。这些职业在下面的阶段中值得进一步注意。这样一组有限的职业能使个体收集到有关每个职业的更丰富的信息，并能有效地加工这些信息。在这个阶段，被认为没有希望的职业，在以后的决策中会被忽略。可以通过以下五个步骤进行排除（图 5-6）。

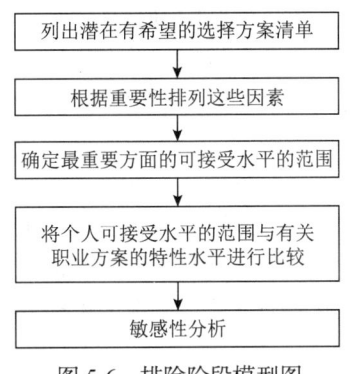

图 5-6　排除阶段模型图

（1）列出潜在有希望的选择方案清单。选择的因素包括个人的职业价值观、兴趣、能力、工作环境、培训时间、工作时间、人际关系类型等。

（2）根据重要性排列这些因素。按照个人对各个因素的重视程度给这些因素排序，以便在序列排除时能根据因素的重要性依次进行评估与删除，即先基于最重要的因素评估每个选项，再基于次要因素评估每个选项，以此类推，这样就可以缩小选择范围。

（3）确定最重要方面的可接受水平的范围。确定最重要方面的可接受水平的范围是一个个人偏好和权衡的过程。以下是一种可能的方法来确定这个范围：①确定最佳水平：首先，考虑每个最重要的因素，并确定你认为是理想或最佳的水平。这是你所追求的目标或期望的水平。②额外的、次级渴望的水平：然后，对于每个因素，考虑在最佳水平之外的其他可能水平，这些水平可以被视为额外的、次级渴望但仍可接受的水平。这些水平可能不完全符合你的期望，但仍然是可以接受的。需要强调的是，可接受水平的范围是相对而言的，取决于个人的价值观和偏好。某个水平可能在一个人看来是最佳的，但在另一个人看来只是可接受的。因此，每个人都应根据自己的需求和目标来确定适合自己的可接受水平。需要注意的是，确定最重要方面的可接受水平的范围是一个主观判断的过程，它可能会随着时间、经验和情境的改变而有所调整。因此，建议在进行职业决策时保持灵活性，根据实际情况进行评估和调整。

（4）将个人可接受水平的范围与有关职业方案的特性水平进行比较。序列排除过程如下：列出所有潜在的职业方案，然后将它们的特点与个人偏好进行比较。首先排除在最重要的方面上与个人偏好不符的方案。在其他方面上，这个过程被反复进行，直到剩余选择方案的数目在可操作的范围内。

（5）敏感性分析。检查筛选结果对偏好中的可能变化的敏感性，这一步骤包括再次检查排除阶段的输入、输出等步骤。检查被报告的偏好是否仍然是可以接受的，还是更希望改变它们；分析为什么某些在系统搜寻前被个人直觉地认为是有吸引力的方案而在序列排除过程后被删除了；找出那些仅仅因为一个方面上的不一致而被剔除的方案，检查关键方面信息的有效性，并且考虑可不可能在这个关键方面上折中一下。包括重新检查预先筛选阶段的输入及结果。

第二步是深度探索。对有希望的方案清单进行深度探索，目的是选择既有前景又适合自己的选择方案。如图 5-7 所示，首先要确认方案与个人偏好是否相符，即在个人认为最重要的因素上检验该方案与个人偏好的符合程度。其次要确保个人也符合方案的要求，即在次要因素上检验该方案与个人偏好的符合程度。"有可能的方案清单"都是在排除阶段的筛选后留下的，它们在重要的因素上多少和个人偏好相符合。在深度探索阶段，随着更多的、更具体的信息被得到，个人偏好是会被调整的。另外，个人满足特定方案要求的程度，也包含两种适合的条件。一种是考查个人是否符合该方案核心因素的要求。另一种是确认实现该方案的可能性，一方面考虑个人过去的教育背景、实践经验等，另一方面要考虑每个有可能方案的先决条件（如最低的从业资格）。最后，希望个人能通过自己的努力来提高实现某个有希望方案的可能性。

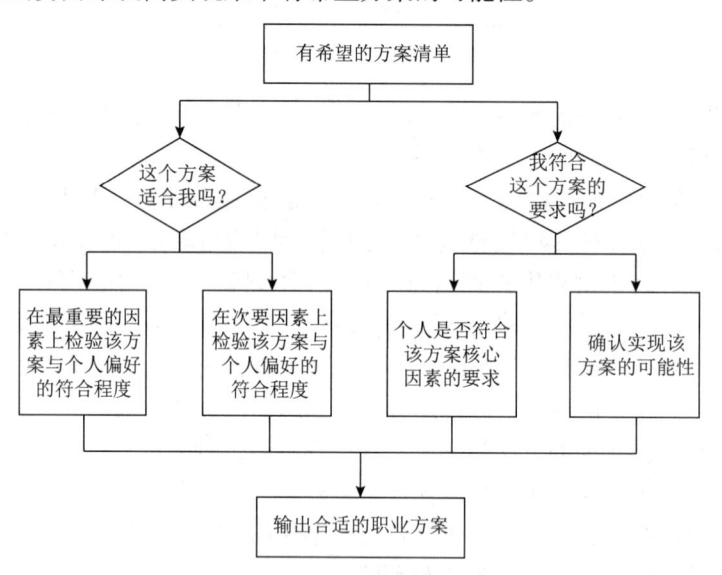

图 5-7　深度探索阶段模型图

第三步是挑选。这一阶段的目的在于选择一个充分考虑到个人偏好、能力的最合适的方案，如果可能，要选择一个备选方案，被选择的方案能够对其不确定性进行比较准确的预测。一般经过深度探索阶段，可能产生两种结果：个体获得一个确定的适合自己的职业，或者获得两个以上的可选的合适自己的职业。前者不需要个体再进行选择，直接进入执行阶段即可。但后者则要求个体将这些职业进行对比，平衡它们的利弊，选出一个最适合自己的职业。如果个体不满意自己的选择，那么就需要重新进入决策过程，直到选出最适合自己的职业。

PIC 模型作为一个动态的、灵活的决策模型，它已允许个体从不同阶段进入决策过程。例如，会计专业的小李已经获得一组可以选择的职业，包括四大会计师事务所[①]的审计、外商投资企业的财务、银行的管理培训生，那么他就无须经过排除阶段，而可以直接进入深度探索阶段和挑选阶段。

PIC 模型作为一个职业决策规范化的模型，有很多优点，但也必须承认，该模型是纯粹从认知的观念出发来处理职业决策的，往往忽视来自职业决策中的情感因素。

生涯行动　完成毕业前的决策项目分析

现在我们已经了解了理性决策的相关知识，就让我们认真思考，运用所学的知识把表 5-2 补充完整吧！

表 5-2　毕业前需要做的几项决策

决策项目		选择的原因及有意义的信息
1. 毕业时的第一选择	①专升本　②考公务员　③考大学生村干部　④当兵　⑤创业　⑥直接就业　⑦其他（请在此空格中说明：　　　）	
2. 意向就业专业	①本专业对口就业　②跨专业就业（请说明何专业：　　　）　③什么专业都行	
3. 意向就业区域	①昆明　②地州（请说明具体意向地州：　　　） ①省内　②省外（请说明具体意向省份：　　　）	
4. 意向就业单位性质	①国家机关　②事业单位　③国有企业　④民营企业　⑤外商投资企业　⑥其他	
5. 意向就业单位规模	①大　②中　③小	
6. 意向岗位类型	①技术岗　②管理岗　③"双肩挑"岗位	
7. 能接受的最低入职岗位	①流水线工人　②技术员　③办公室文员　④其他（请说明：　　　）	
8. 能接受的最低实习工资	①1000 元及以下/月　②1001～2000 元/月　③2001～2500 元/月　④2501～3000 元/月　⑤3001～3500 元/月　⑥3501～4000 元/月　⑦4001～4500 元/月　⑧其他（请说明：　　　）	
9. 能接受的最低正式工资	①2000 元及以下/月　②2001～3000 元/月　③3001～4000 元/月　④4001～5000 元/月　⑤5001～6000 元/月　⑥其他（请说明：　　　）	
10. 初次就业你最看重	①报酬　②发展前景　③其他（请说明：　　　）	

---

① 四大会计师事务所是指世界上最著名的四家会计师事务所，包括普华永道（PwC）、毕马威（KPMG）、安永（EY）和德勤（Deloitte）。

任务二　理性最优解——生涯决策平衡单

体验活动　帮小静做出理性决策

小静运用认知信息加工理论对自己进行了分析，大致明确了自己的五年职业目标是项目经理，大学目标是专升本，也确定了两个比较符合自己兴趣且未来就业前景还不错的专业：一个是跨专业（财务管理）专升本，一个是本专业（建筑工程）专升本。小静想知道到底应该选择哪个专业专升本更加适合自己。她想做一个理性的决策，你将如何帮助她？

知识链接　生涯决策平衡单

一、什么是生涯决策平衡单

1977年，美国心理学家詹尼斯和曼首次设计出"决策平衡单"，它就是基于卡茨职业决策理论的简单易行的生涯决策技术，经常被应用于问题解决模式和职业咨询中，用于协助个体系统地分析每一个可能的选项，判断分别执行各选项的利弊得失，然后依据其在利弊得失上的加权计分排定各个选项的优先顺序，以执行最优先或偏好的选项。生涯决策平衡单是面临两个及以上选项时帮助我们平衡多个选项利弊的一种方法。它把你认为影响决策的最重要的条件一一罗列出来并根据你心目中的重要性来打分，以此帮助你做出最终选择。

二、生涯决策平衡单在决策中的应用

生涯决策平衡单将重大事件的思考方向集中到四个主题上：①自我物质方面的得失；②他人物质方面的得失；③自我赞许与否；④社会赞许与否。

2007年，金树人在《生涯咨询与辅导》一书中将"自我赞许与否"和"社会赞许与否"改为"自我精神方面的得失"与"他人精神方面的得失"，即从以"自我—他人"，和"物质—精神"所构成的四个范围来考虑，如图5-8所示。

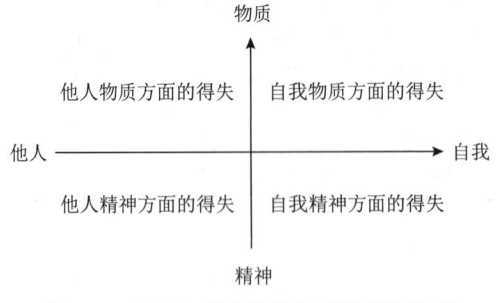

图5-8　生涯决策平衡单考虑因素的维度

在这四个维度上细化具体因素,即可形成职业生涯决策平衡单(表 5-3)。

表 5-3 生涯决策平衡单(模版)

考虑因素		重视程度（权重）（1~5）	选择一：_____		选择二：_____	
			分数(-10~+10)	加权分数	分数(-10~+10)	加权分数
自我物质方面的得失	1. 收入					
	2. 工作的难易程度					
	3. 升迁的机会					
	4. 工作环境的安全					
他人物质方面的得失	1. 家庭经济					
	2. 家庭地位					
	3. 与家人相处的时间					
	4. 其他					
自我精神方面的得失	1. 生活方式的改变					
	2. 成就感					
	3. 自我实现的程度					
	4. 兴趣的满足					
他人精神方面的得失	1. 父母					
	2. 师长					
	3. 配偶					
	4. 其他					
总分						

生涯决策平衡单可以帮助我们具体地分析每一个可能的选择方案,考虑各种方案实施后的利弊得失,最后排定优先顺序,择一而行。生涯决策平衡单的使用步骤如下。

第一步：在第一行列出可选职业目标的方案。

第二步：在"考虑因素"一列中,根据个人关注的内容,填入在选择中需要考虑的因素(以上表格所列项目仅为参考范例,个人可根据实际情况罗列)。

第三步：将表中的各项加权打分。

(1)根据各方案具有的优点(得分)、缺点(失分)来考量,给出每个项目的得分或失分,计分范围为-10~+10分。

(2)给每个"考虑因素"赋予权重：但重要性因人、因时、因地而异,因此你可以根据考虑因素的重要性与迫切性,乘上权数。

第四步：合计每个方案的优点总分和缺点总分,正负相加,算出得失差数。对所有方案的得失差数进行比较和排序,分数高者为最优。

注意的是,使用生涯决策平衡单是以几种可能的选择方案为前提的,按照步骤,针对每个选择方案自问自答,以考虑、分析其利弊得失。

视频课程 生涯决策平衡单的解读

案例

小静的生涯决策平衡单

根据所学知识，小静做出了自己的生涯决策平衡单（表5-4）。

表5-4 小静的生涯决策平衡单

考虑因素		重视程度（权重）（1~5）	选择一[本专业（建筑工程）专升本] 分数（-10~+10）	加权分数	选择二[跨专业（财务管理）专升本] 分数（-10~+10）	加权分数
自我物质方面的得失	1. 收入	5	10	50	6	30
	2. 工作的难易程度	3	6	18	8	24
	3. 升迁的机会	5	10	50	5	25
	4. 工作环境的安全	4	6	24	8	32
	5. 休闲的时间	3	6	18	8	24
	6. 生活变化	3	6	18	8	24
	7. 对健康的影响	3	6	18	8	24
	8. 就业机会	4	8	32	8	32
	9. 其他					
他人物质方面的得失	1. 家庭经济	5	10	50	6	30
	2. 家庭地位	5	8	40	8	40
	3. 与家人相处的时间	3	6	18	8	24
	4. 其他					
自我精神方面的得失	1. 生活方式的改变	3	6	18	8	24
	2. 成就感	4	8	32	6	24
	3. 自我实现的程度	4	8	32	6	24
	4. 兴趣的满足	3	6	18	8	24
	5. 挑战性	3	8	24	6	18
	6. 社会声望的提高	3	8	24	6	18
	7. 其他					

续表

考虑因素		重视程度（权重）(1~5)	选择一 [本专业（建筑工程）专升本]		选择二 [跨专业（财务管理）专升本]	
			分数(-10~+10)	加权分数	分数(-10~+10)	加权分数
他人精神方面的得失	1. 父母	4	8	32	8	32
	2. 师长	2	4	8	4	8
	3. 配偶	4	6	24	6	24
	4. 其他					
总分				548		505

通过制作生涯决策平衡单，小静明确了在本专业内专升本攻读建筑工程专业的选择。

生涯行动　制作我的生涯决策平衡单

相信你也和小静一样对未来的职业有着很多的想法，如果你面临着两个以上的选择，那么请用生涯决策平衡单（表5-5）来做出理性决策。

表5-5　我的生涯决策平衡单

考虑因素	重视程度(1~5)	选择一（　　）		选择二（　　）		选择三（　　）	
		分数(-10~+10)	加权分数	分数(-10~+10)	加权分数	分数(-10~+10)	加权分数
总分							

任务三 助力目标实现——SWOT分析法

体验活动 小静应该如何实现目标

小静运用生涯决策平衡单得出了最适合自己的大学目标是在本专业进行专升本攻读建筑工程专业。现在目标已经确定了,小静应该如何实现它?你有具体的建议提供给小静吗?

知识链接

一、SWOT分析法

SWOT是英文单词strengths(优势)、weaknesses(劣势)、opportunities(机会)、threats(威胁)的首字母组合。SWOT分析法又称态势分析法,它是由旧金山大学的管理学教授于20世纪80年代初提出来的,主要用于战略分析领域。所谓SWOT分析法,就是将与研究对象密切相关的各种主要内部优势、劣势、机会和威胁等,通过调查列举出来,并依照矩阵形式排列,然后用系统分析的思想,把各种因素相互匹配起来加以分析,从中得出一系列相应的结论,而结论通常带有一定的决策性。其中,S、W是内部因素,O、T是外部因素。SWOT分析法的分析方式如图5-9所示。

一般来说,在使用SWOT分析法进行职业决策时,需通过以下两个步骤。

(一)分析评估自己的优势和劣势

首先,把自己感兴趣的职业一一列出,然后基于列出的职业分析评估自己的优势和劣势,在分析有可能实现弥补的劣势基础上,放弃那些自己不可能擅长的方面。常见的优势有:丰富的工作或实习经验;优良的教育背景;丰富的专业知识和技能;特定的可转移技巧;正面的人格特质;有一定的社会关系网络。常见的劣势有:缺乏工作经验;毕业于一般学校;缺乏专业知识;领导能力、沟通能力和合作能力较差;负面的人格特质;缺乏人脉。

(二)分析外部环境存在的机会和威胁

个体感兴趣的目标职业都存在于宏观的社会与经济环境和中观的行业环境之中,其所面临的发展机会和客观威胁会有所不同。而这些机会和威胁会影响个体的职业生涯发展,找准并全面列出这些外部环境存在的机会和威胁,才能做出客观、合理的职业决策。

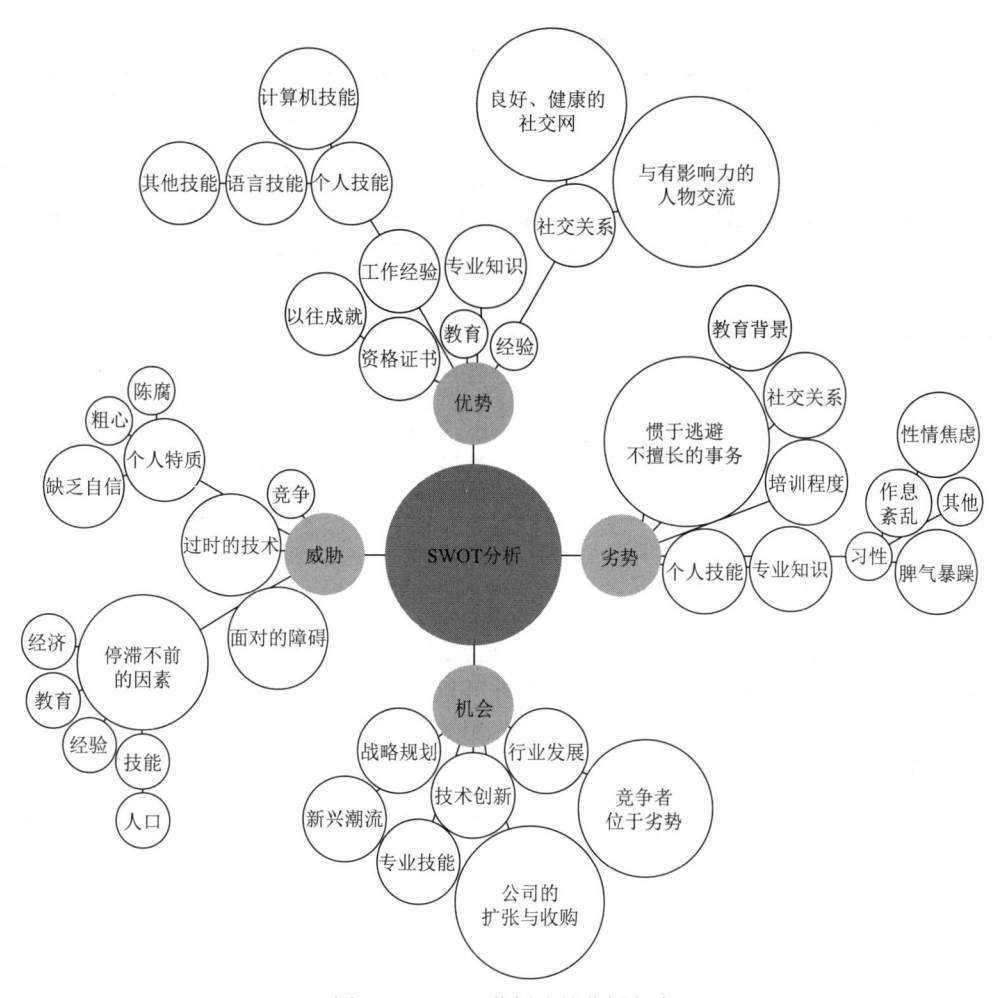

图 5-9　SWOT 分析法的分析方式

常见的机会有：市场需求量大、用人标准由学历导向转为能力导向、政策利好和行业发展前景好等。常见的威胁有：人才竞争激烈、门槛不断提高、工作经验要求高、政策风险大和职业晋升发展的通道少等。

二、构造 SWOT 矩阵

根据 SWOT 分析法的分析结论，还可以将问题按照一定的标准（如轻重缓急、严重程度、重要程度或影响程度）对其各项内容进行排序，构建出 SWOT 分析的信息矩阵。一般来说，我们需要把那些主要的、紧迫的、有直接影响的内容信息排在前面，把那些次要的、不紧急的、有间接影响的内容信息排在后面。SWOT 矩阵如表 5-6 所示。

表 5-6　SWOT 矩阵

内部因素	外部因素
优势	机会
个体可控并可利用的内在积极因素，如丰富的工作经验、优良的教育背景、丰富的专业知识和技能、特定的可转移技巧（如沟通、团队合作、领导能力等）、正面的人格特质（如自我约束力、创造性、乐观等）、广泛的个人关系网络	个体不可控但可利用的外部积极因素，如就业机会增加、再教育的机会、专业晋升的机会、专业发展带来的机会、职业道路选择带来的独特机会
劣势	威胁
个体可控并努力改善的内在消极因素。如缺乏工作经验、学习成绩差、专业不对口、缺乏专业知识、领导能力、人际交往能力、沟通能力和团队合作能力较差、负面的人格特征（缺乏自律、缺少工作动机、害羞、情绪化等）	个体不可控但可使其弱化的外部消极因素，如就业机会减少、由同专业毕业生带来的竞争、缺少培训造成的职业发展障碍、工作晋升机会十分有限或者竞争激烈、专业领域发展有限

三、制定 SWOT 行动策略

通常而言，当做出最终职业决策、选定职业方向后，利用 SWOT 矩阵制定行动策略，主要有四种：①充分利用自我内部优势与外部机会的 S—O 策略：扬长发展，抓住机会，竞争发展；②充分发挥自我内部优势、规避外部威胁的 S—T 策略：深入分析，合理规划，动态调整；③补足劣势、应对机会的 W—O 策略：提升自我，把握机会，重在发展；④规避或消除自我劣势与外部威胁的 W—T 策略：客观分析，理性选择，跨越障碍。

案例

学习了 SWOT 分析法的相关知识，小静针对本专业专升本的目标进行了认真的分析（表 5-7）。

表 5-7　小静的 SWOT 矩阵分析表

小静未来两年的目标：成功专升本——建筑工程专业			
		机会（opportunities）	威胁（threats）
环境分析		（1）学校重视专升本的升学率，基础课和专业课都能找到相应的指导老师。 （2）本科毕业生就业面更广，职业上升通道更顺畅	（1）本专业的大部分同学都选择专升本，竞争压力大。 （2）专升本毕业后同样面临激烈的就业竞争
优势（strengths）		优势—机会策略（S-O）	优势—威胁策略（S-T）
	（1）性格沉稳、安静，能够静下心来学习。 （2）学习能力强	（1）积极与相关老师对接，获得一手学习资源，参加辅导班。 （2）了解本行业需要的资格证书，积极考证	减少不必要的活动，把更多的时间和精力放在学习上

续表

劣势（weakness）	劣势—机会策略（W-O）	劣势—威胁策略（W-T）
（1）加重家庭经济负担。 （2）性格偏内向。 （3）对建筑工程专业不甚了解	积极寻找兼职机会，如打假期工等，并做好财务管理，合理用钱	（1）认真对待专业实习及顶岗实习，提升专业技能。 （2）要有意识地关注建筑工程专业可就业岗位，对照岗位要求提升自己的综合素质

基于上述 SWOT 行动策略分析，小静现在需要做的事情是（按重要程度排序）：
（1）针对专升本考试科目制订学习计划，合理安排每一天的时间。
（2）制订一份财务计划，开源节流。
（3）查阅建筑工程专业可就业岗位，对照岗位要求分析自己的优/劣势，有意识地锻炼、提升自己所欠缺的方面。

生涯行动 针对你毕业两年后的职业目标，完成你自己的 SWOT 矩阵分析表

针对你毕业两年后的职业目标，制定自己的 SWOT 矩阵分析表（表 5-8）。

表 5-8 我的 SWOT 矩阵分析表

我毕业两年后的目标：

	机会（opportunities）	威胁（threats）
环境分析		
优势（strengths）	优势—机会策略（S-O）	优势—威胁策略（S-T）
劣势（weakness）	劣势—机会策略（W-O）	劣势—威胁策略（W-T）

基于上述 SWOT 行动策略分析，我现在需要做的事情是（按重要程度排序）：

任务四　打破非理性的信念

体验活动　小李的非理性信念

小李是某职业院校智慧健康养老服务与管理专业大三的学生。他认为毕业后自己很难找到工作，因为自己的专科学历太低。要想找到好工作，自己就必须考上本科，如果没有考上，自己的前途就毁了。你认为小李的想法对吗？

分析：小李的想法是错误的。《中华人民共和国职业教育法》（2022年修订）明确了职业教育与普通教育同等重要的教育地位，从法律层面提高了技能型人才的法律地位和职业待遇，提升了职业教育的社会认同度。国家重视高素质技能型人才的发展，提出要持续培养更多高素质技术技能人才、能工巧匠和大国工匠。小李必须考上本科的信念是带有社会偏见的信念，是非理性的信念。这种"唯学历论"的非理性信念会影响小李的自我认知和判断。一旦信念无法达成，就会给个人带来情绪上的困扰，还会阻碍个人正常的职业生涯发展与就业行为。

思考：在你平时的学习生活中，有没有类似阻碍你行动的一些想法，请你罗列一下。

_____
_____
_____
_____
_____

知识链接

一、职业生涯决策中的非理性信念

（一）什么是非理性信念

非理性信念来源于阿尔伯特·艾利斯（Albert Ellis）的理性情绪行为治疗法。艾利斯认为，人的情绪和行为不是由缘起事件直接导致的，而是由经历这一事件的个体对它不正确的认知和评价引起的。金树人在《生涯咨询与辅导》一书中提出"所谓生涯信念，是一组对自己，以及对自己在工作世界未来发展的综合性假设。这些假设会影响个体的生涯选择行为"[①]。结合两位学者的观点，在本教材中，我们可以这样定义：职业生涯

---
① 金树人. 生涯咨询与辅导. 北京：高等教育出版社, 2007.

的非理性信念是对自己在工作世界未来发展的不合理、不符合逻辑,甚至与事实不符合的一些想法。非理性信念的表现形式千变万化,了解非理性信念的共同性,有助于个人对非理性信念有更好的认识。

(二)非理性信念的共同性

非理性信念的共同性主要表现在以下三个方面。

第一,过度概括,以偏概全,将单一的经验推展到全部的人或事。例如:"我爸爸做了一辈子公务员,他每天的工作很清闲,别人也很尊重他。所以,公务员是最稳定和最体面的工作。""我的数学不好,我是无法在金融界工作的。"

第二,绝对化要求,二元思维,非此即彼。例如:"我是名校热门专业毕业生,应该得到一份高薪工作。""必须收集到所有的信息,才能做决定。""如果找不到我喜欢的工作,宁可不工作。""一定要避免失败的风险,确保万无一失。"

第三,结果糟糕至极,夸大主观感受。例如:"如果第一份工作选错了,我这辈子就完了。""如果找不到与专业对口的工作,这么多年学习的东西就全部浪费了。""如果选择这个工作,我的同学和老师会笑话我,我会一辈子抬不起头来。"

(三)职业生涯决策中存在的非理性信念

(1)一旦下了决定就不能再改变。
(2)每个人终生只能有一个适合的职业。
(3)不能做出决定,说明自己不够成熟。
(4)我会按照家人或者老师的期待去做出决策。
(5)只要有兴趣,我就一定能成功。
(6)我的决策必须是十全十美的。
(7)世界变化太快,"计划未来" 没有意义。
(8)工作是实现自我的唯一途径。
(9)身为男人/女人,我应该做……
……

> **活动**
>
> **反思你的职业生涯决策**
>
> 通过回答以下6个问题,反思你的职业生涯决策的质量如何。
> (1)你是否使用了一系列的职业决策方法来找出多种可能的职业选择?
> (2)你是否已经仔细探索并研究了你的最终职业选择,包括它们所体现出的价值观以及所要求的技能?
> (3)你是否对选择职业目标的前景的正面和负面后果都进行了仔细的衡量?
> (4)你是否广泛收集了最新的信息来进一步评价和衡量自己的职业选择?

（5）你是否实事求是地对职业选择时他人（老师、家长、专家等）的意见做了综合分析，特别是那些反对或不支持的意见和信息？

（6）你是否已做出详细的计划来实现自己的首要职业选择？当第一选择风险太大或不可实现时，是否还有第二选择来代替它？

二、打破非理性信念的方法

第一，句子改写。辨识出消极和非理性信念之后，我们可以对此提出挑战，通过句子改写法，将非理性信念置换为更积极的信念。可以借助教练培训学院（Coaches Training Institute，CTI）[①]组织制作的工作手册对句子进行改写。CTI工作手册里提供了对阻碍职业生涯决策的非理性信念的转换练习（表5-9）[②]。我们可以通过这些例子对个人的信念进行检视，在咨询师或者重要他人的帮助下，进行句子改写，试着用新的视角去看待职业生涯问题与决策制定。

表 5-9　职业生涯决策过程中的典型信念与想法

职业生涯决策领域	不合理陈述	句子改写
职业认知	几乎所有的职业信息都倾向于让工作"看起来不错"	一些职业信息的确会使某一职业"看上去不错"，然而说大部分职业信息都是如此，未免有夸大之嫌。职业信息也许在好和坏两个方向上都有偏差。助人的专业人员，比如咨询师能帮我确定各种信息来源的质量好坏。重要的是，要评估每条信息的来源和目的，确定它对我的职业生涯决策是否有用
自我认知	没有一个学习或工作领域是我感兴趣的	我可能还不能完全确定我所喜欢和不喜欢的。也许我需要更多的生活经验来让我真正了解自己的兴趣所在。我可以通过各种全职或兼职的工作、志愿工作或业务活动来获取更多的生活经验
沟通	我对选择学习领域和职业领域感到如此灰心，以至于我无法开始这个过程	承认我为决策制定而感到灰心，这点对我来说很重要。但是，从长远来看，对此什么也不做不是个好主意。我也许需要为这种沮丧的情绪寻求帮助，或是采取一些具体的步骤来获取所需的信息，以启动决策过程
分析	我永远不能充分地了解自己以便做出良好的职业生涯决策	我在进行职业生涯决策时，了解我的价值观、兴趣和性格对我而言非常重要。在做好的职业生涯选择之前我必须完全了解自己，这种想法可能会令我感到泄气，甚至令我更不可能认真思考各种选择。然而，经历这一职业生涯选择的过程将真正帮助我更好地了解自己。有很多资源都能帮助我获得关于自己的足够信息，从而至少知道在职业生涯决策过程中下一步该怎么走
综合	我想不出有什么学习领域或职业领域会适合我	此刻，我感到很沮丧，这可能会让我放弃探索和发现一切适合的选择。相反，假如我认为可能找到适合的选择，那我也许就会放开自己去探索和发现适合自己的学习或职业领域
评估	我生活中重要他人的观点会影响我对学习领域或职业生涯的选择	我生活中重要他人的观点能轻易使我对学习领域和职业的选择复杂化。我从重要他人那里获得的信息有些可能有用，但他们的其他看法则使我更困惑和不确定。然而，无论我从别人那里获得什么样的建议，最终我才是那个要为自己的生涯选择负责且有能力做出选择的人

[①] 教练培训学院成立于1999年，由一小群希望改变慢性病和危重病患者生活的创新思想家组成。

[②] 罗伯特·里尔登，珍妮特·伦兹，小詹姆斯·桑普森，等. 职业生涯发展与规划. 3版. 侯志瑾，等译. 北京：中国人民大学出版社，2010：72-75.

续表

职业生涯决策领域	不合理陈述	句子改写
执行	我知道我自己想做的事，但我无法制订计划来实现	在我知道自己想做什么之后我已经在完成职业生涯规划的道路上取得了很大的进步。我对下一步还不很确定，这表明我需要寻找职业生涯规划方面的信息，或者我需要寻找一个能胜任的人帮我制订一个计划，那样我就能达到目标
执行加工	当我必须做出决策时，我会变得很焦虑，以至于我无法思考问题	许多人在制定重大决策时都焦虑。焦虑的确不能使思考变得清晰。然而，放弃做决策或依赖他人做决策对我来说不是好主意。有能胜任的人来帮助我，我就能获得所需要的信息并且学会如何进行职业生涯决策

第二，加强自我对话训练。当熟悉了非理性信念的共同性与表现形式后，我们就可以及时注意到个人的非理性信念，一旦出现非理性信念，就及时控制，进而变化成积极的方式与自我进行对话。积极的描述会唤醒正向的思维，激发行动，从而提高决策质量。习惯于非理性信念的人，开始使用积极对话并不容易。你可以试着大声吟唱一首曾经给自己带来快乐或鼓舞的歌曲，当那些有活力、有激情的歌词走入你心田的时候，就如同一次积极的自我对话。

第三，发展自我控制术，对不良情绪和行为加以控制。比如，当有人不断挑衅你，决定引起你的愤怒时，可以先做几下深呼吸，不让愤怒的语言脱口而出；当你参加面试感到紧张时，可以在头脑中对面试过程进行预演，事先想象你可能会遇到的棘手问题，以及你将采取的处理措施。

案例分析

小伊在一家私营公司担任了两年的办公室专员。现在，小伊觉得这份工作不再具有挑战性，因此她想竞选办公室管理的职位。然而，小伊缺乏处理复杂的、重要问题以及更多困难事件的经验，因为办公室专员的职位并没有为她提供这样的机会。

小伊虽然想竞选办公室管理的职位，但她总是想：作为一个没有管理经验的人，别人会相信我吗？会认为我没有经验以致做不好管理工作吗？我真的要竞选管理职位吗？阻碍她担任办公室管理职位的不是别人，而是她自己和她的非理性信念。事实上，管理并不神秘和复杂，它是可以被观察、分析和学习的。

小伊认为有两种方法可以晋升到管理职位：一是在本公司努力工作，表现出色，获得晋升；二是从大公司转到小公司的管理职位。但同时小伊认为，她现在的上司非常优秀，如果没有合适的机会，自己很难晋升。事实上，这仍然是一种非理性信念。因为别人的优秀，小伊就提前否定了自己。小伊的非理性信念阻碍了她的职业发展。

思考：如果小伊想得到一份管理类工作，那么她应该怎么做呢？

生涯行动　改写非理性信念

反思你个人决策时的非理性信念，用句子改写法将你的非理性信念置换为更积极的信念。

你的非理性信念	句子改写

学习总结

在完成本项目的学习后，小静了解了自己的决策风格，运用认知信息加工理论和 CASVE 循环模型对自己进行了分析，最终确定了自己的目标是专升本，毕业五年后的职业目标是成为项目经理。到底是在本专业专升本还是跨专业专升本呢？小静通过制作生涯决策平衡单分析出本专业专升本更适合自己，于是做出了理性最优解的决策。为了实现自己的目标，助力目标的实现，小静运用 SWOT 分析法分析评估了自己的优势、劣势，外部环境存在的机会、威胁，基于对 SWOT 分析，找出了自己现在需要做的事情，并按重要程度进行了排序。在确立职业目标的过程中，小静反思了自己的职业生涯决策，发现自己在生涯决策中存在一些阻碍自己行动的想法，于是使用句子改写法帮助自己打破了非理性信念。小静确立了自己的职业目标，解答了"我该选择哪一个作为自己的职业目标呢"的困惑，内心坚定且充满力量。

推荐阅读

〔美〕悉尼·芬克斯坦，〔英〕乔·怀特海，〔英〕安德鲁·坎贝尔. 避开错误决策的 4 个陷阱. 景婧，郑赛芬译. 南昌：江西人民出版社，2016.

项目六　绘制生涯路线图

学习目标

知识目标：了解学涯路线和职业生涯路线的概念及绘制方法；了解目标分解的方法与有效目标设定的原则；了解行动计划的要素与行动计划制订的方法。

能力目标：能够使用生涯目标分解法、鱼骨图法分解学涯目标，绘制学涯路线图；能够根据生涯发展阶段，使用典型职业生涯路线图，绘制学涯路线图。

素质目标：树立对大学生涯、职业生涯的积极期待；展现主动意识，保持不懈的奋斗精神。

生涯名言

不积跬步，无以至千里；不积小流，无以成江海。

——荀子

生涯困惑

适合自己的才是最好的选择。经过前面的分析，小静觉得自己不再迷茫了，因为她看到了自己的未来——本专业专升本，本科毕业五年后做项目经理。但想到自己离职业目标的要求差距甚远，小静又有些惶恐。自己似乎想做很多事，可又不是那么清晰。如何行动才能实现自己的学业目标和职业目标呢？怎样才能在忙忙碌碌的大学生活中不偏离自己的方向呢？小静感受到一丝苦恼……

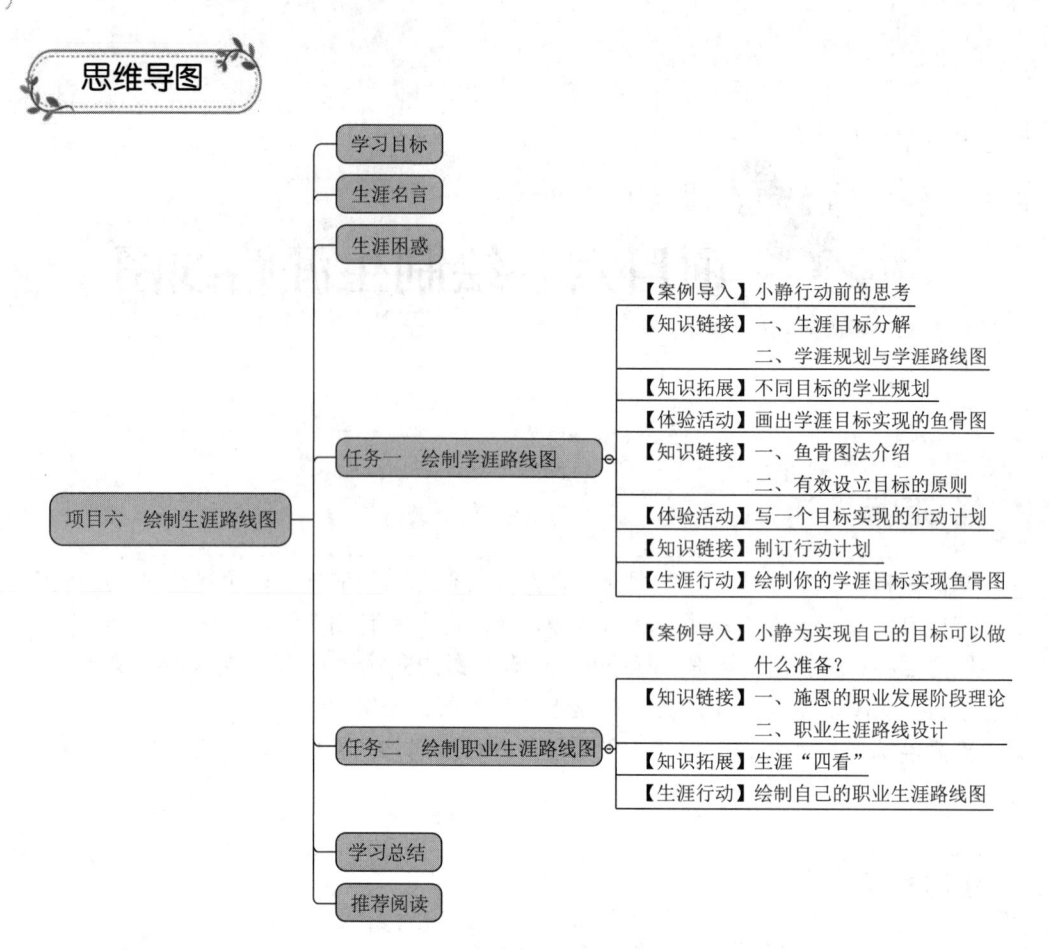

思维导图

项目六 绘制生涯路线图
- 学习目标
- 生涯名言
- 生涯困惑
- 任务一 绘制学涯路线图
  - 【案例导入】小静行动前的思考
  - 【知识链接】一、生涯目标分解
    二、学涯规划与学涯路线图
  - 【知识拓展】不同目标的学业规划
  - 【体验活动】画出学涯目标实现的鱼骨图
  - 【知识链接】一、鱼骨图法介绍
    二、有效设立目标的原则
  - 【体验活动】写一个目标实现的行动计划
  - 【知识链接】制订行动计划
  - 【生涯行动】绘制你的学涯目标实现鱼骨图
- 任务二 绘制职业生涯路线图
  - 【案例导入】小静为实现自己的目标可以做什么准备？
  - 【知识链接】一、施恩的职业发展阶段理论
    二、职业生涯路线设计
  - 【知识拓展】生涯"四看"
  - 【生涯行动】绘制自己的职业生涯路线图
- 学习总结
- 推荐阅读

任务一　绘制学涯路线图

案例导入　小静行动前的思考

小静已经决定大三时本专业专升本，本科毕业五年后做项目经理。小静现在有了确定的想法，就是苦恼于不知如何行动。现在，邀请你和小静一块儿思考以下问题。

（1）项目经理的应聘除了学历要求，还有其他要求吗？为此，大学期间，小静还可以做哪些方面的准备？

（2）圆满的大学，除了提升学历外，其他方面小静还可以做什么？

（3）获得本科学历对小静意味着什么，这是不是她真正想要的？（找寻目标的价值）

（4）小静专升本想报考什么学校的什么专业，该校的报考要求是什么，考试科目的要求有哪些？（找到目标实现的限制条件或障碍）

（5）身边有备考的学长、学姐或已成功升本在读本科的朋友吗？（如果没有，去学校的图书馆找）

（6）学长、学姐为升本，都做了什么？（找到目标实现的资源和方法）

（7）从现在开始，小静可以为升本做什么？（投入时间、精力、金钱）

"志存高远"固然重要，但如何脚踏实地地过每一天，将决定高远的志向是否能实现。以上问题是小静在行动前思考的，如果你也有同样的困扰，可以试着寻找这些问题的答案。

知识链接

一、生涯目标分解

（一）生涯目标分解的意义

生涯目标分解是帮助我们在现实环境和美好愿望之间建立起可以拾级而上的通道，可以一直分解到我们知道为实现自己的目标今天要干什么、明天要干什么。如果我们不知道自己应该干什么，那么我们的目标永远只是一个美好的愿望，不可能变成现实。所以，生涯目标分解是实现生涯目标非常重要的方法。

生涯目标分解的真正意义是要找出接近或达到某一生涯目标所需要的条件与现状之间的差距。环境条件和自身条件这两个因素对生涯目标分解有重要的影响。对于大学生来说，自身条件具体可以分为知识能力和素质等。有了对自身以及环境条件的了解之后，我们才可以为自己设计一套适合职业生涯目标的分解方案。而生涯路线图就是为实现生涯目标在人生各个阶段的各方面要达到的具体目标和实施策略，解决的是如何为自身的目标实现铺设道路。

（二）生涯目标分解的原则

生涯目标分解的原则有以下三条。
（1）大目标的实现是以小目标的完成为条件和基础的。
（2）大目标是小目标的长期结果，大目标是由众多的小目标构成的。
（3）小目标的完成之和一定就是大目标的实现。

生涯目标分解范例如图6-1所示。

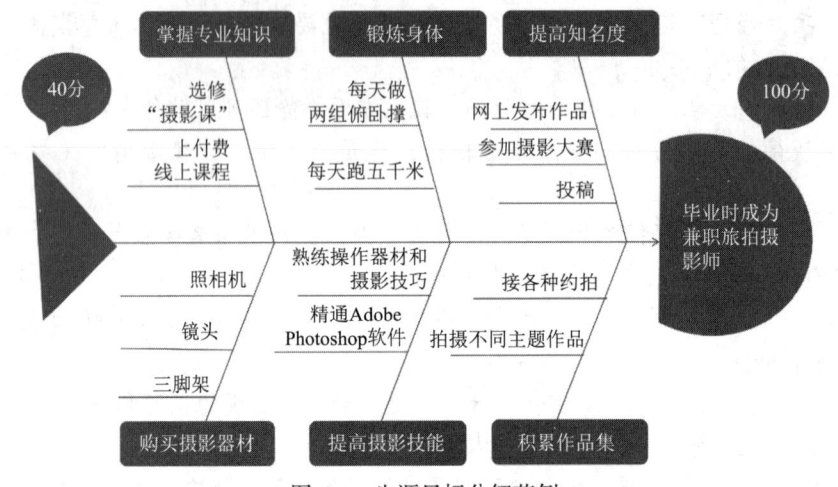

图6-1 生涯目标分解范例

资料来源：云南国土资源职业学院《大学生生涯体验周手册》

（三）生涯目标分解的途径

可以从以下两种途径来分解生涯目标。

1. 按时间分解

按时间分解，生涯目标可分为终极目标（60年后）、远期目标（6~10年）、中期目标（3~5年）、近期目标（1~2年）。近期目标可以细分为本年目标、月目标、周目标和日目标。一般来说，近期目标服务于中期目标，中期目标服务于远期目标，远期目标服务于终极目标。实施目标，通常从具体的近期目标开始。

近期目标的特征：符合实际，具体可行，有明确的完成时间；为长期目标打基础。

中期目标的特征：符合实际，并有创新，具有全局性；有比较明确的语言定量说明，有比较明确的完成时间，并且可以根据环境适当调整。和长期目标一致。

远期目标的特征：非常符合自己的价值观，符合社会发展需求，具有挑战性和长远性，是自己认真选择的。

终极目标是指整个人生的发展目标，时间长达60年左右，取决于一个人的价值观念和知识能力水平,是对环境、企业、自身条件和家庭条件做最大量分析之后得到的结果(图6-2)。

制订目标,以终为始

制订目标
- 终极目标(60年后)
- 远期目标(6~10年)
- 中期目标(3~5年)
- 近期目标(1~2年)
- 本年目标
- 月目标
- 周目标
- 日目标

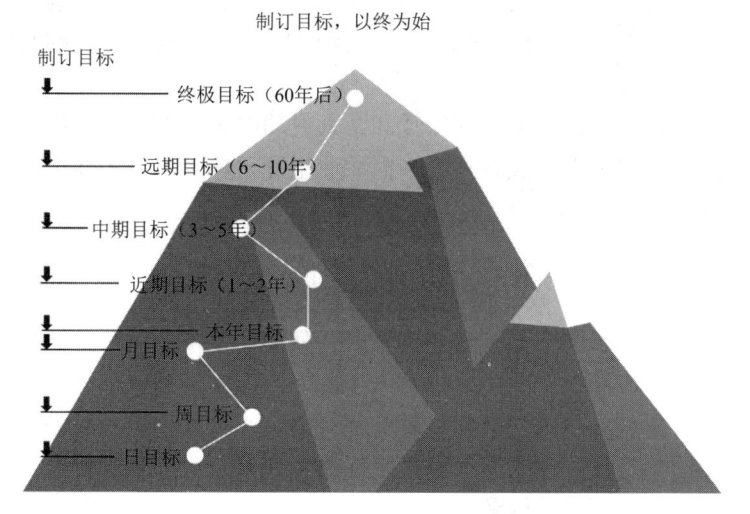

图6-2 生涯目标分解图

2. 按性质分解

按性质分解,生涯目标可以分为外职业生涯目标和内职业生涯目标(表6-1)。

表6-1 内外职业生涯目标举例

分类	细分内容	具体形式	大学期间的体现形式
外职业生涯目标	职务目标	成为经理、销售总监	某级别的学生干部
	工作内容目标	及时满足客户需求	完成学业,获得语言、计算机、专业技能证书,入党,升学
	工作环境目标	拥有独立的办公室	
	经济目标	年薪10万元以上	获得奖学金等奖励
	工作地点目标	城市的核心区域	
内职业生涯目标	观念目标	社会主义核心价值观	对政策的理解,对社会现实的看法,反思价值观、世界观
	工作能力目标	提高表达、组织、沟通能力	能够独自完成演讲,会用各种软件完成任务,承担社团的活动
	工作成果目标	完成课题	获得同学、老师、实习单位的肯定,学习、社团活动有进步
	掌握新知识目标	掌握专业知识和人文知识	扩大知识面,对知识的理解与加深
	心理素质目标	提高承受力、自我调适	充分认识自我,能够应对困难,能接纳和理解自己,协调人际关系

外职业生涯目标侧重于职业过程的外在标记。外职业生涯目标是由别人认可和给予的，也容易被人否认和剥夺。制订外职业生涯目标需注意：职务目标具体化（专业+职务），如常见问题是"五年内成为公司的管理人员"，目标模糊。正确写法是"五年内成为公司的市场开发部经理"。经济目标要有弹性和合理性，如30岁的时候年收入达到15万~20万元。

内职业生涯目标由个体对工作的知觉和个人成功的定义而提出，如个人对职业有兴趣，工作有意义，获得内在的成就感等。内职业生涯目标是每个人通过自己的努力获得的，别人无法夺走。

二、学涯规划与学涯路线图

学涯规划是一个整体的概念，具体到实践，就需要把学业目标分解到各个学业阶段里。有调查显示，不少高校毕业生缺少对人生发展方向的清楚认识和明确的学业规划，不注重专业学习，导致学业收效甚微，就业优势不足，以致很难找到满意的工作，或在工作后频频跳槽，给自己和用人单位都带来损失。在其背后，其实质是大学生在学涯规划和职业生涯规划方面存在着问题。

以学涯规划来帮助大学生明确学业目标，建立自主学习的观念，改善学习方法，提高学习效率。以职业生涯规划来为大学生的未来发展进行策划与设计，实现从学业生涯到职业生涯的顺利过渡，实现学涯规划与职业生涯规划的相互协调与结合。因此，学涯规划要以职业生涯规划为基础，职业生涯规划要以学涯规划为着力点。

学涯路线图则是在大学期间，为完成大学生的生涯发展任务，实现职业目标，以学业为主线，而提出的具体目标和实施策略。

知识拓展　不同目标的学业规划

制定学涯规划前，我们需要对自己进行一个宏观的定向，即自我确定今后的人生发展方向，比如大的范围是从学、从政、从商，还是从事社会服务，越具体的自我人生发展方向，越能够促使自己的学业目标规划具体；一个微观的自我定向，即确定大学毕业后，自己应该做什么，就业、升学还是创业等。

（一）就业型学业规划

就业是指学生在毕业后直接选择进入工作岗位。社会中的就业机会有很多种，通常情况下，学校会举办"双选会"，由应届毕业生和用人单位双向选择，毕业生经过面试后与用人单位签订就业协议，就业协议签订后，毕业生到用人单位参加工作。

（1）提前规划，认识自我。大学生应该为自己做一份在校期间的完整规划，从大一就开始对自身进行规划。在学习、生活中充分认识自己，通过自我分析，针对个人情况制订大学阶段的学习计划。

（2）掌握知识，培养能力。大学生要认真地学习本专业知识，熟练地掌握专业技能，将自己培养成为"一专多能"的复合型人才。

（3）走入社会，尝试应聘。大学生要注重实践活动，加强社会实践能力的培养。同时，还可以参加学校或社会中的招聘，了解社会就业岗位要求，从而对自己理想职业有一个准确定位，对可能遇到的问题提前做准备，为自己的就业路做出有力的保障和正确的指导。

（二）升学型学业规划

许多大学生为了提高自身的就业竞争力，把升学作为毕业后的首要选择。选择升学，大多数是为了提高学历层次，获得更强的就业竞争力和更大的发展潜力、空间和机会，获得更大的人生发展主动权。为了什么而选择升学？这是首先要明确的问题。大学生必须树立正确的升学观，理性升学，合理规划人生，而不能盲目升学。在做选择前，大学生应不断反复追问自己选择升学的目的，三思而行。

一旦选择升学道路，就要进行针对性的准备了。首先制订行动方案。拿出一张纸，记录自己的行动方案，制订自己的计划，把计划分解成若干可执行的步骤，检查每一步骤，校正并改善行动计划。然后，结合专业课的学习，有针对性地为升学进行专业方面的准备。除了课堂上专心听讲，记录笔记，多向老师进行请教外，还可以积极与学长、学姐交流，获取相关经验，少走弯路。确定报考专业及院校后，正确选择参考资料，按照计划开展大学期间的学习、生活。

小贴士

什么是专升本

普通高等教育专科升本科招生考试，简称专升本，是中国教育体制专科层次学生升本科学校或者专业继续学习的考试制度。这一考试在大多数有专升本教学系统的高等教育学校举行，一般每年举行一次[1]。

专升本考试的类型、特点、学习情况和社会认可度对比可见表6-2。

表6-2 不同类型专升本考试对比

类型	特点	学习情况	社会认可度
成考专升本	全国统一入学考试，考试相对容易，录取率较高	录取后学习较容易，一般可获取毕业证，目前已有不少成人学校开始实行注册入学	毕业证盖所学习高校章，证书上显示"成人教育脱产或函授"字样，国家承认学历。在同等情况下，社会认可度低于普高本科和自考本科

---

[1] 杨乐克. 大学生生涯规划与自我管理. 北京：北京理工大学出版社，2020.

续表

类型	特点	学习情况	社会认可度
网络教育专升本	只要具有国民教育专科学历并通过入学测试都可入学	要求必须通过教育部规定的英语和计算机基础统考才能毕业，需要完成相应的学分要求后才能获取学位。学习方式更加灵活，可根据个人的时间和地点安排自主学习，适合有一定自律性和实践管理能力的学生	毕业证盖所学习高校章，证书上显示"网络教育"字样，国家承认，电子注册。在同等情况下，社会认可度低于普高本科和自考本科
自考专升本	全国统一考试，录取难度较大	主要依靠自学，无论考试课/实践课还是毕业论文，只要有一样不及格，就拿不到毕业证。学习难度相对较高，需要学生自觉地进行系统的学习和备考，同时需要克服没有正规教学和班级学习的困难	全国统一考试，毕业证盖主考大学章和省自考委的章，国家承认，在工资、人事待遇、考研究生、考证、考公务员、出国留学、职称评定及其他方面与普通本科具有同等效力
普通专升本	考试录取难度大	学生可以在学校的教学环境中接受系统的课堂教学，并与同学和教师进行互动交流。学习的难易程度相对较低，完成相应学分要求后获取学位	享受与该本科学校学生一样的待遇，毕业证和普通本科略有差异，即专科起点不同，修完两年制本科和高中起点的修完四年制本科的差异。毕业证含金量最高

（三）创业型学业规划

当前，我国处于创业经济的活跃期。越来越多的大学毕业生加入到自主创业的大军中，成为创业洪流中的一员。创业不是一个被动的"等、靠、要"过程，而是主动地自我雇用的过程，它已成为有愿望、有条件、有能力的青年人主动就业的积极选择。然而，真正的创业之路充满艰辛和曲折。在选择创业之前，大学生应针对自己是否具备创业者必要条件做仔细评估，明白自身的优势和劣势。

1. 评估是否具备创业素质和能力

大学生创业者应具备良好的身体素质和心理素质，能够承受高强度体力和精神压力，能够在创业道路上积极进取、顽强拼搏；大学生创业者应具备专业知识、经营管理知识和其他综合性知识，包括政策、法规、工商、税务、金融、保险、人际交往、公共关系等方面；大学生创业者还应具备使命责任、创新冒险、坚忍执着、正直诚信等人格品质，这些人格品质与创业成败息息相关。

2. 明确创业决策

做出创业的决策，应遵循四个原则：①择己所爱，要结合自己的性格、兴趣、价值观来进行决策，创业应该是自己真正感兴趣和乐于选择的，应与自己未来的期望相符合；②择己所长，要选择自己擅长的、有利于发挥自己优势的创业项目进行创业；③择世所需，选择真正有市场需求、真正有社会价值的创业项目；④发展优先，以促进自身的事业发展，推动社会进步的创业项目优先。创业有风险，大学生在进行创业决策时，一定要科学、客观地分析和思考。在创业之前问自己的问题越多,做出的决策越理性;有明确答案而且思路清晰的方法越多,创业的成功概率就越高。

3. 提高创业能力

(1) 学习创业知识。在学习创业知识的过程中,大学生还要学会将学习、思考、实践综合起来,将知识转化为能力,为创业打下坚实的基础。

(2) 加强社会实践。创业者应根据自身条件和专业特点,在培养自己强烈的创业意识、创业精神、认真学习创业知识的基础上,积极参与创业实践活动,提高创业能力。目前,很多高校开展了校企合作,打造了诸如实践基地、创新计划等有利于提高大学生创业能力的平台。创业实践可通过毕业实习、生产实习、毕业考察、求职体验等来完成,也可通过举办创意项目活动、参加创业实践情景模拟和校内外大学生创业大赛等,在实践中提高自己的创业能力。

(3) 咨询创业导师。针对创业问题,大学生可以向有创业经验的老师或创业导师请教,可以选择与有创业经验的亲朋好友交流,还可以通过电话或是社交网络向行业专家咨询相关的创业经验来提高自己的创业能力。

体验活动 画出学涯目标实现的鱼骨图

说明: 参照图 6-1 生涯目标分解范例,分解你的学涯目标,画出你的学涯目标实现鱼骨图(图 6-3)。

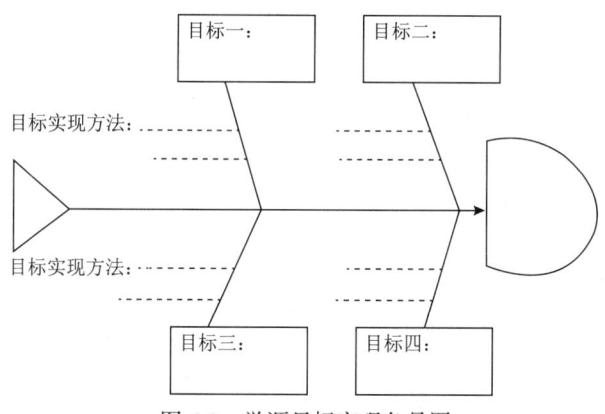

图 6-3 学涯目标实现鱼骨图

步骤:

(1) 鱼头位置是你在大学期间最想实现的一个目标。

(2) 将此目标分解成短期目标,再将短期目标分解成更小的行动。

(3) 在分解的过程中你是否设立了有效的目标?评估鱼骨图中的各个目标,将无效目标转变为有效目标。

> 知识链接

一、鱼骨图法介绍

鱼骨图因形状像鱼的骨架而得名，头尾间用粗线连接，有如脊椎骨。在鱼尾处填写现状，鱼头处填写目标，脊椎处就是实现目标过程的所有步骤。

每想到一个目标，就用一根鱼刺表达，把能想到的目标用不同的鱼刺标出，之后再逐项细化，分别对每个目标进行分析。用鱼刺分支表示每个目标达成的具体步骤，如此地反复推敲后，一张鱼骨图就有了大体框架。针对每个分支填写目标实现的方法。这样就很容易发现，哪些是我们想要实现的目标，又该怎样去实现；哪些是可以在短时间内实现的，在实现的过程中又需要调动哪些资源等。鱼骨图可以用于目标的分解，其基本结构如图 6-4 所示。

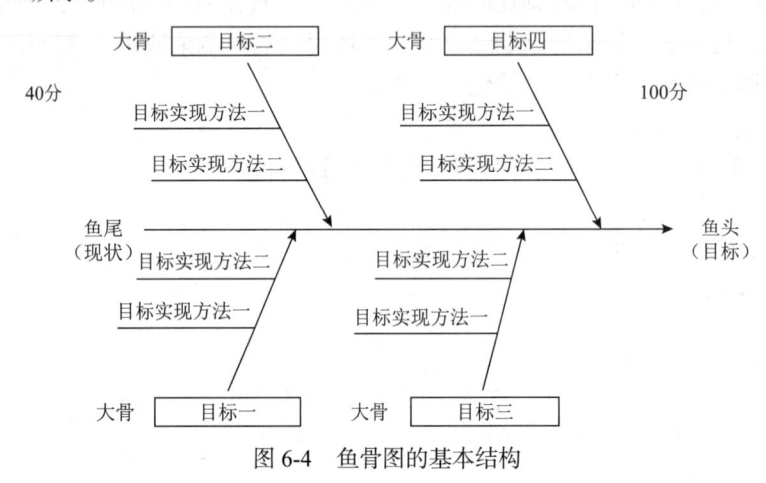

图 6-4　鱼骨图的基本结构

二、有效设立目标的原则

有效的目标必须满足 SMART 原则。

（1）S（specific）：具体明确的，解决"做什么"的问题。用具体的语言清楚地说明要达成的行为标准。

（2）M（measurable）：可衡量的，解决"怎么做"的问题。通常用数字表述，如时间、数量等衡量是否达成目标的依据。

（3）A（attainable）：可实现的，解决"能不能完成"的问题。就是考虑是否具备帮助自己实现目标的条件。

（4）R（relevant）：有意义、有价值的，解决"对不对""值不值""重要与否"的问题。

（5）T（time-bound）：时限性，解决"有没有完成"的问题。

> **小贴士**
>
> **运用 SMART 原则变身为有效目标**
>
> 原有目标：大学期间好好学习英语。
>
> 转化目标：提高英语的听、说、读、写能力，本学期英语词汇量掌握3500个，每天用半个小时时间锻炼英语听、说能力，每周写一篇英语小作文。

体验活动 写一个目标实现的行动计划

从你的学涯目标实现鱼骨图中选择其中一个目标，按照计划的组成要素填写内容（表6-3）。

表6-3　填写你的目标内容

计划细节	目标
何时开始行动	
在哪里行动	
如何行动	
持续多长时间	
备案（如果……那么……）	

知识链接 制订行动计划

一、制订行动计划的作用

制订行动计划的过程是帮助人思考和觉察的过程，行动计划越具体，目标实现的可能性就越大。制订计划有助于人们启动目标，有助于人们坚持不懈地实现目标，有助于人们控制自己的内心状态。

二、制订行动计划的方法——分析差距

实现目标的过程是缩小现实与目标的差距的过程。我们可以从知识、职业素养和工作经验三个角度分析差距从而提出计划。行动计划主要包括学习、做兼职、参加培训和社会实践等项目，以及这些任务完成的时间、效果、途径等。

三、行动计划的要素

好的行动计划包括何时开始行动、在哪里行动、如何行动、持续多长时间、特殊情况的备案，如表6-4所示。

表 6-4 行动计划案例

计划细节	目标：提高英语的听、说能力
何时开始行动	从今天开始到本学期末，每天早上 7 点
在哪里行动	校园栈道
如何行动	大声朗读课本；默读、跟读"学习强国"中"看世界"的音频
持续多长时间	英语课本 20 分钟，学习强国 30 分钟
备案（如果……那么……）	如果遇到雨雪天气，那么改为在教室学习

小贴士

目标一定能实现吗？[1]

为什么设立了某个目标，却没有付出太多努力或半途而废？影响目标实现的主要因素是目标承诺、目标难度、目标反馈和意志力。

目标承诺

目标承诺是指个人达到目标的决心。高度承诺意味着个体愿意把时间、精力、金钱投入到实现目标的过程中，而且在达到目标之前不会放弃。目标承诺与目标的价值和可实现有关系。因此，对于自己想做的每件事，一定问问自己真的是自己想要的吗？有没有实现它的决心。此外，公开目标可以提高目标承诺度。

目标难度

目标难度是指实现目标所需要的知识和技能水平。研究发现，人们更有可能实现难度较高的目标。因为在有限的时间内，自己的一个个小目标实现了，在此过程中知识和技能水平得到不断提升，人们认为获益更多，价值更大，获得的成就感更强。换言之，人们容易放弃简单或太难的目标。

目标反馈

目标给人们指出了行动的目的和结果，同时也是个体评价自己绩效的标准。反馈则是告诉人们这些标准达到的程度、不足和改进的方面，从而避免为行动而行动的"瞎忙"。

意志力

意志力是一个人自觉地确定目的，并根据目的来支配、调节自己的行动，克服困难和障碍，从而实现目的的品质，如坚持性、自觉性、自制力。美国心理学会进行的年度调查结果发现，27%的受访者认为缺乏意志力是阻碍他们实现目标的主要因素。生活中训练自己的延迟满足能力以增强意志力。

---

[1] 爱德华·伯利克，梅丽莎·伯利克. 动机心理学. 郭书彩译. 北京：人民邮电出版社，2020.

小贴士

坚持一定能成功吗？[1]

你是坚持目标（结果），还是坚持实现的方法和手段（形式）？生活中经常听学生吐苦水：记单词这事，我已经坚持了2个月，逼着自己反复死记硬背，但收效甚微。这位学生坚持的是结果还是形式呢？如果坚持的是结果，需要考虑提高记忆的有效性，如用造句的方式记单词词义是不是更有效。如果实现结果的手段是低效的，为何还要苦苦坚持，而不另寻其他方式？坚持不等于成功，看清楚成功背后的东西才是最关键的。鲁迅放弃医学，坚持用文字救国。他可以安然地放弃医学，是因为他知道自己坚持的是结果，放弃的是形式。

生涯行动　绘制你的学涯目标实现鱼骨图

根据你的学涯目标，结合圆满大学生涯九宫格的内容、大学生涯发展任务，将自己的大学生涯目标按学期进行分解，绘制你的学涯目标实现鱼骨图，并制订出行动计划。

---

[1] 古典. 拆掉思维里的墙：原来我还可以这样活. 北京：中国书店，2010.

任务二 绘制职业生涯路线图

案例导入 小静为实现自己的目标可以做什么准备？

问题： 小静本科毕业五年后的职业目标是做项目经理。现在，小静为实现自己的目标可以做什么准备？

分析： 小静可以根据职业发展各阶段的任务，针对目标岗位的要求，提出具体的目标和实施策略，来绘制她的职业生涯发展路线图。

知识链接

一、施恩的职业发展阶段理论

美国著名心理学家和职业管理专家施恩教授立足于人生不同阶段所面临的问题和职业的主要任务，将职业生涯分为以下九个阶段[①]。

（一）成长、幻想、探索阶段：0～21岁

该阶段主要任务如下。
（1）发现继而发展自己的需要、兴趣、能力与才干，为进行实际的职业选择打好基础。
（2）学习与职业有关的知识，寻找符合现实的角色模式，获取丰富的信息，发现并确立自己的价值观，做出合理的教育决策，将幼年的职业幻想变为可操作的现实。
（3）接受教育和培训，有针对性地培养工作所需要的基本素养和技能。

（二）进入工作世界：16～25岁

该阶段充当的角色是应聘者、新学员。
该阶段主要任务如下。
（1）进入劳动力市场，谋取可能成为一种职业基础的第一项工作。
（2）个人和雇主之间达成正式可行的契约，个人成为一个组织的成员或从事一种职业。

（三）基础培训：16～25岁

该阶段充当的角色是实习生、新手，此时已经迈进职业或组织的大门。

---

① 栾永斌，周瑜弘. 高职院校大学生职业生涯规划. 大连：大连海事大学出版社，2008.

该阶段主要任务如下。

（1）了解、熟悉组织，接受组织文化，融入工作群体，尽快取得组织成员资格，成为一名有效的成员。

（2）适应日常的操作程序，应对工作。

（四）早期职业的正式成员资格：17～30岁

该阶段取得职业正式成员资格。

该阶段主要任务如下。

（1）承担责任，成功地履行与第一次工作分配有关的任务。

（2）发展和展示自己的技能和专长，为提升或进入其他领域的横向职业成长打基础。

（3）根据自身才干和价值观，根据组织中的机会和约束，重新评估当初追求的职业，决定是否留在这个组织或职业中，或者在自己的需要、组织约束和机会之间寻找一种更好的配合。

（五）职业中期：25岁以上

该阶段主要任务如下。

（1）选定一项专业或进入管理部门。

（2）保持技术竞争力，在自己选择的专业或管理领域内继续学习，力争成为一名专家或职业能手。

（3）承担较大责任，确定自己的地位。

（4）制订个人的长期职业计划。

（六）职业中期危险阶段：35～45岁

该阶段主要任务如下。

（1）实事求是地评估自己的进步、职业抱负及个人前途。

（2）就接受现状或者争取看得见的前途做出具体选择。

（3）建立与他人的良师关系。

（七）职业后期：45岁至退休

该阶段主要任务如下。

（1）成为一名良师，学会发挥影响，指导、指挥别人，对他人承担责任。

（2）扩大、发展、深化技能，或者提高才干，以担负更重要的责任。

（3）如果求安稳，就此停滞，则要接受和正视自己影响力和挑战的能力下降。

（八）衰退和离职阶段：45岁至退休

该阶段主要任务如下。

（1）学会接受权力、责任、地位的下降。

（2）基于竞争力和进取心的下降，要学会接受和发展新的角色。
（3）评估自己的职业生涯，着手退休。

（九）离开组织或职业：在失去工作或组织角色之后

该阶段主要任务如下。
（1）保持一种认同感，适应角色、生活方式和生活标准的急剧变化。
（2）保持一种自我价值观，运用自己积累的经验和智慧，以各种资源角色，对他人进行"传、帮、带"。

需要指出的是，施恩基本依照年龄顺序划分职业发展阶段，其阶段划分更多的是根据职业状态、任务、职业行为的重要性来确定的。每个人经历某一职业阶段的年龄有差别，施恩将个体可能面临的问题融入职业生涯中，个体可以根据自身情况加以调整[①]。

案例

小静对初入职场后设立的五年职业生涯规划如表6-5所示。

表6-5 小静对初入职场后设立的五年职业生涯规划

时间	计划实现的具体目标	行动计划
毕业后1~3年	职业发展目标：完成学生向职业人的转变，适应环境；能胜任施工员岗位；评助理工程师 学习进修：考二级建造师证	融入新环境，树立良好的职业形象； 认真履行施工员的岗位职责； 注意积累人脉、经验、知识和口碑； 工作之余准备二级建造师考试科目、助理工程师考试； 主动做事，做事中培养沟通协调能力、执行力、团队合作能力
毕业后3~5年	学习进修目标：考一级建造师证 职业发展目标：能胜任工长、技术总工岗位，精进技术；评工程师职称	认真履行岗位职责，为升职项目经理做准备； 加强角色意识、团队协作意识和行业信息意识； 工作之余准备一级建造师考试科目和工程师考试； 培养沟通协调能力、信息分析能力、专业判断能力

二、职业生涯路线设计

确定了职业生涯目标后，就要对目标的实现路线进行设计。职业生涯路线是指一个人选定职业后选择从什么途径去实现自己的职业目标。例如，是向专业技术方向发展，

---

① Schein E H. Career Dynamics: Matching Individual and Organizational Needs. New York：Addison Wesley Publishing Company, 1978.

还是向行政管理方向发展；是自主创业，还是做职业经理人。发展方向不同，要求也不同。犹如登山，要到达山顶，就要选择最佳的登山路线与方式。人们常说"条条大路通罗马"，可是到底哪条道路是到"罗马"最近，最好走的？这就是实现目标的路线选择问题。如果没有一个职业发展的路线蓝图，就会走错路、走弯路、走回头路，这将直接导致个人的努力、动力、能力不能直接作用于目标，同时也产生资源、时间、精力的浪费，在无形中延长个人成功的期限。因此，在职业确定之后，必须对职业生涯路线进行选择，以使今后的学习和工作沿着职业生涯路线和预定的方向发展。

传统的职业生涯路线规划注重纵向流动，其程序是分析过去通往职业目标的一系列通路→确定职业生涯路线的进口与出口→规定进口的职位要求→确定达到目标的职业经历和每一层阶梯的最低服务年限。

现在的职业生涯路线规划不再局限于纵向流动，要求其能描述各种流动的进步可能性；反映职业内容、组织需要的变化；详细说明职业生涯路线的每一职位的学历、职业经历、技能与知识要求。组织职业生涯路线规划程序为比较分析职业数据，确定职业必备条件，具体说明每项职业的性质、任务或行为以及需要的知识、技术与能力等→以职业需要的现实性为依据，把职业划分为"职业群"，建立职业分类系统→规定职业生涯路线，确定职业群中逐级上升的可能的逻辑次序，并把各个职业生涯路线构成整体网络，结合成一个职业系统。

典型的职业生涯路线图是一个V形图（图6-5）。假如一个人23岁大学毕业参加工作，即V形图的起点是23岁。从起点向上发展，V形图的左侧是行政管理路线，右侧是专业技术路线。将路线分成若干等份，每等份表示一个年龄段，并将专业技术的等级、行政职务的等级分别标在路线图上，作为自己的职业生涯目标。

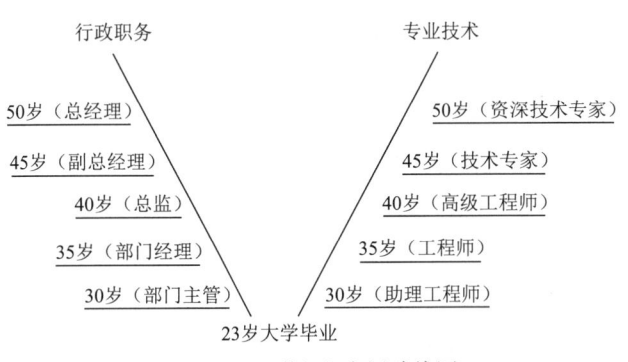

```
行政职务                    专业技术
50岁（总经理）              50岁（资深技术专家）
45岁（副总经理）            45岁（技术专家）
40岁（总监）                40岁（高级工程师）
35岁（部门经理）            35岁（工程师）
30岁（部门主管）            30岁（助理工程师）
           23岁大学毕业
```

图6-5　V形职业发展路线图

为了使大学生的职业生涯设计更具针对性，促进大学生更好地认识自我，这里可对自己的职业生涯路线做出规划，设想自己将来是走行政管理路线，还是走专业技术路线；或是先走专业技术路线，再走行政管理路线，这些在设计中必须做出抉择。

在抉择的过程中，大学生要问自己三个问题：①我想往哪一路线发展？②我能往哪一路线发展？③我可以往哪一路线发展？

回答上述三个问题，是对环境探索、自我探索有关情况综合分析并加以利用的过程，以此确定自己的最佳职业生涯路线。第一个问题是通过对自己的价值、理想、成就动机和兴趣分析，确定自己的目标取向；第二个问题是通过对自己的性格、特长、经历、学历以及专业的分析，确定自己的能力取向；第三个问题是通过对自己所处的社会、经济、政治、组织环境分析，确定自己的机会取向。

三个取向确定后，进行综合分析，确定自己的职业生涯路线，这对大学生的职业生涯发展是十分重要的。

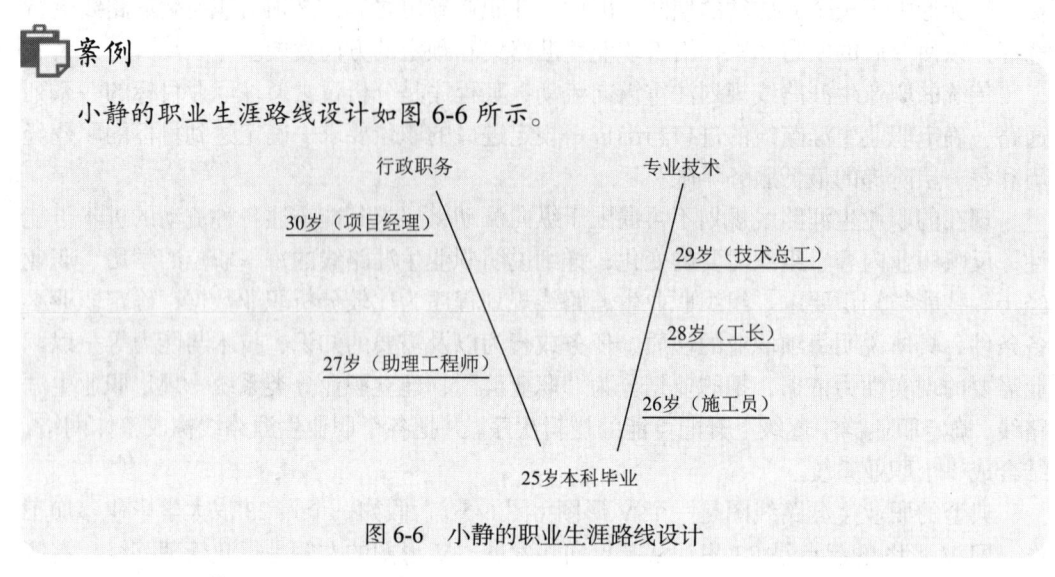

案例

小静的职业生涯路线设计如图6-6所示。

```
         行政职务              专业技术

      30岁（项目经理）
                              29岁（技术总工）


                              28岁（工长）
      27岁（助理工程师）
                              26岁（施工员）

                  25岁本科毕业
```

图6-6　小静的职业生涯路线设计

知识拓展　生涯"四看"

生涯"四看"是指从四个不同的维度来对一个人的发展方向进行动态思考（图6-7）。它能帮助我们从现状出发，充分盘点不同的职业方向。

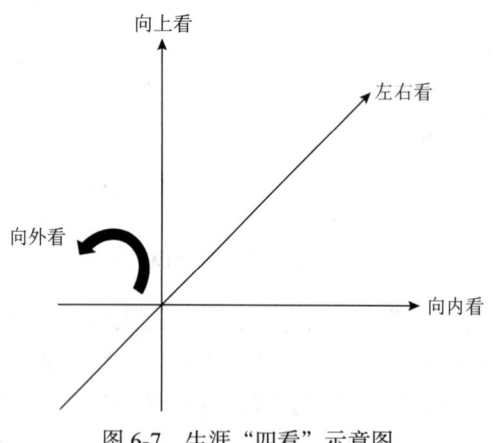

```
            向上看
                    左右看


     向外看
                              向内看
```

图6-7　生涯"四看"示意图

生涯"四看"之向上看：向上看是指以当前的岗位为基准的向上的发展，一般分为两类：职级的提升、好平台的跳跃。以项目管理为例，职级的发展渠道是：项目助理→项目经理→高级项目经理→项目总监→高层。所以，小静向上看可选择的是高级项目经理、更好平台的项目经理。

生涯"四看"之向内看：向内看是指以当前的岗位为基准找一个方向往深处走，走专家路线或者钻研细分领域。小静向内看可选择的是建筑工程行业资深项目经理或培训讲师。

生涯"四看"之左右看：左右看是指以当前的岗位为基准，看看和自己配合的其他人的工作，虽不是自己的岗位职责，但也不至于完全陌生。小静左右看可选择的是推销员、服务员、品牌营销员、产品运营专员等。

生涯"四看"之向外看：向外看是指看淡主业，发展爱好。可以主业求稳定，副业求发展，也可以主业求发展，副业试道路。"斜杠"青年就是指这一类。可以根据自己的特长或爱好来选择向外看的职业。

生涯行动　绘制自己的职业生涯路线图

结合施恩的职业发展阶段理论，根据自己设立的职业生涯目标，绘制个人的职业生涯路线图，并根据行动计划的要素，制订出行动计划。

学习总结

在完成本部分的学习后，小静了解了目标分解的重要性，按照时间分解了自己的学涯目标（本专业专升本），画出了学涯目标实现的鱼骨图，并按照计划的组成要素制订了学涯目标实现的具体行动计划。针对本科毕业五年后的职业目标（项目经理），小静运用施恩的职业发展阶段理论对自己初入职场后的阶段进行了划分，设立了自己的五年职业生涯规划，从专业技术、行政职务两个方向设计、绘制了自己的职业生涯路线，并根据行动计划的要素，制订出职业生涯目标实现的具体行动计划。最后，小静使用生涯"四看"的方法，充分盘点了自己在职业方向的可能性。现在，小静拥有了清晰的学涯路线图和职业生涯路线图，并且清楚地知道了自己应该做什么、怎样做以及何时做。现在，小静对自己能够专升本，本科毕业五年后成为一名项目经理充满了信心。

推荐阅读

1. 〔美〕戴维·范鲁伊. 生涯线. 粟志敏，等译. 杭州：浙江人民出版社，2018.
2. 〔日〕石田淳. 从行动开始：自我管理的科学. 朱悦玮译. 南昌：江西人民出版社，2016.

项目七　管理职业生涯

学习目标

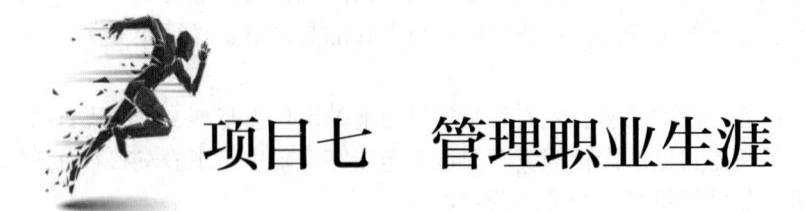

知识目标：了解大学生职业生涯规划中的常见问题；了解评价、评估与调整职业生涯规划的方法；了解个人职业生涯规划书的内容及撰写注意事项。

能力目标：能够检查和修订个人职业生涯规划，撰写个人职业生涯规划书。

素质目标：在检查和修订个人职业生涯规划的过程中，树立反思意识和风险意识。

生涯名言

知止而后有定，定而后能静，静而后能安，安而后能虑，虑而后能得。

——《礼记·大学》

生涯困惑

小静觉得这些日子的辛苦付出没有白费。通过上网收集资料，访问学长、职场人士、自我探索、职业环境探索等方式，小静发现眼前的迷雾已经被一点一点地拨开，自己也由"小糊涂虫"变成了"明白人"，并对未来充满信心与满怀期待。不过，小静在与学长的交流中，听到"大一制订的规划，很多目标都没有实现"。这是为什么呢？小静有些不解。

思维导图

- **项目七 管理职业生涯**
  - 学习目标
  - 生涯名言
  - 生涯困惑
  - 任务一 评价自己的职业生涯规划
    - 【问题导入】小静的规划有没有不妥之处？
    - 【知识链接】大学生职业生涯规划中的常见问题
    - 【体验活动】自评职业生涯规划
    - 【知识链接】职业生涯规划的自我评价
    - 【体验活动】互评职业生涯规划
    - 【体验活动】职业生涯规划的他人评价
    - 【知识拓展】其他评价职业生涯规划的方法
    - 【生涯行动】评价自己的职业生涯规划
  - 任务二 评估并调整职业生涯规划
    - 【案例导入】小段的职业生涯故事
    - 【知识链接】一、职业生涯规划的评估与调整的意义
      二、职业生涯规划的评估
      三、职业生涯规划的调整
    - 【知识链接】备选方案
    - 【生涯行动】评估并调整你的职业生涯规划
  - 任务三 设计个人职业生涯规划书
    - 【体验活动】小调查：你认为撰写职业生涯规划书重要吗？
    - 【知识链接】职业生涯规划书的作用
    - 【体验活动】阅读"云南国土资源职业学院职业生涯规划书案例"
    - 【知识链接】一、如何撰写职业生涯规划书
      二、职业生涯规划书撰写注意事项
    - 【生涯行动】撰写个人五年职业生涯规划书
  - 学习总结
  - 推荐阅读

任务一　评价自己的职业生涯规划

案例导入　小静的规划有没有不妥之处？

小静本科毕业五年后的职业目标是项目经理。在大学期间的计划是备考本专业专升本，考教师资格证和全国大学英语四、六级证书。你认为小静的规划有没有不妥之处？

知识链接　大学生职业生涯规划中的常见问题

一、只有理想，没有目标

理想是我们想实现的完美结果，职业理想更多地表现为某个具体的职位或职业声望、职业回报。如果只是着眼于职业理想，而不去实现各个阶段的职业目标，职业理想也是实现不了的。例如，有的同学的职业理想是当销售总监，但他却不屑于做基层的业务员、销售代表，不能做好每个阶段该做的，最后理想只能变成空想。

二、缺少对自我和环境的全面分析

缺少对自我和环境的全面分析，盲目地定出自己的职业发展目标，是大学生进行职业生涯规划时的常见失误。

实现职业目标有很多途径，这些途径就是实现职业理想的职业道路。职业通路都是不同职业因素的组合，这些职业通路在时间、时机、难易程度等方面有不同的区别。当我们确定了自己的职业目标时，重要的是在综合分析自己的情况下总结出不同的发展道路，再结合职业环境等因素做出最优的职业道路选择，更高效地实现职业目标。

三、职业目标设立不合理

由于大学生缺乏对行业、职位的清晰了解，体验不到真实的职场环境，职业目标的设定不具体，泛泛而谈，不能聚焦于某个职位，或目标设立理想化，很多大学生想一进入职场，就成为经理、总监、高级工程师等，志存高远固然好，但目标过高，则使人生活在幻想中，择业时眼高手低，一事无成。有的大学生由于自我认知存在片面性，职业目标的设立"随大流"现象明显。职业生涯规划是一项个性化的任务，无统一定式，所确立的目标一定是自我认同的。

四、行动计划缺乏可行性

行动计划是在客观分析个人和环境的差距的基础上，提出个人弥补差距的可操作性行动方案。部分学生在制订职业生涯规划时，没有制订为达成职业目标所应进行的社会实践和学习计划。由于信息的收集多来自互联网，没有请教职场人士描述职业的实际经历，导致计划模糊、可操作性差，想当然的情况较多，结合实际的情况较少，重考证、轻实践，就业竞争力弱。只有多参加社会实践，才能知道将来职业所需、个人所爱，以及个人需要完善的知识和能力。

五、自我认知片面，与未来职业目标的关联度不大

很多大学生在规划时，较少采用多种途径全面地认识自己，如仅仅借助测评工具，不会从个人的生活经历中发掘，或通过他人的评价认识自己。兴趣、经验、能力的展示与未来的职业没有实质性的联系。例如：目标职业是工程师，而假期的社会实践是家庭教师，考证是教师资格证；兴趣是旅游，而未来的职业目标是检测员。

六、环境认知缺乏针对性

对社会就业形势、学校环境、家庭环境、行业、职位信息的分析泛泛而谈，未能结合具体的职业期望、专业情况、适合本专业的工作领域、具体行业的就业情况进行分析。例如，测绘专业毕业的学生打算在昆明就业，则应该分析昆明地区测绘专业毕业生的供需市场、竞争情况等。又如，理想职业是销售，但并没有分析准备在哪个行业里从事销售。再如，认为测绘专业只能对应一类职业——测量员，未能从测绘行业中发掘其他职业。

七、错把经历当能力

经历代表的是过去，是过去所做事情的总和。能力是在经历中所形成的独特核心优势，是你能把事情做得怎么样，有什么成果的一种结果性总结。经历不一定代表能力，因为也许你没有相对专注地做事，没有注意培养自己的核心能力的意识。所以，有方向地去做相关的社会实践，培养自己期望的能力，是大学生需要注意的问题。

八、忽略备选方案

有的大学生以为只要破釜沉舟，就一定能成功，既然选择了某个职业就不能随便更改，既然确定了某个目标任务就不能轻易放弃。从职业实践来看，这是不现实的，因为任何的选择都有风险，一定要未雨绸缪，留有余地。备选方案是充分根据个人和环境的认知进行分析后确定的。

> **体验活动**　自评职业生涯规划

根据自己的职业意向，参照评价表（表 7-1），评价一下自己的职业生涯规划是否科学。

表 7-1　职业生涯规划设计评价表

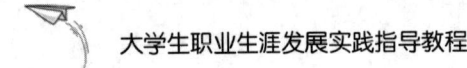

评价内容	评价要点	结果分析
职业生涯价值取向是否正确	这个行业是否属于朝阳行业？未来的发展前景如何？ 这个行业的人才需求数量和空间有多大？	
职业生涯目标是否与自己的兴趣、特长相契合	你非常期待这个职业吗？ 你会把上班看作进行创造性劳动吗？ 你会全身心地投入这份职业吗？	
职业生涯选择是否挖掘出来个人职业优势	你的优势能得到充分发挥吗？ 该行业对从业人员的要求是什么？ 你能胜任这份工作吗？	
职业生涯发展是否符合社会发展需要	你所拥有的职业资源有哪些？ 你能利用的职业资源有哪些？ 你还能挖掘出哪些职业资源？	

知识链接　职业生涯规划的自我评价

经过长时间的调查、思考和规划，我们终于制订出了自己的职业生涯规划。现在还需要回过头来审视一下自己的职业生涯规划是否适用、可行，能不能实现自身的价值。我们可以从自我评价和他人评价两个视角来评判自己的职业生涯规划。

个人的职业生涯规划应该是符合自身条件、发挥自身优势、满足自身需求、激励个人向上、有利于职业生涯可持续发展的设计。我们处在一个不断变化的环境中，经济环境和就业市场在变化，岗位工作内容在变化，个人的职业认知也在变化。因此，要动态地管理自己的职业生涯——不断关注与自己职业相关的发展状况，不断地对职业生涯规划做出调整，这是必不可少的。

【填一填】请结合自己的职业生涯规划，对你的表现进行自我评价（表 7-2），并做出调整措施与新的规划。

表 7-2　职业生涯规划自我评价表

项目内容	收获	教训	新的领悟	调整措施	自我评分	新的规划
学习						
工作						
生活						

体验活动　互评职业生涯规划

请同学们以小组为单位，参照下面的评分表（表 7-3），对小组成员的职业生涯规划进行互评，看看有哪些需要改进之处。

表 7-3　职业生涯规划评价表

评价内容	评分要点	分值
自我认知（25分）	1. 自我分析清晰、全面、深入、客观，能清晰地认识到自己的优势和劣势	10
	2. 综合客观地评价自我，对职业兴趣、职业能力、行为风格、职业价值观的分析全面、到位	10
	3. 从个人兴趣爱好、成长经历、社会实践中分析自我	5
职业认知（25分）	1. 了解社会的整体就业趋势，并且了解大学生的就业需求	5
	2. 对目标行业发展前景及现状了解清晰，并且了解行业的就业需求	5
	3. 对行业的人力资源管理战略、企业文化等进行分析，能做到"人企匹配"	5
	4. 对目标职位的工作职责、任职者所需技能等进行分析，能做到"人-职匹配"	5
	5. 通过对外部环境的分析，能清楚地认识到自己面临的机会、挑战	5
职业目标设计（15分）	1. 职业目标确定和发展路径设计要符合外部环境和个人特质（兴趣、技能、性格、价值观），要符合实际，可执行，可实现	5
	2. 职业发展路径符合现实、职业目标，具有可操作性和竞争力	5
	3. 能用长远的眼光设定职业目标，并将总目标划分为几个阶段性目标来实现	5
规划与实施计划（15分）	1. 行动计划清晰，可操作性强	5
	2. 行动计划在保持个人优势、全面提升个人竞争力方面针对性强	5
	3. 近期计划详尽，中期计划清晰并具有灵活性，长期计划具有方向性	5
评估与调整(10分)	1. 对行动计划和职业目标建立评估方案，如要达到什么标准、评估的要素是什么	5
	2. 对职业路径进行可行性调整，备选方案也能充分根据对个人与环境的评估进行分析、确定	5
思路和逻辑（5分）	职业生涯规划思路清晰、逻辑合理，能准确把握职业生涯规划设计的核心与关键	5
创意性（5分）	职业生涯规划设计清晰，具有一定的创意和新颖性	5

体验活动　职业生涯规划的他人评价

虽然大学生在全面剖析自我和社会需求的基础上完成了职业生涯规划的设计，但作为在校生，大学生的世界观、人生观、价值观还处于发展时期，对自己的评价不可能完全精准、客观。此外，由于缺乏工作经历和社会经验，对社会需求和职业岗位特点的了解也不太全面。因此，在进行自我分析的基础上，大学生还应当学会借助他人的智慧和力量，包括老师、家长和同学等，根据他们的指导和建议完善自己的职业生涯规划。

【填一填】把自己的职业生涯规划方案分别送给家长、老师、行业从业人员、学长、同学，听取他们的反馈和意见，然后把他们的建议汇总，从中提炼出有价值的意见，以进一步完善自己的职业生涯规划方案（表 7-4）。

表 7-4　职业生涯规划方案反馈表

项目内容	日常表现	可贵之处	不足之处	能否实现	综合评分	改进建议
学习						
工作						
生活						

职业生涯是一个动态的过程，职业生涯规划的评价和反馈也具有一定的灵活性。大学生要学会根据环境的变化和目标的执行情况，不断地调整和修正自己的职业生涯规划，制定更合理的发展措施，使之对自己的职业生涯发展起到切实的促进作用。

知识拓展　其他评价职业生涯规划的方法

（一）360度反馈评价法

360度反馈评价法是由与被评价者有密切关系的人，包括被评价者的上级、同级、下级和服务的客户等对其进行评价，并结合被评价者的自我评价，向被评价者提供反馈，以帮助被评价者提高专业能力和工作业绩。在进行360度反馈评价时，应尽可能广泛地向他人征求意见，这些人可以是自己的老师、同学、亲人、朋友、室友等。

（二）记录分析法

记录分析法是把一个工作日及非工作日的活动如实且无遗漏地记录下来，然后按照活动性质进行分类，如上课、自习、上网、课外活动、休息等。看看用于不同活动的时间是多少，认真分析自己的时间分配是否与自己的职业生涯目标相匹配。

（三）人物访谈法

请自己的同学、朋友、亲人或者你认为对你比较了解的几个人，对你进行全面、客观的评价。在此过程中，你可以提一些问题，看看他们从旁观者的角度对你有什么样的看法。最好把访谈内容记录下来，为修正自己的职业生涯规划提供参考。

生涯行动　评价自己的职业生涯规划

通过自评和互评的方法评价自己的职业生涯规划。

任务二　评估并调整职业生涯规划

案例导入　小段的职业生涯故事

小段是水文与工程地质专业 2021 级学生，进入大学后，小段确定专科毕业后回河南老家做初中地理老师或小学数学老师。于是，他想办法积极锻炼自己，竞选班干部，参加各种演讲比赛，在院办公室勤工俭学等。在 2021 年底，小段从新闻中看到《中华人民共和国教师法（修订草案）（征求意见稿）》中对取得中小学教师资格应具备的相应学历学位做了调整："取得中小学教师资格，应当具备高等学校师范专业本科或者其他相关专业本科毕业及其以上学历，并获得相应学位。"小段重新调整自己的规划，必须专升本，从大一开始准备。小段转念又想，万一专升本不成功，怎么办？考公务员、考事业单位、考教师编制的竞争激烈，考教师资格证失利怎么办？思前想后，小段决定提前考虑退路，想想以后还可以选择什么工作更适合自己。从专业出发是不错的选择，以后进私营企业先做技术员，在大学期间专业的学习和实践不能落下，注重培养自己的演讲和写作能力、领导能力，这些能力不管到什么岗位都需要，只要自己在公司表现好，就可以争取轮岗机会。

思考：从小段的案例中，你受到什么启发？

知识链接

一、职业生涯规划的评估与调整的意义

评估与调整是职业生涯规划中不可或缺的步骤，是保证职业生涯目标实现的重要手段。由于环境及其他不确定因素的存在，原来制定的职业生涯目标与实际情况会有所偏差，这就需要不断地对职业生涯规划进行评估，找出差距，分析原因，并做出及时调整，以确保规划的可行性和有效性。因此，职业生涯规划是一个动态的过程，是一个不断认识社会和自我的过程（图 7-1）[1]。

二、职业生涯规划的评估

（一）职业生涯规划评估的内容

1. 职业生涯目标评估（是否需要重新选择职业？）

假如一直无法找到我们所希望的学习机会和工作，那么可以根据现实情况重新选择

---

[1] 王孝晨. 大学生职业生涯规划的反馈机制研究. 淮海工学院学报（社会科学版·教育论坛），2011，9（22）：33-35.

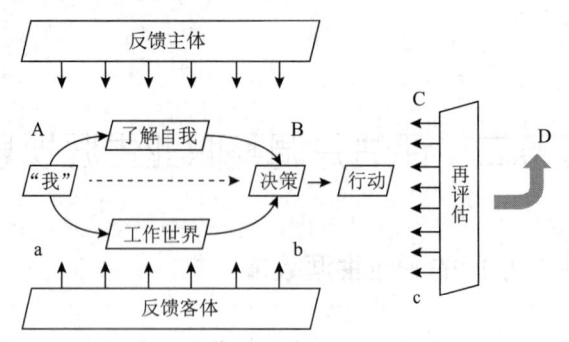

图 7-1 生涯规划的反馈机制

资料来源：王孝晨. 大学生职业生涯规划的反馈机制研究. 淮海工学院学报（社会科学版·教育论坛），2011，9（22）：33-35

A 是主体反馈，a 是客体反馈，此阶段属于发生期中的前反馈期；B 是主体反馈，b 是客体反馈，此阶段属于中反馈期；C 是主体反馈，c 是客体反馈，此阶段属于再评估阶段；D 是上升到新的反馈循环层次

职业生涯目标；如果一直无法适应或胜任我们设计的职业生涯目标，在学习、工作中得不到应有的发展，导致我们长期压抑、不愉快，或职业给家庭造成极大的不便，家人反对所从事的职业，则需要修正和调整职业生涯规划。

2. 职业生涯路径评估（是否需要调整发展方向？）

当出现更适合自身发展和职业生涯发展的机会或选择，而原定发展方向缺少发展前景的时候，可以尝试调整发展方向。

3. 实施策略评估（是否需要改变行动策略？）

如果在向目标努力的过程中，没有收到实际的成效，则可考虑改变行动策略。

4. 其他因素评估（身体、家庭、经济状况，以及机遇、意外情况的及时评估）

如果家庭需要更多的照顾，可将更多的精力放在家庭，甚至暂时放下工作。如果自身条件不允许，可放低对自己职业的要求或对生涯规划做出调整。

（二）职业生涯规划评估的注意事项

职业生涯规划评估可以参照各类短期、中期、长期预定目标和实际结果比照而行。一般来说，任何形式的评估都可以归结为自我素质和行为对现实环境的适应性判断，分析自己的现状，特别是针对变化的环境，找出偏差所在，并做出调整。

1. 抓住最重要的内容

在职业生涯的某一阶段，总有一个最重要的目标，其他目标都是指向这个核心的，我们完全可以通过优先排序，重点评估那些可能达到这个核心目标的主要策略以及它的执行效果。

2. 分离出最新的需求

针对不断变化的内外环境，要善于发掘最新的趋势和影响。对于新的变化和需求，分析怎样的策略才是最有效且最有新意的。

3. 找到突破方向

有时候，在某一点上取得突破性的进展，将使整个局面发生意想不到的改变。想一想先前职业生涯规划中的策略方案，哪一条对于目标的达成应该有突破性的影响？达到了吗？为什么没达到？如何寻求新的突破？

4. 关注弱点

管理学中有一个著名理论，即木桶效应，即一只沿口不齐的木桶，其容量的大小不取决于最长的那块木板，而取决于最短的那块木板。在评估过程中，当然要肯定自己的长处与取得的成绩。但更重要的是切合变化的环境，发现自己素质与策略的"短板"，然后想办法修正，或者把这块"短板"换掉，或者接补增长，唯有如此，你的职业生涯这只"桶"才能有更大的容量。一般来说，你的短板可能存在于下列方面：观念差距、知识差距、能力差距、心理素质差距。

（三）职业生涯规划评估的方法

1. 反思法

回顾职业生涯规划实践，职业生涯规划中计划的学习时间达到了没有？学习上有什么收获？还有哪些问题？在方法上有何体会？

2. 调查法

当职业生涯规划的一个近期目标实现后，要对下一步的主（客）观环境、条件做些调查、分析，看看条件是否变化，哪些变好，哪些变坏，总体如何，要心中有数，然后根据变化了的情况，恰如其分地修改下一步的计划。

3. 对比法

在制订职业生涯规划时应多比、多思、多学，吸取别人科学的方法。对别人职业生涯规划的分析，往往有助于对自己职业生涯规划进行修改。

4. 求教法

自我反思通常十分困难，但别人能从旁观者角度清楚地看到你的弱点。虚心、主动地征求别人对自己计划的看法及修改意见，往往会受益匪浅。

（四）职业生涯规划评估的时间

在一般情况下，每半年或一年做一次评估比较合理，具体的评估时间可以根据个人的情况制订。积极检查与修正，以保证目标的有效实施。

三、职业生涯规划的调整

（一）职业生涯规划调整的原则

职业生涯规划不能轻易改动，但在特殊情况下需要做出调整时，如政策转变、时代变化、企业或自身发展需要等，必须遵循一定的原则，如兴趣原则、专业相关性原则、家庭因素原则等。

（二）职业生涯规划调整的方法

1. 目标度量法

大学生职业生涯目标是生涯规划的核心，它对大学生职业生涯规划的成功具有直接的帮助。职业生涯目标中的短期、中期和长期目标一旦确定，就形成了操作性非常强的度量职业生涯规划实现的标准，调整的方法也就直接锁定在现实目标实现和生涯目标之间纠正偏差的动态过程中。

2. 局部调整法

从大学生职业生涯规划的实施基本步骤和方法来看，每一个环节都可能直接影响职业生涯规划的实施效果，如果设定的目标不适合自己（如长期目标和短期目标相脱节，目标缺乏弹性，实现目标太容易或太难，确立的志向和自我评估有偏差），对职业生涯规划机会的把握不准确，对职业的选择把握不好，职业生涯规划路线的选择有问题，制订的具体行动计划方案可操作性较差等，在执行的过程中都需要根据不同的情况进行局部调整。

不过，局部调整的过程往往会"牵一发而动全身"，但更进一步准确把握每一个环节，确保职业生涯规划向总体目标靠近是大学生职业生涯规划调整中的一个普遍使用的方法。

3. 重新规划法

有些大学生对职业生涯规划的基本概念掌握不够，具体的职业生涯规划的步骤和方法应用不熟练，导致所制订的规划完全脱离自身实际，这时就需要彻底调整规划，甚至重新规划。这种方法不建议多次使用，以避免"常立志而不立长志"，为规划而规划的"教条主义"。

4. 过程评估法

从人生发展的角度来看，大学生职业生涯规划设定的内容，在现实中有时不一定都能够有效实现。这并不意味着职业生涯规划的失败，在自我职业生涯规划的制订和实施的过程中，要注重结果导向，更应该强调实施过程。

根据职业生涯的理论，定期进行总结评估和反馈调整是做好职业生涯规划不可或缺的一个环节。大学生应该进行周期性的总结和计划调整，重点针对学期计划进行反馈调整。未来的长期计划是以综合考虑各方面的因素做出的决定，具有一定的客观性和科学性；在没有确定发现自己的长期目标有重大偏差的时候，不应该三心二意，随意改变自己的决定。

特别应注意的是，大学生应该尽量将调整的对象放在中短期，改善自己的学习计划和学习方法，尽量使自己的路线与长期目标一致，然后进一步通过评估来分析自身和环境，为未来做出更为科学的打算。

问题思考

小静的备选方案可不可行？

思考：如果小静的备选方案是当小学数学教师，那么这个方案可不可行？为什么？

分析：小静首先对小学数学教师的职业环境进行全面认识。其次进行自我分析，需要分析她的职业兴趣、职业性格特点、职业价值观和技能与小学教师的职业是否匹配。最后就是提出行动方案。

知识链接　备选方案

受社会环境、家庭环境、组织环境等的变化以及其他不可预测因素的影响，需要重新对职业生涯规划进行规划，调整目标方向。如果原规划有的地方可以使用，可继续使用，需要调整的地方必须重新修订，制订新的职业生涯规划方案。

生涯行动　评估并调整你的职业生涯规划

评估你的职业生涯规划方案，找出方案中的所有风险点，并针对每一个风险点提出解决方案，调整自己的职业生涯规划，做出你的一个备选方案。

任务三　设计个人职业生涯规划书

体验活动　小调查：你认为撰写职业生涯规划书重要吗？

小调查：你认为撰写职业生涯规划书重要吗？
A. 重要且必要　　B. 一般　　C. 不太重要　　D. 不重要也没必要

以下是对学长、学姐的调查：

汽车电子技术专业大一的小范同学做完个人职业生涯规划书说："有生以来，我从来没有这样认真地审视过自己。当这份规划书出炉的时候，我简直不敢相信自己，自信心满满，对自己想做什么、为什么做、怎样做更清晰了。"

移动互联网专业大二的小曾说："我已完成职业生涯规划书里大一的目标和计划，一年来，我过得忙碌、有序且充实，真正感觉到了大学生活的意义。"

数字媒体专业大三的小张说："我现在在准备升本，同时在公司做实习，工作和学习两不误。由于从大一开始着手准备升本，以及提前了解职场、岗位，现在我能从容地应对生活的节奏，感谢当年自己用心做的职业生涯规划书。"

知识链接　职业生涯规划书的作用

一、提升个人目标的认同感

职业生涯规划书是以文案呈现职业生涯规划的形式。撰写的过程需要规划者用多种方式和手段，对个人特质和环境进行全方位的审视和系统盘点，对个人的社会价值进行预判，为职业的选择提供依据、论证的过程；撰写的过程也是规划者实现理想的心理模拟过程，经过个人的谨慎选择，目标会更加坚定和有力。

二、提供大学生生活的行动指南

职业生涯规划书是职业生涯规划的书面化呈现，它针对个人的实际情况提出每学期具体、可操作的目标及行动方案，犹如大学生生活的导航，让大学生知道该做什么，不该做什么，把控好自己的时间和精力，提高大学生生活的质量。

三、加强自我管理

职业生涯规划书的成文，就相当于个人将目标公开，公开对目标的承诺。心理学的相关实验表明：将目标规划写下来，有助于人们认识到它的存在及重要性，并且专注于实现目标所需的过程。

体验活动 阅读"云南国土资源职业学院职业生涯规划书案例"

阅读附录一"云南国土资源职业学院职业生涯规划书案例",说说应该如何设计个人职业生涯规划书。

知识链接

一、如何撰写职业生涯规划书

(一)职业生涯规划书的结构

```
封面
目录
前言
正文
    一、自我分析
        (一)职业兴趣
        (二)职业性格
        (三)职业价值观
        (四)职业技能
        (五)自我分析小结
    二、环境分析
        (一)家庭环境
        (二)学校环境
        (三)社会环境
        (四)职业环境
        (五)环境分析小结
    三、职业目标定位
        (一)生涯决策平衡单分析
        (二)SWOT 分析
        (三)职业目标及职业发展路径
    四、计划实施
    五、评估调整
        (一)评估内容
```

> （二）评估时间
> （三）调整原则
> （四）备选方案
>
> **结束语**

（二）职业生涯规划书正文部分的分析要点[①]

1. 自我分析

职业生涯规划是一个自内向外的过程，即首先要厘清自己期望达成的职业目标是什么，自己具有哪些内在资源，然后去寻找、调适自己的生涯发展行动。这里的"内"一般包括职业兴趣、职业性格、职业价值观、职业技能四个部分。

本部分的分析要点：①自我分析要清晰、全面、深入、客观、恰如其分；②每个部分的分析要有自我与职业环境的关联内容；③心理测评的量化分析，要用生活事件与经历说明自己的特征。

2. 环境分析

环境分析的逻辑是基于自我了解基础上，有针对性地分析外界环境——让自己参与并感受到环境是什么，让自己成长、未来适合自己发展的环境对自己有什么影响，提出什么要求，也就是当下做好哪些准备，包括家庭环境、学校环境、社会环境、职业环境。

（1）家庭环境分析的内容包括：家庭结构、家庭经济情况、家庭成员职业情况、家人期望、家庭氛围以及对自己的影响。

（2）学校环境分析的内容包括：学校特色、专业特点、就业情况、学习资源（教师资源、课程资源、图书馆资源、专业实习实训）、活动资源（学校兼职、社团组织、技能竞赛、创业实践活动、校园讲座）、校友资源等。

（3）社会环境分析的内容包括：社会发展、就业或创业政策、大学生的就业形势、本专业毕业生的就业情况与竞争对手等。

（4）职业环境分析的内容包括：行业环境分析、组织环境分析、职业分析和目标地域分析。其中，行业环境分析的内容包括目标行业的现状及发展趋势、行业人才需求等；组织环境分析的内容包括组织文化、发展前景、产品服务、工作氛围等；职业分析的内容包括职业的工作内容、任职要求、工作环境、报酬、职业发展路径等；目标地域分析的内容包括目标城市的经济发展与前景、气候、生活习惯、文化特点等。

本部分的分析要点是：①基于自我了解基础上，有针对性地分析外界环境，而不是无目标地分析；②每个点都要与自己关联；③对于职业环境的分析，只有具体到某个职位上才有效；④职业生涯发展不是简单地定制一个工作，而是找到属于自己的发展空间。

3. 职业目标定位

职业目标的设定是职业生涯规划的核心内容。准确的定位能为自己插上腾飞的翅

[①] 顾雪英. 大学生职业生涯发展与管理. 南京：东南大学出版社，2013：183-185.

膀，飞向理想的远方。本部分的分析要点是：①符合个人特质和环境特点；②生涯决策平衡单是为了做出最终决策，SWOT分析法注重SWOT策略分析，只有通过策略分析，才有行动导向；③职业生涯目标制定须客观、明确，符合逻辑和现实、具有可操作性。

4. 计划实施

所有的思考与分析，只有转化为行动才有意义。本部分的分析要点是：①要以职业生涯目标为准绳；②计划需要保持个人优势，弥补个人不足，全面提升个人竞争力；③近期计划要详尽，中期计划要清晰并且灵活，长期计划要有方向性。

5. 评估调整

职业生涯规划不是一成不变的，还应根据自身及外部环境条件的变化进行相应的评估与调整。本部分的分析要点是：①一般情况下评估应围绕三个任务进行——目标设定是否合理、计划制订是否科学、实际的执行情况是否顺利；②调整不是360度大转折，而是在原有优势的基础上的优化组合；③备选方案应该是积极的，是基于自我与环境的分析而提出的，与主路径有关联性。

二、职业生涯规划书撰写注意事项

（一）资料翔实，步骤齐全

采用专业测评网站、访谈、图书、报刊等多种途径获取资料，应尽可能注明资料来源，多运用图表数据说明问题，以提高可信度和说服力。

规划的步骤齐全：知己—知彼—决策—行动—评估调整。

（二）论证有据，分析到位

了解有关的测评理论及知识，对照测评结果和自我认知的异同，确定最终的自我评估结果。结合职业环境分析确定自己的职业目标，做到有理有据，层层深入。

（三）言简意赅，结构紧凑，重点突出，逻辑严密

撰写要求：语言朴实简洁、用词精练准确、行文流畅、条理清楚、重点突出、结构严谨。内容的分析阐述要紧紧围绕职业目标展开，将重点放在自我评估、环境评估和行动计划上。

（四）目标明确，合理适中

正确适当、切实可行的目标是职业生涯规划书成功的关键。

（五）分解合理，组合科学，措施具体

将目标分解为长期、中期、短期目标，路径的选择要有理论依据，而且与备选路径之间要有内在联系。制定目标时需要考虑功能上的因果关系和互补作用。功能上的因果

关系意味着不同的目标之间应该存在一种因果关系，即实现一个目标可能是实现另一个目标的前提或推动因素。互补作用意味着不同目标之间应该具有互补的功能，相互协调和增强，以达到整体目标的最佳效果。全方位的组合要涵盖职业生涯、家庭生活、个人事务等方面。

视频课程 职业生涯规划书如何"避坑"

生涯行动 撰写个人五年职业生涯规划书

根据职业生涯规划书的内容和注意事项，撰写个人五年职业生涯规划书。

学习总结

在完成本项目的学习后，小静发现之所以"大一制订的规划，很多目标都没有实现"，是因为有些大学生在大一制定目标时存在不妥之处，且没有及时进行评估、调整。对此，根据自己的职业目标，小静通过自评、互评以及阅读其他职业生涯规划案例的方法对自己的职业生涯规划进行了评价，结果发现自己的中期计划不够清晰、灵活，于是小静重新思考并制订了自己的中期计划。然而在按照自己制订的职业生涯规划实施一个月后，小静发现自己没有按时完成短期目标，于是考虑改变行动策略，对职业生涯规划进行了局部的调整。最后，小静设计了个人职业生涯规划书。当个人职业生涯规划书完成后，小静简直不敢相信自己，自己居然能够完整地设计自己本科毕业五年后的规划。对接下来的路该怎么走，已经有了自己的方向，"能看到"一个个目标的实现。现在，小静不再迷茫和困惑，而是充满了奋斗的激情与力量。

推荐阅读

1. 〔美〕爱德华·伯克利，梅丽莎·伯克利. 动机心理学. 郭书彩译. 北京：人民邮电出版社，2020.

2. 〔美〕迈克尔·海亚特. 规划最好的一年. 袁楚怡，高剑译. 天津：天津人民出版社，2019.

项目八　打造个人职业品牌

学习目标

知识目标：了解个人职业品牌的含义、内容与重要性；了解打造个人职业品牌的步骤；了解做好品牌定位的方法；了解推广和保持个人职业品牌的方法。

能力目标：能够打造、定位、包装、推广、保持个人职业品牌。

素质目标：建立职业品牌意识。

生涯名言

做小事情靠技巧，大事靠眼光和人格魅力。

——曹德旺

生涯困惑

小静思考到自己在毕业后不只是寻找一份工作、一个职业，也不只是谋求一时生存，而是要展现自己的价值，实现自己的理想，获取成功的职业生涯，收获幸福的人生。小静了解到可以通过打造个人职业品牌来助力自己实现职业理想。小静想要好好经营自己，无论是课业上的自己还是以后职场中的自己，小静该怎样做呢？

思维导图

- **项目八 打造个人职业品牌**
  - 学习目标
  - 生涯名言
  - 生涯困惑
  - 任务一 解读个人职业品牌
    - 【案例导入】李先生的烦恼
    - 【知识链接】创建个人职业品牌的重要性
    - 【体验活动】小组讨论
    - 【知识链接】一、个人职业品牌的含义
    - 二、个人职业品牌的内容
    - 三、五步打造个人职业品牌
    - 【生涯行动】访谈：如何打造个人职业品牌
  - 任务二 定位个人职业品牌
    - 【案例导入】为什么不断出错的人会被观众记住？
    - 【知识链接】个人职业品牌定位
    - 【知识拓展】一、大学生需要做好个人职业品牌定位
    - 二、个人职业品牌定位的评价与校正
    - 【生涯行动】定位个人职业品牌
  - 任务三 包装个人职业品牌
    - 【案例导入】小帅错失职业机会
    - 【知识链接】一、包装个人职业品牌的重要性
    - 二、包装个人职业品牌的方法
    - 【知识拓展】一、CEO个人职业品牌建立法则
    - 二、包装CEO品牌的基本方法
    - 【生涯行动】设计包装个人职业品牌形象
  - 任务四 推广个人职业品牌
    - 【案例导入】推销自己
    - 【知识链接】一、学会推广个人职业品牌
    - 二、推广个人职业品牌的方法
    - 【知识拓展】一、管理个人职业品牌
    - 二、保持品牌核心价值
    - 【生涯行动】推广自己的个人职业品牌
  - 学习总结
  - 推荐阅读

任务一　解读个人职业品牌

案例导入　李先生的烦恼

在某软件公司任中层管理职务的李先生最近陷入了苦恼。李先生毕业于某大学软件工程专业，能力很突出。到现在的公司工作已经有四年时间了，由于平时工作认真，个人能力也很强，在进入公司两年半后即被任命为中层管理人员。按说发展态势不错，但他却遇到职业进一步发展的瓶颈。在公司里，他对公司发展的建议很难被上层领导采纳；对外在各大软件公司举行的高峰会上，他的看法也很少得到其他人的重视。李先生的职业目标是做成这个领域里的佼佼者，但他发觉现在的自己好像还总是在原地打转，照这样下去，很难实现自己的目标。如何才能成为行业里的佼佼者，李先生十分困惑。

思考：李先生为什么会遇到这种情况？

知识链接　创建个人职业品牌的重要性

美国管理学者华德士提出，21 世纪的工作生存法则就是建立个人职业品牌。他认为，不只是企业、产业需要建立品牌，个人也需要在职场中建立个人职业品牌。

个人职业品牌能够产生很大的影响力，能影响目标市场对个人的看法。如果能够找出个人与目标市场看重的特性，就能反过来营造一种氛围，在职场中让人感到舒服。

个人职业品牌体现着一个人的职业素养与道德水平，个人职业品牌带来的信誉度可以帮助个人最大限度地发挥自己的人格魅力，影响他人对自己的看法，事半功倍地完成工作。简单地说，就是让别人未见其人，先闻"品牌"，通过自己精心构制品牌形象来为自己前进方向铺路搭桥。

个人职业品牌可以让你在就业、创业的道路上顺风顺水，达到事半功倍的效果。史蒂夫·乔布斯从创业到隐退，到再次复出，其个人职业品牌形象一直吸引着人们的眼球。苹果公司也曾在经历风雨飘摇后，在乔布斯的领导下逐渐走向稳定。

在这个竞争越来越激烈的时代，每个人在社会上都有自己的角色定位，都有自己的影响范围。要想推动个人成功，让更多人认识自己、接受自己、信赖自己，最大限度地发挥自己在职场的影响力，就必须将自己的专业、技能、个性以及独特品质融为一体，建立起自己鲜明的个人职业品牌。只有这样，才能在职场中脱颖而出，从而实现自己的人生价值。

体验活动　小组讨论

小组讨论：什么是个人职业品牌（举例说明）？如何打造个人职业品牌？

> 知识链接

一、个人职业品牌的含义

个人职业品牌是个人出于竞争的需要,在职业生涯过程努力实现与他人的不同,是个人给予外界对象所有感受和评价的综合。个人职业品牌具有以下四个特征。

第一,个人职业品牌最基本的特征是质量保障。这一点和产品品牌一样。它体现在两方面:①个人业务技能上的高质量;②个人人品质量。也就是说既要有才更要有德。

第二,个人职业品牌讲究持久性和可靠性。建立了个人职业品牌,也就说明你的做事态度和工作能力是有保证的,也一定会为企业创造较大的价值。企业对你是信任和放心的。

第三,个人职业品牌的形成是一个慢慢培养和积累的过程。任何产品和企业的品牌都不是自封的,而是要经过各方检验、认可才能形成。对个人职业品牌而言,也不是自封的,而是在一个慢慢培养和积累的过程中被大家认可的。

第四,个人一旦形成职业品牌,与职场的关系就会发生变化。对个人来讲,一旦建立了职业品牌,工作就会事半功倍。

二、个人职业品牌的内容

个人职业品牌包含以下三方面内容。

职业定位是职业品牌的前提。有了职业定位,你就找到了人生奋斗的方向。通过不断学习和实践,提高自己的竞争力。缺乏能力,将会被时代淘汰。所以,从大一开始,大学生就要有意识地积累能力。许多大学生在毕业写简历时突然发现大学四年什么也没有学到,经历非常苍白。这些大学生就会在用人单位面前表现得非常不自信,就业困难[①]。

(一)个人核心竞争力

个人核心竞争力是指不易被竞争对手效仿的、具有竞争优势的、独特的知识和技能。提升个人核心竞争力就要在职业定位的基础上,重点提升自己解决某方面实际问题的能力。

(二)卓越的职业品质

牛根生有句名言:"有德有才,破格录用;有德无才,培养使用;有才无德,限制使用;无德无才,坚决不用。"对于企业或者商业社会来说,职业道德品质是非常重要的。大学生在完成学业、掌握知识、提高技能的同时不能忽视对品质的培养。一个优秀的职业人应该具备的品质包括诚信、敬业、责任感、注重细节、坚忍力和团队协作精神等。

职业品质是一个人的无形资产,决定着个人职业发展的最终成败。一个人的能力是

---

① 程龙泉. 职业能力培养与就业指导. 北京:北京理工大学出版社, 2017.

可以培养的，但品质是很难塑造的。因此，大学生在日常的生活、学习中，要有意识地培养自己，如准时、尊重他人、认真检查作业等。把优秀的职业品质内化成为习惯，你就会很容易得到别人的认可。

（三）职场营销

个人核心竞争力和卓越职业品质体现了个人职业品牌的美誉度，让你的雇主用得"放心"。但是一个人的职业发展空间除了能力外，还需要被更多人认识和了解，这样才能积累人脉，获得更多机会。因此，我们需要营销自我。

营销并非张狂，而是一种职场处事艺术。营销的方式有很多，比如参加同学聚会和学校各种竞赛活动、课堂回答问题、校外实践等，让别人认识到你的优点，知道你在哪方面强。现在许多的大学生习惯于在网上"冲浪"，忽视了人际交流与人脉拓展，这对以后的职业发展非常不利。

三、五步打造个人职业品牌

第一步：选择目标市场。你具备的特征、实习实践经历、兴趣、性格特点，以及你可以调动的资源是你个人职业品牌创建的基础。通过分析这些因素，你可以确定出你要从事的领域，勾勒出你的个人发展蓝图。很多人在职业生涯中遭遇失败，就是因为没有准确定义自己的发展方向。比如，你以后想在信息技术（information technology，IT）领域工作，那么你就必须要确定你是打造一个IT技术专家的品牌还是IT营销专家的品牌。如果你不能很好地认识自己，就要适时寻求专业人士的帮助。

第二步：进行个人职业品牌定位。和企业品牌一样，打造个人职业品牌，也需要准确的品牌定位。品牌定位是围绕你确立的目标市场，体现出你的独特价值。也就是说，如果你想让你将来从事领域的潜在客户选择你而不是选择别人，那么你需要告诉大家，你有什么地方和别人不一样。进行个人职业品牌定位，就要梳理你的特点和你在职业上的核心竞争力。

第三步：制定个人职业品牌战略。在做好你的个人职业品牌定位后，你需要结合你对市场的判断，来制定出你的个人职业品牌战略。和企业一样，你的个人职业品牌战略一定要通过结合自己的实际，客观地分析市场来确定，并要注意长期利益和短期利益的有效结合。这方面也可以寻求专业人士的协助。

第四步：包装你的个人职业品牌。个人职业品牌也需要适度包装，如职业化的服装、良好的礼仪，更有利于展示个人职业品牌的特点。在职场上，树立起自己的职业品牌，不仅有利于提升自身的竞争力，更有利于我们明确目标，清晰选择，不断朝着既定的职业目标去努力。

第五步：推广你的个人职业品牌。建立个人职业品牌需要提高你的知名度。因此，你需要利用每个机会，向别人讲述自己的故事。这需要你掌握一些基础的语言技巧，并琢磨如何简单明了地向别人推广你的品牌。同时，你需要分析你的目标客户经常出入的场合、接触的媒体等，来对你的个人职业品牌进行整合传播。让你的目标客户主动找你，这样你的个人职业品牌价值就会增加。

这是一个品牌时代，也是个性得到极大发挥的时代。今天，我们有了更大的选择空间和更好的发展平台，职业之路为每个人打开。要想在未来的职场竞争中崭露头角，就必须拥有清晰的个人职业品牌。做好人生职业定位，努力打造个人职业品牌，也能让我们的人生更精彩。

生涯行动 　**访谈：如何打造个人职业品牌**

寻找一位你认可的个人职业生涯品牌出色的人，访问对方是如何打造自己的个人职业品牌的。

任务二　定位个人职业品牌

案例导入　为什么不断出错的人会被观众记住？

两个人在同一个舞台上做脱口秀，一个循规蹈矩，一个不断出错。其中，不断出错的人在多台脱口秀演出上出过错，但他被观众牢牢记住，并经常收获到热烈的掌声，而循规蹈矩的那个人却收获很少的掌声。

思考：为什么那个不断出错的人会被观众记住？

知识链接　个人职业品牌定位

在现代社会，做好个人职业品牌定位非常重要。就像脱口秀演出活动中的那个经常出错的人，虽然多次出错，但他能被观众记住，有其职业品牌的功劳。当然，他也肯定是有自己的长处的，不然不会收到观众热烈的掌声。

要想定位好个人的职业品牌，一是要找准自己的优势和劣势，以及自己适合的职业类型。每个人都有不同的特征，而这些特征代表了不同的优势和劣势，不同的优势和劣势也代表着个人在职场中适合什么工作，不适合什么工作。比如，做技术类岗位的人，一般需要较强的逻辑思考能力，需要能够沉得下心来。二是选择行业时，要结合当下的外部宏观环境。随着经济的发展，国内的产业结构也已经发生了翻天覆地的变化。例如，农业和工业逐渐实现自动化，越来越多的岗位被机器替代，未来对于劳动力、人才的需求可能会进一步缩减。时代有更迭，行业也有周期，大学生想要抓住职业发展的机会，就必须要选对行业。一个行业从开始出现，到逐渐兴盛，再到稳定成熟，进而衰退，是有规律的。处于上升期的行业，一般是在行业中早期阶段，人才相对需求比较大但供给不足，这时候入行门槛较低，而且为了吸引人才，企业提供的薪水也会比较可观。想要找到处于上升期的行业，大学生可以通过资料搜集未来十年有不错前景的行业，通过招聘网站的报告或者搜索相关岗位，了解行业内的薪酬、人才要求等，还可以通过研究行业报告，了解行业未来的市场空间、目前主流公司及分布、人才缺口等，找到适合的切入点。

定位个人职业品牌必须在"知己"的前提下，充分"知彼"，了解职业对人的综合素质要求，了解职业的相关信息，包括职业的内容、职业的环境、职业的前途、所需要的职能训练等。美国著名职业生涯管理研究者、麻省理工学院施恩（E.H.Schein）教授将职业定位划分为以下五类[1]，看看你属于哪种类型。

---

[1] E.H. 施恩. 职业的有效管理. 仇海清译. 北京：生活·读书·新知三联书店，1992.

1. 技术型

持有这类职业定位的人出于自身个性与爱好考虑，往往并不愿意从事管理工作，而是愿意在自己所处的专业技术领域发展。

2. 管理型

这类人有强烈的愿望去做管理人员，同时经验也告诉他们自己有能力达到高层领导职位，因此他们将职业目标定为管理岗位。

3. 创造型

创造型工作，并不是指需要很强的创造力，而是指工作中有很多事情，并不能按部就班地解决，必须有针对性。这类人需要建立完全属于自己的事业或是研发的产品或工艺，或是自己的公司，或是能反映个人成就的私人财产。

4. 自由独立型

有些人更喜欢独来独往，他们并不愿意在组织中发展，而是宁愿做一名自由工作者，独立从事某行业或是与他人合伙创业。

5. 安全型

有些人最关心的是职业的稳定性与安全性，他们为了安定的工作、可观的收入、优越的福利与养老制度等付出努力。

知识拓展

一、大学生需要做好个人职业品牌定位

个人职业品牌定位是指围绕个人确立的目标市场，体现个人的独特价值。大学生个人职业品牌定位是根据社会、组织、企业等使用者的需求，塑造一个特定的形象传达给社会，从而在受众中确立一个理想的位置。大学生从大一开始就应有清晰的品牌定位，做好周密的职业生涯远景规划，树立积极正确的择业观和创业观。从兴趣、专长、个性、资历和期望等各方面进行探讨，对自我有一个清晰的认识。

大学生应如何定位个人职业品牌呢？首先，要明确自己的专长，做到精益求精，力争与众不同。步入职场后，要明确自己在职场中是否具备鲜明的个性，找到一份与自己个性相匹配的职业，便可更容易从工作中获取满足感和成就感。更为重要的是，大学生在工作中要有自己的职业愿景和职业目标，这样在工作中才会有源源不断的动力。

二、个人职业品牌定位的评价与校正

确定个人职业品牌定位之后，就要考虑怎样将品牌定位有效地、恰如其分地表达出来。品牌定位和实际表现的偏差从来都是显而易见的。因此，一个被证明行之有效的方法非常值得借鉴——动态地通过别人的眼睛，来观察自己的表现和个人职业品牌是否相符。向自己的同学、老师描述自己的个人职业品牌定位，并且鼓励他们动态反馈对自己

的意见。制定好每周、每月、每年的个人职业品牌建设目标，根据同学、老师、实习实践中的同事、领导的反馈和评价校正自己的努力方向。职业目标实现的过程也就是个人职业品牌实现的过程。

生涯行动　　定位个人职业品牌

请找出十个你认为能做的核心领域关键词，从里面筛选出一个你认为能做好的细分领域，然后根据你的性格、兴趣、技能、愿景等，找到自己的优势，定位出自己的个人职业品牌。

任务三　包装个人职业品牌

案例导入　小帅错失职业机会

××公司委托某咨询策划公司为其招聘公共关系人员。在笔试中，获得第一名的小帅兴冲冲地赶到面试地点。进入大门后，他不知道面试考场在几楼。这时，他看见楼梯拐弯处正好有一个人在清扫楼梯，他大声地问："喂，××公司招聘办公室在几楼？"对方看了他一眼，用手朝上一指说："请上四楼！"小帅赶忙往上赶，连一句致谢的话也没有说。轮到小帅面试了，他整了整衣服，胸有成竹地走进面试房间，一进去，他却傻眼了。坐在考官中间的主试官，正是他刚才在楼梯间碰见的扫楼梯者。原来，这是咨询策划公司一种特殊的考察方法。小帅虽然竭尽全力地展现自己的才能，尽可能圆满地回答考官的问题，但最终还是落选了。事后，小帅后悔不迭，他感慨地说："都是那一声'喂'害了我！"

思考：为什么那一声"喂"断送了小帅即将到手的工作机会？

知识链接

一、包装个人职业品牌的重要性

包装个人职业品牌是要展现个人职业品牌的个性。成功的个人职业品牌包装就像有吸引力的产品包装一样，要有生命力，要明确，要有知名度、美誉度、诚信、可靠。一个有个人职业品牌的人，会给人一种信任感，别人会相信你的能力，相信你的人品，相信你做事成功的可能性大。

个人职业品牌的包装要更多地体现自己的活力、沟通能力及亲和力。实践证明：越能表达自己想法、越平易近人的领导，越能得到大家的信任、赏识和爱戴，越能成为公众的核心人物，也越有感染力和说服力。要想树立个人职业品牌，要想在职场中形成良好的口碑，就越应该包装自己，从外到内地体现自己的独特性和亲和力。

个人职业品牌的包装包括精湛的专业技能、独具特色的工作风格、高尚的人品、职业化的服装、良好的礼仪等。在职场上，树立起自己的职业品牌，不仅能提升我们自身的竞争力，在竞争激烈的职场中取胜，更有利于我们明确目标，清晰选择，不断朝着既定的职业目标去努力，从而实现自己的人生梦想。但要注意，包装也要掌握好度，过分包装会适得其反。

二、包装个人职业品牌的方法

（一）塑造良好的职业形象

职业化员工往往能给人们留下一个非常好的印象，这种好印象往往来自他们展示的良好的职业形象。良好的职业形象包括：着装规范、注重礼仪和具有独特的气质。当我们同具有良好职业形象的人接触或打交道的时候，他们总能够给我们留下深刻的印象。

建立良好的职业形象对促进人们的职业发展具有重要的作用。一是有利于赢得他人的尊重、支持和帮助。在职场上，有礼走遍天下，无礼寸步难行。二是有利于包装和打造个人职业品牌，个人职业品牌需要良好的职业形象做支撑。三是有利于提高自身综合素质。建立良好的职业形象，不仅要注重外表，更要提高内在的修养，如品德、知识、情商等，所谓"腹有诗书气自华"。一个人要体现独特的气质仅靠着装是不够的，更需要提高内在的修养。前者是表象，后者是根本。要塑造良好的职业形象，要从讲究着装规范、注重礼仪修养和培养独特气质三个方面着手。

1. 讲究着装规范

着装规范能彰显职业化员工的素质，讲究着装规范，就是我们在工作的时候，应按企业的要求着职业装。穿着职业装，不仅能展现职业化、专业化的外在形象，也更有利于自己工作的展开。

2. 注重礼仪修养

在工作中，那些注重礼仪的员工总能够与领导、同事和客户建立良好的人际关系，赢得他人的尊重、支持和帮助。

注重礼仪能折射职业化员工的修养，职业化需要良好的礼仪修养做后盾。在职场中，我们既要重视外表、语言、姿态的美，更要看重道德修养，道德是礼仪的基础，礼仪是道德的表现形式。礼仪是一种修养，是多层次的道德规范体系中最基本的道德规范。礼仪不仅能显示出人的道德情操和知识修养，也能帮助人们修身养性、完善自我。良好的礼仪行为能体现出一个人高尚的道德修养，使他获得人们的尊敬和好感。当然，也只有具备良好道德修养的人才会有得体的礼仪行为。

3. 培养独特气质

良好的职业形象既需要外在着装和礼仪来诠释，更需要借助于内在独特的气质来彰显。独特的气质能表现职业化员工的魅力。例如，当我们乘坐飞机的时候，我们总能被空乘人员热情、端庄、文雅的独特气质所打动，可见独特的气质也是建立良好职业形象的一个重要元素。相比较而言，个人的外在着装和礼仪修养比较容易做到，而独特气质的培养需要较长的时间，难度也更大一些。培养独特气质是员工建立良好职业形象的关键环节。

（二）树立责任意识

在社会生活中，我们在享受权利的同时，还必须承担相应的社会责任，履行相应的义务。责任既是社会规则有序的保障，又是个人有所成就的可靠基础，也是为人处世必备的基本要素。因此，责任意识是建立一切优秀品质、培养一切美好行为的首要因素。可从以下几个方面来培养自己的责任意识。

1. 培养自省意识

自省是建立一切良知与自我约束的基本要素。一个人缺乏自省意识，就永远不能求得良好的发展和完善。人要有自省意识，随时反省自己，才能使自己少犯错，不断地发展和完善自己，才能认真履行自己的职责，也才能有所成就。

培养自省意识与培养自尊心、自信心和奋进意识并不矛盾。因为人要有所成就，需要自尊、自信，需要顽强进取，但这并不等于可以自高自大，把个人意志凌驾于他人之上，甚至以侵犯或牺牲他人利益为代价来满足自己的欲望。人只有学会自省，才能养成正确的责任意识。

2. 培养自主意识

人要能够对自己负责，必须首先学会把握自己的言行。在社会生活中，人们要正确认识自己，正确履行自己的职责，光有自省是不够的。如果人们不能摆正自己的位置，遇事没有什么主见，人云亦云，随波逐流，就不能正确指导自己的言行，也就不能承担任何责任。

自主意识的建立是要以正确的道德意识及正确的人生观为支撑，再辅以自省意识、自律自强来完成的。要培养正确的自主意识，以树立责任感，除了要培养自省意识，增强自尊心、自信心之外，还需有正确的人生观，建立正确的道德意识，从而培养自己的责任感。

3. 培养纪律意识

强烈的责任感在人们的日常生活中常表现为具有严格的纪律性。纪律也是一种行为规范，但它是介于法律和道德之间的一种特殊的规范。它既要求人们能自觉遵守，又带有一定的强制性。就是说，遵守纪律既是一种美德，又带有强制性，具有法令的要求。职业道德有时以制度、章程、条例的形式表达，让从业人员认识到职业道德又具有纪律的规范性。例如，工人必须执行操作规程和安全规定，军人要有严明的纪律，等等。

4. 培养敬业精神

所谓敬业，就是用一种严肃的态度对待自己的工作，勤勤恳恳、兢兢业业、忠于职守、尽职尽责地从事工作。真正敬业的人以目标为导向，创造性地工作，在平凡的岗位上创造不平凡的业绩。

职业道德所提倡的职业理想是以服务社会为核心，热爱工作，干好本职工作。即使所从事的职业并不理想，也应该认真、努力地干好自己的工作，在岗一日，敬业一天。绝不能因为没有达到自己所希望的理想职业而消极懈怠，得过且过，疲于应付。现实生活中能够找到理想职业的人毕竟是少数，对大多数人来说，必须面对现实，从事社会需要而自己内心可能并不太愿意接受的工作。在这种情况下，如果没有"干一行，爱一行"的精神，那么就很难干好工作，也许会蹉跎岁月、一事无成。而且也只有干好目前的工作，才有更多可以选择的机会，以及被机会选择的可能。

> 知识拓展

一、CEO[①]个人职业品牌建立法则

第一，要进行"品牌定位"。企业创造品牌的标准方法是"特色-利益"模式，企业思考它所提供的产品或服务的特色，能为客户或是顾客带去什么特殊的利益这套方法同样可以运用在CEO品牌的建立上。

第二，打造丰富内涵的优秀形象。彼得·德鲁克在其经典著作《21世纪的管理挑战》中指出：现在个人专长的寿命，比企业的寿命长。如何将自己的能力和风格形成一个特色，具备不可替代的价值，是建立CEO品牌的关键。

第三，持续的品牌积累过程。建立CEO品牌是一个长期的过程，要不断用各种手段持续地丰满CEO的形象[②]。

二、包装CEO品牌的基本方法

第一，要对CEO的分类有个清楚的了解。现在国内的CEO大体分为四类：业界领袖、成功企业家、第二代企业家和优秀的职业经理人。业界领袖的特质是个人魅力和声望比较高，具有划时代贡献和传奇色彩、极强的公众影响力和号召力。成功企业家的特质是具有较高的个人魅力和影响力、优秀管理才能和创新性。第二代企业家的特质是知识型的，开放的心态，从与国际企业的抗争到与国际企业合作，从单纯地做实业到多种资本经营方式，充分运用信息化管理手段，从保护型企业到自主型等。优秀的职业经理人的特质是有优秀的职业素养和管理才能。

第二，要清晰CEO品牌从个人职业品牌到企业品牌的维度划分。CEO品牌作为个人职业品牌的一个顶级表现，具有个人职业品牌和企业品牌的双重特征。在包装方法上，就要从个人、企业、社会三个层次上进行考虑，而考量每个层面的又有自然、阅历、抱负三个维度的考量。

第三，要对CEO品牌的主张对象和每一个对象的主张原则有准确的把握。CEO的形象塑造可以分为对外与对内两个方面。对内的对象包括员工、管理层和股东，对这三类族群也要从不同的角度塑造CEO的形象。对外部的顾客、合作伙伴、政府和媒体采取的应该是更为谨慎的策略。

第四，要对CEO品牌进行准确的具有区隔性的定位。从三个维度综合考虑，结合整个行业和竞争情况，给出CEO品牌的准确定位，为后续的CEO品牌传播定下基调。

> 生涯行动　　设计包装个人职业品牌形象

（1）我心目中理想的个人职业品牌形象是：＿＿＿＿＿＿＿＿＿＿＿＿＿＿＿＿＿。

[①] CEO 为 chief executive officer（首席执行官）的简称。
[②] 魏长松. 轻松读懂经济学知识. 北京：中国城市出版社，2012.

（2）我认为自己目前在他人心目中的职业品牌形象是：＿＿＿＿＿＿＿＿＿＿＿＿＿。
（3）我希望自己能在他人心目中树立的职业品牌形象是：＿＿＿＿＿＿＿＿＿＿＿＿＿。
（4）为了树立该职业品牌形象，我应该做的是：＿＿＿＿＿＿＿＿＿＿＿＿＿＿＿＿。
（5）我将采取哪些方式包装我的个人职业品牌形象：＿＿＿＿＿＿＿＿＿＿＿＿＿。

项目八　打造个人职业品牌

任务四　推广个人职业品牌

案例导入　　推销自己[1]

曾有一位大学毕业生急于找工作，他兴冲冲地进入一家报社。对总编说：
"你们需要一位好编辑吗？"
"不需要。"总编回答说。
"那么记者呢？"
"不需要。"
"那么排字工人呢？"
"不需要，我们现在什么空缺都没有。"
"那么你们一定需要这个东西。"这个大学生从公文包里拿出一块精致的牌子，上面写着："额满暂不招聘。"

总编看着牌子，笑了起来。他立刻给老板打了一个电话，把这件事说给老板听。随后，总编笑呵呵地对大学生说："如果你愿意，请到我们广告发行部来工作。"

大学生愉快地接受了总编的提议，成为该报社的一员。事后有人问大学生："既然你接受了这项聘请，那么一开始为什么要提到编辑和记者呢？"大学生说："我是要让总编明白，我的能力可以胜任任何工作。"此人接着问："那么，那个牌子又是怎么回事？"大学生回答道："引起总编的关注和同情。同时也激励自己，即使我失败了，它也会提醒我，是暂时不招聘而已。"

思考：该大学生成功推广自己的方式给你带来了什么启示？

知识链接

一、学会推广个人职业品牌

在当今社会，无论是企业品牌还是个人职业品牌都离不开自我宣传推广。这一点正如营销学专家杰伊·康拉德·莱文森（Jay Conrad Levinson）所说："如果你不宣传自己，则更多积极的人就会站在你的面前，挡住你前进的道路，并且你将会混杂在平庸中，永无出头之日。"杰克·特劳特也说过："一旦你奋力爬上山顶，最好是插上你的旗帜并拍些照片。……如果你不宣扬你的成就，那么紧随其后者就有机会攫取本来归你正当所有的东西。"[2]因此，作为一个即将进入职场的大学生，你必须想方设法地宣传自己，

---

[1] 石丹林. 金口才. 北京：同心出版社，1996.
[2] 查斯特菲尔德. 培养未来的精英. 华风编译. 杭州：浙江人民出版社，2008.

· 243 ·

推广自己，要让人们记住那些你希望他们记住的关于你的特征，同时让这些特征表明你在不断进取。具体来说，就是善于把个人职业品牌中的核心内容展示出来，用事实说明你的与众不同以及不同凡响。为此，你必须学会做到以下几点。

让人们看见——对正处于求职阶段的大学生来说，你必须每天都让自己置身于就业市场中；而对于已经踏入职场的毕业生来说，你必须每天都有优良的表现。

让人们听见——你的相关信息（展现你与应聘岗位要求相匹配的素质和能力）必须很明确，并且要设法传递给关键的人物。

让人们记住——将你独特的技能及经验进行整合，然后使之凸显出来。

让人们青睐——用事实说话，要向招聘者展示自己解决问题的能力，而不是仅仅告诉他们你有哪些出色的特质。

让人们尊重——说到做到，全身心投入去兑现自己的承诺。

除此之外，你还应该注意时常反省自己的所作所为，并戒除一些不良习惯。如果你在参加会议时总是爱迟到，那么你就应该学会提前两分钟到场。如果你在工作中穿得有点邋遢，就要学习如何使自己变得干净利索、落落大方。穿着整齐不仅仅是为了仪表美，更重要的是可以提高自身声誉，而良好的习惯则会让你的个人职业品牌更可靠。

二、推广个人职业品牌的方法

在推广个人职业品牌的过程中，个人要牢牢抓住一切机会，推广自己的职业品牌。在对自己有明确定位的前提下，开展自己个人职业品牌宣传和推广活动。那么，采用什么方式更容易让人们接受你的个人职业品牌宣传，并对你产生良好的印象呢？具体可以参照以下几种方式。

一是展示个人能力。把自己的能力展现在同学、朋友、校友、老师和领导面前，让他们对你产生信任感。方法包括：①在行业刊物上多发表建设性的看法；②多参加一些社会性的活动，提高自身的知名度；③必要的时候，可以展示自己过去的成绩，增强他人对自身的了解。成功的企业家都善于推广，无论是以嘉宾身份出席活动，还是写博客等，无论是出书，还是演讲，他们时时刻刻都在推广自己。

二是保持你的声音。无论你从事哪个行业，一定要在业界树立你的观点，发出你的声音，你要抓住一切机会多参加行业的相关会议和论坛，在行业的论坛、会议、媒体上发表你的观点和构想，树立你自己的观点旗帜，并且不遗余力地去捍卫它。当然，观点应鲜明并具有特色，切忌陈词滥调、人云亦云，需要新、奇、特，并且要有充足的理论依据支撑；发布的时机也要掌握好，事件要具有针对性、焦点性、争议性等特征；要寻找影响扩散面宽、快的媒体和场合发布，这样你就可能一发中的，获得知名度。

三是寻找品牌的传播者。个人要善于发现团队中的"意见领袖"，然后进行个别公关，获取他们的支持，使自己的职业品牌形象通过人际广为传播。

四是避免影响个人职业品牌形象的事情发生。在推广个人职业品牌的过程中要注意自己的言行举止、礼仪规范。个人应当保持谨慎和自律，有意识地避免破坏个人职业品牌形象事件的发生。如果有有损个人形象的事情发生且无法避免，则要尽早进行危机公关，避免在公开媒体上曝光或者不利信息的扩散流传。

知识拓展

一、管理个人职业品牌

个人职业品牌要想保持增值的状态，有效的管理十分重要。长久拥有一个成功的个人职业品牌的核心在于管理和维护。那些伟大的个人职业品牌的塑造者都了解这一点：诸如我们看到的，不论怎样改变，汤姆·彼得斯的形象永远是通过预言为商业世界注入新鲜的激情，彼得·德鲁克则成为永远的管理智者的代名词，比尔·盖茨则成为当今最知名的名字之一，等等，这是一个"以品牌为王"的年代，让我们看看今天的一些巨大的个人职业品牌：泰格·伍兹、欧普拉·温弗莉……这些人都时刻密切关注影响他们个人职业品牌的一切。不论是各种主流媒体，还是街头流行小报上的故事，抑或是他们最新代言的产品和企业情况。还有很多我们熟悉的企业家，他们的个人职业品牌与企业息息相关，因此对于他们个人职业品牌的管理更是至关重要。企业家的个人职业品牌已经被视为企业品牌的组成部分，如果企业家的个人职业品牌有了负面影响，企业品牌也将大受打击。

出席必要的社交活动，给朋友适时发送邮件，节日里为同事送上祝福、寄送礼物等，这些都是维护你个人职业品牌的方式。个人职业品牌竞争力的形成不是一朝一夕之功，是一个漫长的过程。一个出色的品牌需要长时间的积累和沉淀。很多品牌由于缺乏必要的前瞻性维护，在市场竞争中不幸夭折。在现代的市场竞争中，品牌维护不容小觑。维护个人职业品牌要遵循一些简单有效的维护步骤，不断对你的品牌进行完善，并保持观察力，提前发现可能存在的危机。个人职业品牌就像一部机器，如果你总让它高速地运转，不进行定期的维护，它就有可能出现故障，甚至坏掉。因此你要不断地维护你的品牌，使它永葆活力。

产品都有生命周期，但是品牌却可以永存。如果你忽视了对品牌的维护，疏于看护，那就会将你的个人职业品牌带入窘境。因此，在品牌发展过程中，时刻保持关注是十分必要的。品牌维护的基础是确保你的个人职业品牌不受到外界损害，在自己的关系网范围内，积极开展与自己的品牌个性和核心价值相关的每一项活动，做到前后一致、合适得体。

不断积累品牌资产、提升品牌价值、丰富品牌内涵特征、不断释放品牌个性……除了上述我们所讲到的进行品牌维护的内容外，还有一点也同样重要，那就是品牌的拥有者是否有能力建立一种独特的品牌风格，来真正体现并传播品牌的价值主张。

我们每时每刻都在用自己的言语、行动、穿着打扮传递着个人的独特品牌形象，我们应竭尽全力地塑造自己独特的风格，但不容忽视的是，我们周围的人无时无刻不在审视着我们，不论你是有意还是无意，审视者对你的个人职业品牌形象在不断地认知着。如果不希望发生意外，请时刻管理好你的个人职业品牌形象。正确做好个人职业品牌价值的管理关键在于，准确定位个人的品牌价值以及选择恰当的途径传递个人职业品牌形象。

二、保持品牌核心价值

保持个人职业品牌的源远流长，就要学会管理自己的个人职业品牌，主要注意以下两个方面。

一是保持持久性，关键是保持品牌的核心价值不变。个人求职品牌的核心价值是个人职业品牌的精髓所在，包括直接价值、关系价值、象征价值三方面。其中，直接价值是指职业者通过个人的工作所创造出的工作成果而被外界对象所感受到的价值，体现在职业者所服务的企业的业绩增加、经营收入提高、效率提高等方面。关系价值是指职业者在职业生涯发展中与现有的上级、同事在工作中形成的互相信任和尊重的关系，以及与客户、政府、媒体等形成的良好关系而为现在服务的企业所创造的价值。象征价值表明职业者的最高发展境界，是成为某一职业群体的象征，从而能够调动更多的社会资源为其价值的体现提供更多的作用。大学生要想使自己的品牌价值更恒久，就必须围绕这三个方面的价值而努力，使自己更加完美。

二是让你的品牌永远"保鲜"。这里的保鲜是要求"每天进步一点点"。个人职业品牌需要不断进行创新，给品牌注入全新的生命力，才能每天给人耳目一新的感觉。品牌因创新而伟大，即使你已经形成了个人职业品牌，也必须不断学习新知识，补充新内容，学习那些对自己个人求职品牌发展有用的东西，以保持品牌的持久魅力。

生涯行动　推广自己的个人职业品牌

发挥你的创意，建立一个自己的个人主页，在主页上展示自己的能力，发表自己的作品，推广自己的个人职业品牌。

学习总结

在完成本部分的学习后，小静对打造个人职业品牌对个人职业发展的重要性有了更深刻的了解，并自觉地创建自己的个人职业品牌。小静自己的职业定位为技术型和管理型的复合型人才，制定了每年、每月、每周、每日的个人职业品牌建设目标，设计了个人职业品牌包装及推广方案，并根据同学、老师、实习实践中的同事、领导的反馈和评价，校正了自己的方案，完成了个人职业品牌的初步打造。小静相信自己能够管理、维护好自己的职业品牌，获得成功的职业生涯，收获幸福人生。

推荐阅读

1. 〔美〕艾·里斯，杰克·特劳特. 定位. 邓德隆，火华强译. 北京：机械工业出版社，2017.

2. 王一九. 从0到1打造个人品牌. 北京：电子工业出版社，2020.

项目九　搭建职业生涯发展平台

学习目标

知识目标： 从个人职业生涯发展的视角，理解求职的意义，了解求职的流程、求职消极心态及成因；从招聘视角，理解简历的本质，面试的基本逻辑，做好简历、面试等就业准备；掌握就业权益、就业协议和劳动合同的签订，识别常见求职陷阱及防范方法。

能力目标： 能够采用科学方法确定求职意向；制作并投递优化后的简历；做好面试前各项准备，积极参与模拟面试；塑造积极就业心态，规避求职陷阱，维护自身就业权益。

素质目标： 构建系统求职观念，理性应对求职挑战；树立主动求职的意识，积极提升职业胜任力，实现职业发展的可持续性。

生涯名言

人生的道路虽然漫长，但紧要处常常只有几步。

——柳青《创业史》

生涯困惑

时光飞逝，在不知不觉中小静已站在校园与职场的交界处，像学长学姐一样开启了求职之旅。面对招聘信息，小静不知选择哪家公司，投出的几份简历，回应寥寥，她不知道是简历问题还是求职方向有误。终于等来面试机会，小静又因准备不足，表现不佳，而以失败告终，心态消极。她也听闻求职受骗的案例，担心自身权益会在求职过程中收到损害。她不知道该如何消除求职的迷茫与焦虑，突破眼前的成长瓶颈，重拾积极心态，在挫折中不断前行。

大学生职业生涯发展实践指导教程

思维导图

项目九 搭建职业生涯发展平台

- 学习目标
- 生涯名言
- 生涯困惑
- 任务一 求职洞悉，确定意向
  - 【案例导入】小静海投求职简历
  - 【知识链接】一、求职求什么 二、工作的理由
  - 【小组活动】罗列求职前我们应该做哪些事？
  - 【知识链接】求职的准备工作
  - 【体验活动】填写求职意向表
  - 【知识链接】一、求职意向确定步骤 二、求职意向确定方法
  - 【知识拓展】树立科学择业观
  - 【生涯行动】制订个人求职计划表
- 任务二 求职增效，精修简历
  - 【体验活动】简历对比
  - 【知识链接】简历优化的原则
  - 【体验活动】简历自我挑刺
  - 【知识链接】一、简历制作的常见问题及应对 二、网申简历
  - 【知识拓展】简历的投递
  - 【生涯行动】简历优化与投递
- 任务三 求职练兵，模拟面试
  - 【情景导入】观看教师所提供的视频，如果你是面试官，会选择谁留下，并说明理由。
  - 【知识链接】一、面试是什么 二、面试的分类
  - 【想一想】以上视频中的求职者，如果提前做哪些准备，可能面试的成功率会更高。
  - 【知识链接】面试前的准备
  - 【知识链接】面试考察的主要内容
  - 【体验活动】面试问题速答
  - 【知识链接】常见的面试问题
  - 【生涯行动】AI模拟面试
- 任务四 求职制胜，稳定心态
  - 【体验活动】求职心理探讨
  - 【知识链接】求职前的心理准备
  - 【案例思考】小静该如何稳定心态
  - 【知识链接】一、求职中常见的消极心态 二、消极心态产生的主要原因
  - 【体验活动】就业心态测试
  - 【知识链接】塑造和保持积极就业心态
  - 【生涯行动】检视个人的就业心态
- 任务五 求职无忧，维护权益
  - 【案例导入】观看新闻报道中的学生求职真实反面案例。
  - 【知识链接】一、就业权益的内涵 二、大学生享有的就业权益
  - 【体验活动】就业协议知多少
  - 【知识链接】一、就业协议的含义 二、就业协议的签订 三、就业协议违约
  - 【体验活动】劳动合同模拟签订
  - 【知识链接】一、劳动合同的含义 二、劳动合同的签订 三、劳动合同争议处理
  - 【体验活动】求职陷阱大曝光
  - 【知识链接】一、常见的求职陷阱 二、求职陷阱防范方法
  - 【生涯行动】研读就业协议和劳动合同条款
- 学习总结
- 推荐阅读/观看

任务一　求职洞悉，确定意向

案例导入　小静海投求职简历

怀揣着对未来的憧憬，小静将自己之前撰写的简历尝试海投了 20 份。在等待回复的日子里，她充满期待，每天都盼着能接到面试邀请。然而，现实却给了她沉重一击。陆续收到的回复大多是冰冷的："简历已收到并在审核中。"还有一些直言："你的简历不符合我们的要求。"小静感到十分困惑和失落，不明白自己的简历为何得不到认可。

思考：盲目海投反映出小静存在哪些职业认知问题？

知识链接

一、求职求什么

求职，不只是获得一份用以维持生计的工作，更是开启个人生涯发展大门的关键钥匙，是实现个人生涯发展的重要途径。我们投身求职浪潮，是为了充分发挥自身优势，激发个人内在潜能，享受职业带来的成就感与满足感。

求职的实质，就是在漫漫人生路上，通过合理的职业选择，去追求属于自己的幸福人生。它承载着我们的梦想与希望，推动着我们不断成长与进步，是我们人生旅途中不可或缺的重要环节。因此，求职的实质是追求幸福人生。

二、工作的理由

工作，是指劳动生产，核心指向劳动，而劳动能够创造价值。人们投身工作的原因多种多样：①满足衣食住行等基本生活需求，保障自身和家庭的物质生活水平；②将工作视为自我成长与提升的平台；③结识来自不同背景的同事与合作伙伴，建立丰富的人际关系；④工作是实现人生理想，为社会创造价值的途径……

现在，回归到我们自身，不妨认真思考一下，你工作的理由又是什么？明确工作的理由，或许能让我们在工作中找到更多的动力与方向。

小组活动

请各小组根据自己对求职的了解，罗列求职前我们应该做哪些事？

知识链接　求职的准备工作

图 9-1 为具体的求职流程，大学生需要根据求职流程做好求职的准备工作。

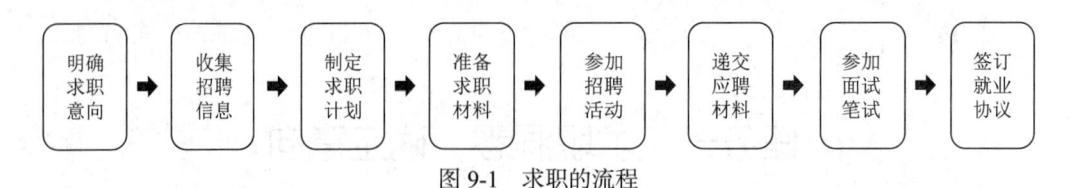

明确求职意向 → 收集招聘信息 → 制定求职计划 → 准备求职材料 → 参加招聘活动 → 递交应聘材料 → 参加面试笔试 → 签订就业协议

图 9-1　求职的流程

（一）明确求职意向

提前确定自己感兴趣的行业、职业方向以及目标企业类型，思考自身的专业优势、技能特长、兴趣爱好与职业的匹配度。

（二）收集招聘信息

通过学校就业指导中心、企业官网、招聘平台、校园招聘会、就业公众号等途径可以获取招聘信息。

（三）制定求职计划

根据收集到的招聘信息，制定详细的求职时间表，并明确各企业网申截止日期、笔试面试时间，合理安排准备时间，避免时间冲突。

（四）准备求职材料

求职材料包含求职简历、自荐信、推荐信、学历证明、作品集、荣誉证明、答辩材料等。

（五）参加招聘活动

根据搜集的招聘信息，积极参加各类招聘活动，了解招聘企业的企业文化、业务范围、招聘岗位及要求等关键信息。

（六）递交应聘材料

根据用人单位的要求，将应聘材料发送至招聘信箱或将纸质应聘材料提交到企业指定的地点。

（七）参加面试笔试

通过简历筛选的求职者，进入面试环节。有些企业会根据岗位需要设置笔试环节。

（八）签订就业协议

通过面试、笔试环节后，就可以签订就业协议了。签订就业协议时要仔细审查协议关键条款，学生、学校、企业三方签字盖章后，按照企业要求准备入职材料，做好入职准备。

> **小贴士**

大学生常见的毕业去向

大学生常见的毕业去向有以下几种。

（1）协议就业。毕业生与用人单位签订就业协议书，明确双方在就业过程中的权利义务。

（2）合同就业。毕业生与用人单位签订劳动合同，依合同确定薪资、职责等内容，保障就业稳定。

（3）灵活就业。包括自由职业、兼职等，工作灵活但收入不稳定，适合自我管理和创新能力强的学生。

（4）专升本。专科生通过考试进入本科院校深造，提升学历与就业竞争力。

（5）出国留学。前往国外高校学习，接触国际教育资源，但需一定经济基础并适应异国环境。

（6）西部计划。高校应届毕业生到西部基层开展1~3年志愿服务，服务期满可享升学、就业优惠政策。

（7）"三支一扶"计划。高校毕业生到农村基层支教、支农、支医和帮扶乡村振兴，服务期满在招录中享受政策倾斜。

（8）教师特岗计划。高校毕业生到中西部农村学校任教，服务期一般为三年，期满考核合格可转为正式教师。

（9）农技特岗计划。国家招聘高校毕业生到农村基层从事农业技术推广服务工作。为农村地区输送农业技术专业人才，促进农业科技成果转化和应用，大学生在服务期间可积累丰富的农业实践经验，提升专业技能。

（10）大学生应征入伍。大学生参军入伍，享受保留学籍、考研加分等优待政策，助力国防事业。

（11）大学生村官。大学生到农村参与基层治理，服务期满在考公、考编中有优势。

（12）选调生。各省会从高校选调品学兼优的本科及以上毕业生到基层重点培养，晋升渠道较畅通。

（13）考公考编。竞争政府机关或事业单位岗位，工作相对较稳定但竞争激烈，需充分备考。

（14）自主创业。大学生开展商业活动实现创业梦想，潜力大但面临资金、市场等风险。

体验活动　填写求职意向表

请根据自己收集的信息，结合自己的实际情况，填写到表9-1中。

表 9-1 个人求职意向表

序号	行业	职位	工作地点	组织（平台）	选择的理由

知识链接

一、求职意向确定步骤

大学生可以通过自我评估、职业探索、人职匹配分析来确定求职意向。

（一）自我评估

剖析自己的性格和兴趣，盘点自己拥有的技能和能力，对自己的职业价值观进行评估，思考自己对工作的核心诉求，找出自己既喜欢又擅长的职业。

（二）职业探索

确定求职意向前，除了自我评估外，还要熟知外部职业环境，即进行职业探索。职业探索可从社会需求、企业概况两方面进行。

1. 社会需求探索

社会需求代表着社会对某一方面人才的需求水平，在很大程度上决定了某些专业大学生找工作的难易程度。大学生可根据网络公开信息，如行业报告、新闻媒体报道来了解最新的社会对人才的需求状况，判断社会需要的人才类型。

社会研究机构公布的红绿牌专业也是反映社会需求的风向标。红牌专业指的是失业量较大，就业率、薪资和就业满意度综合较低的专业，与相关专业毕业生供需矛盾有关。绿牌专业指的是失业量较小，就业率、薪资和就业满意度综合较高的专业，为需求增长型专业。社会需求增长是造就绿牌专业的主要因素，连续绿牌说明相关专业的就业优势具有持续性。红绿牌专业反映的是全国总体情况，各省区、各高校情况可能会有差别。比如在近五年中，信息工程、电气工程及其自动化的绿牌专业出现次数较多，微电子科学、信息安全等也呈现出良好的市场需求和前景。这些专业通常属于工科领域，标志着其在新技术和行业发展中的重要性。相对而言，被多次被列入红牌的专业有应用心理学、法学和绘画等。这些专业在职业市场上的需求较为低迷，导致了职业发展的压力较大。

2. 企业概况探索

对大学生来说，企业是实现自身职业发展目标的载体。通过对企业基本概况的探索，大学生可以了解目标企业的发展及运营情况，全面认识目标企业的企业文化与发展前景，尤其要做好岗位调查。岗位调查是以工作岗位为对象，采用科学的调查方法，收集各种与岗位有关的信息和资料的过程。岗位调查的内容有岗位责任、岗位资格、岗位条件、岗位发展空间、工作待遇和工作环境等。大学生要明确自己要选择的行业、企业甚至是工作岗位。目标越明确，求职越顺利。

（三）人职匹配分析

从自我评估、职业探索两方面确定求职意向后，还要进行人职匹配分析。即对比自身的技能和能力与目标职业要求之间的契合度，判断自己是否具备胜任该工作的基本能力，以及还需要在哪些方面进行提升；确保自己的兴趣和工作内容相符合，工作价值观与企业文化和工作氛围相契合；从长远角度考虑，职业发展路径是否与自己的职业规划和人生目标相匹配，能否在该职业中不断成长和进步，实现自己的人生价值。

二、求职意向确定方法

大学生可以通过五个步骤（见图9-2），逐步明确自己的求职意向。

选择就业的行业 → 圈定就业的区域 → 遴选意向的单位 → 了解待遇等需求 → 明确就业的岗位

图 9-2 求职意向确定的五个步骤

1. 选择就业的行业

目前，高校所设置的专业大部分都是符合区域经济发展需求的具有一定操作性的应用型专业。明确求职意向时，大部分学生可以选择从事与本专业对口的工作，通过自己的专业技能获得适合自己的岗位。而对口的用人单位也喜欢招收应用型院校的毕业生，因为这些学生只需通过简单的培训，即可胜任岗位工作。虽然如此，我们也要摒除专业与岗位绝对匹配的择业观念，因为能找到专业对口的工作或者岗位固然好，如果不能找到，也大可不必灰心，因为专业对口只是充分条件，而不是必要条件。大学学习的是知识和方法，只要能发挥自己的聪明才智，有发展空间，不一定非要从事与专业严格对口的工作。

2. 圈定就业的区域

部分大学生在选择就业区域的时候，存在着"唯直辖市、沿海、发达地区不可"的倾向，都希望选择大中城市而忽略了西部或者农村地区。其实在欠发达的中西部地区，发展潜力和发挥空间更大，同时这些地区对人才的需求也更加旺盛。基层是大学毕业生建功立业的大好舞台，国家也制定了一系列的引导基层就业的优惠政策，如"三支一扶计划""大学生村官工程""志愿服务西部计划"等。大学生应该积极响应国家号召去基层就业，实现自己的职业生涯目标。

3. 遴选意向的单位

基于当前的就业形势和我国的社会经济发展，大学生在就业单位的选择上呈现多元化。这种现象产生的原因在于大学毕业生的人才特点和竞争优势，以及社会人才的多元化需求。毕业生一般不再注重就业单位的性质，只要有发展潜力，国家机关、事业单位、外资企业、民营企业、自由职业等，都应去尝试和争取。

4. 了解待遇等需求

在薪酬待遇方面，大多数大学毕业生的期望值整体上是符合社会实际情况的。但仍有部分大学生就业期望值过高，目标放在大企业、薪酬福利好的行业，却往往忽略了自身实力和适合自身的择业定位，从而导致择业失败。毕业生应该端正心态，切勿好高骛远，正确的选择是先走上适合自己发展的工作岗位，通过自己的拼搏和努力获得较好的待遇。

5. 明确就业的岗位

大学生就业选择何种岗位，主要取决于自身愿望、资源条件和岗位胜任素质与能力要求。这就要求大学生对自我的素质和能力有清晰的认识，对具体岗位的职责、任职条件和要求、职业发展路径等有深入的了解。

知识拓展　树立科学择业观

我们正处在大有可为的新时代，时代需要奋斗者，时代同时也属于奋斗者。大学生是建设祖国必不可少的栋梁之材，是社会前进不可或缺的关键齿轮。值此"两个一百年"的历史交汇点，大学生更应该树立正确科学的择业观，为祖国建设添砖加瓦，为社会发展贡献力量。

第一，要对就业大环境有清晰的认识和理解，明白就业形势不容乐观。大学生要主动了解和掌握就业政策，主动适应经济建设与社会发展的需要，主动面向基层、面向中西部理性择业，主动创业，将个人的职业理想与国家的发展需求紧密结合，在广阔的天地中实现自我价值，为国家建设添砖加瓦。

第二，要有积极乐观的择业心态。大学生要对在择业中遭受挫折有充分的思想准备，把其看成锻炼意志、增强能力的机会，绝不能因此而意志消沉、一蹶不振，而是要认真分析失败的原因，摆正位置、调整心态，变压力为动力，使自己能从容、冷静地面对一切困难。

第三，要拓宽择业领域。每个学生都希望毕业后获得一份能够满足自己物质生活和精神需求的工作。但必须看到的是，这种需求受到自身条件和客观因素的制约。大学生要树立跨地区、跨行业、跨所有制甚至跨国界的全方位的就业思想。只要职业合适并能实现自己的价值，为社会增添一份光和热，行业、体制、区域都可以跨越。不要人为地认定某些职业才是大学生该做工作，某些职业不是大学生该做的工作。要打破条条框框，不给自己设限，在就业市场拓宽自己的择业领域。

第四，要结合社会的需要勇敢创业。现代社会飞速发展，市场出现了很多新的需求，大学生要有创业的意识和开拓新天地的无畏精神，要勇于把握创业机遇，敢于接受挑战。在创业的征程中，实现个人的职业抱负，带动更多人就业，为国家经济发展注入新活力。

当代大学生应牢牢把握时代赋予的机遇，将个人择业与国家发展紧密相连，在就业与创业的道路上，以积极的态度、创新的精神，书写属于自己的精彩篇章，为国家的繁荣贡献青春智慧与力量。

生涯行动 制订个人求职计划表

根据求职意向及个人求职计划表提示（见表9-2），制订个人求职计划表。

表 9-2 个人求职计划表

我的求职意向：_____。

求职阶段	起止时间	执行方式	具体行动	求职评估	备忘录
收集招聘信息	××年××月××日—××年××月××日	网络搜索、校园招聘官网、人脉打听	1. 每日浏览 BOSS 直聘、智联招聘等招聘网站； 2. 关注目标企业官网招聘板块； 3. 向学长学姐、业内人士打听内推信息	收集有效招聘信息数量、质量	重点企业招聘时间节点
制定求职计划	××年××月××日—××年××月××日	综合考量信息，规划安排	1. 根据招聘信息，确定投递顺序、重点准备企业； 2. 规划各阶段时间，如简历投递、面试准备时间等	计划合理性、可行性	需协调资源，如面试时间冲突解决方案
准备求职材料	××年××月××日—××年××月××日	撰写、修改、排版	1. 撰写针对性简历，突出匹配目标岗位技能、经验； 2. 准备求职信，表达求职诚意与优势； 3. 整理获奖证书、作品等附件	材料是否突出优势，有无针对性	备用求职材料份数
参加招聘活动	××年××月××日—××年××月××日	线上线下参与	1. 按时参加线上宣讲会，记录关键信息； 2. 前往校园招聘会、人才市场，与招聘人员交流	参与活动数量、与招聘方有效沟通次数	活动地点、时间记录
递交应聘材料	××年××月××日—××年××月××日	按要求投递	1. 按招聘方要求格式、渠道投递简历及附件； 2. 记录投递企业、岗位、时间	成功投递数量，有无反馈	投递链接、邮箱等记录
参加面试笔试	××年××月××日—××年××月××日	针对性准备、按时参加	1. 研究目标企业、岗位，准备常见问题回答； 2. 进行模拟面试、笔试练习； 3. 按时参加面试、笔试，展现自身优势	面试笔试表现、通过数量	面试笔试经验总结
签订就业协议	××年××月××日—××年××月××日	沟通薪资福利、确认条款	1. 与录用企业沟通薪资、福利、工作时间等； 2. 仔细阅读协议条款，确认无误后签订	是否争取到理想薪资福利，协议签订是否顺利	协议关键条款备忘

任务二　求职增效，精修简历

体验活动　简历对比

请小组成员从招聘方的角度，对修改前后的简历进行点评，并推测修改意图。

修改前的简历：

简　历

李某某

女 ｜2004 年 10 月生 ｜现居住于云南省昆明市

联系方式：188 0001 ××××

E-mail: 188 0001×××@163.com

教育背景

2022/09—2025/07　　　　云南×× 职业学院 ｜建筑工程技术 ｜专科

工作经历

2023/07—2023/08

云南××管理咨询有限公司 ｜工程项目部 ｜实习生

工作描述：

协助建筑工程项目前期筹备，整理资料、绘制草图，分析建材价格，辅助编制可行性报告。

2024/07—2024/08

云南×× 建筑工程有限公司 ｜施工管理部 ｜实习生

工作描述：

参与施工现场管理，记录进度、检查质量，协助验收工程，整理施工资料并编制月报。

在校实践经验

曾担任班级团支书一年，负责组织团支部各种大小活动。

担任某社团宣传部部长，负责组织社团的各种宣传活动。

担任班级团支书和社团宣传部部长锻炼了我良好的组织策划能力。

在校学习情况

优秀学生奖学金一等奖

国家励志奖学金 1 次

"优秀学生""优秀团员"荣誉称号 ｜院校级

证书

大学英语四级（CET-4）　成绩良好

全国计算机等级考试　　成绩良好
云南省职业院校技能大赛高职组一等奖
"1+X"建筑信息模型BIM职业技能等级证书
"1+X"建筑工程识图职业技能等级证书

自我评价

性格温和、平易近人，喜欢与人沟通。工作认真负责，不畏艰苦劳累，具有不断进取和勇于挑战自我的精神。遇到难题定会积极地向他人请教，尽心尽力做到更好。曾担任社团部长、宿舍舍长等职务，还积极参加班级活动、社会实践活动。大学生涯大大提升了自身组织、协调、管理等处事能力与人际交往能力，并磨炼了吃苦耐劳的意志，具备良好的心理素质。

修改后的简历：

简　历

李某某

性别：女　　　　　　　　　　　　　出生年月：2004年10月

联系地址：昆明市××区××路××号　　联系方式：188 0001××××

E-mail:188 0001×××@163.com

求职意向

资料员

教育经历

2022/09—2025/07　　　云南××职业学院｜建筑工程技术｜专科

工作经历

校外：

2023/07—2023/08　云南××管理咨询有限公司｜工程项目部｜实习生

深度参与建筑工程项目前期筹备，独立完成2个项目地块的地质勘察报告及周边建筑规划资料收集整理，运用AutoCAD辅助绘制2份简易建筑平面布局草图。通过市场调研，分析最新建筑材料价格波动趋势，整理形成20多组有效数据，协助编制的项目可行性分析报告被采纳，为项目成本估算误差控制在5%以内提供有力支持，显著提升工程资料处理与数据分析能力。

2024/07—2024/08　云南××建筑工程有限公司｜施工管理部｜实习生

每日精准记录施工进度，完成2次施工质量检查。协助监理完成主体结构钢筋绑扎、模板安装等关键环节验收，及时发现并反馈2项施工问题，推动整改落实。高效整理30份施工日志、材料进场验收单等工程档案资料，协助编制1期施工月报，完整呈现项目施工动态，熟悉建筑工程全流程施工规范，强化工程质量把控与文档管理能力。

校内：

2022/09—2023/07　担任班级团支书，编排并组织了团支部的历史穿越剧之重走长征路。

2023/09—2024/07　担任某社团宣传部部长，主要负责社团英语角的宣传活动。

获得荣誉

2023 学年　　优秀学生奖学金一等奖

2024 学年　　国家励志奖学金 1 次

2024 学年　　云南××职业学院　　"优秀团员"

2025 学年　　云南××职业学院　　"优秀学生"

个人能力

大学英语四级（CET-4）　成绩良好

全国计算机等级考试　成绩良好

云南省职业院校技能大赛高职组一等奖

"1+X"建筑信息模型 BIM 职业技能等级证书

"1+X"建筑工程识图职业技能等级证书

自我评价

性格开朗，勤奋好学，吃苦耐劳，认真细心，具有良好的交流沟通能力和团队合作能力。

知识拓展　简历优化的原则

在竞争激烈的求职市场中，一份出色的简历是大学生敲开理想职业大门的关键。简历优化的核心原则是突出优势、精准匹配、简洁高效。

1. 突出优势

应届生简历可从强化实习/项目经历、成绩排名、竞赛奖项、可迁移能力等维度突出个人优势。

2. 精准匹配

根据目标岗位的职位描述，提取关键词（如技能、经验、证书等），调整简历内容，确保简历与职位需求高度契合。要聚焦岗位，避免"一份简历走天下"。

3. 简洁高效

一是结果导向，量化成果。用数据说话，避免空泛描述。如将"负责提升销售额"改为"通过优化供应链，3 个月内销售额提升 30%"。

二是多用强动词（如"策划""主导""达成"），少用"参与""协助"等弱化贡献的词。

三是简洁清晰，逻辑分层。简历中删除与职位无关的信息，精简为一页；分模块排版，重点内容靠前；字体、字号、标点保持一致；关键数据、职位、公司名称等重点信息加粗；避免低级错误（如出现错别字）。

> **小贴士**
>
> **简历需要优化的理由**
>
> 1. 快速打动招聘人员，获得面试机会
>
> 招聘人员浏览一份简历的时间往往很短，优化后的简历能在短时间内抓住招聘人员的眼球，迅速让招聘人员看到你的价值，极大提升获得面试邀请的可能性。
>
> 2. 引导面试官思维，提高求职效率
>
> 精心优化后的简历会合理布局内容，将重点信息前置，让面试官顺着简历的逻辑，清晰了解你的成长轨迹、能力特长等。这能引导面试官在面试过程中有针对性地提问，节省双方时间，提高求职效率。

体验活动　简历自我挑刺

审阅自己的简历，在简历上标注出不够完善的地方，并尝试修改。

知识链接

一、简历制作的常见问题及应对

由于缺乏经验，大学生在制作简历时，通常会出现以下几种问题。

1. 学习成绩不够好

学习成绩是用人单位招聘应届毕业生时的一个重要考核指标。有的学生学习成绩一般。面对这种情况，我们可以从两个方面来写简历。一是将相关的高分课程写到简历里，不相关的相对低分课程不体现在简历中；二是突出社团、学生会、兼职、实习等经历，通过实践活动证明自己的综合素质，比单一的成绩更凸显个人优势。举例：

姓名：张明

求职意向：市场营销专员

教育背景　××职业学院｜市场营销专业｜2022/09—2025/07

主修课程

消费者行为学（92分）、市场调研与预测（90分）、广告策划（88分）、数字营销（89分）

[说明：聚焦与岗位强相关的高分课程，省略如《高等数学》（72分）等关联性弱的科目，通过成绩侧面展现专业能力。]

实践经历

××职业学院学生会 外联部部长 ｜2023/09—2024/07

活动策划：牵头策划"校园文化节"，联动12个社团，吸引全校超1000人参与，与三家本地企业达成赞助合作，获学校"优秀活动"表彰。

（说明：通过突出社团实践经历，用数据证明自己具有组织协调能力。）

2. 缺少相关实践经历

有的学生缺少甚至没有与应聘职位相关的实践经历。面对这种情况，可以搜集自己在课程学习中做过的相关课程项目、与职位相关的优秀作业进行适当展示；突出社团、学生会、志愿者等活动经历，体现自己的组织协调能力与团队合作精神，这对很多职位来说都是重要的素质；强调个人技能学习、培训经历，证明自己具有快速学习能力。这些都能有效弥补个人所欠缺的实践经验。举例如下。

姓名：张明

求职意向：新媒体运营专员

教育背景　××职业学院｜汉语言文学专业｜2022/09—2025/07

相关课程

在"新媒体写作与传播"课程中策划并完成"大学生心理健康"主题公众号系列推文，原创内容阅读量累计超 3000，获课程优秀案例展示。在"广告文案设计"课程中为模拟品牌设计短视频营销方案，结合热点策划脚本，团队作品在课程评比中获前 10%。

实践经历

××职业学院文学社　副社长｜2023/09—2024/07

组织"校园读书分享会"6 场，邀请知名作家线上讲座，吸引超 800 人次参与，活动推文单篇最高阅读量超 2500。

负责文学社公众号日常运营，优化排版风格，粉丝增长 40%，原创文章多次被校官网转载。

××社区　文化宣传志愿者｜2024/07—2024/08

使用 Canva 设计社区活动海报 12 张，协助拍摄并剪辑短视频 3 条，助力社区文化节线上曝光量超 5000 次。

对接社区居民需求，协调志愿者分工，保障活动顺利开展，获社区"优秀志愿者"表彰。

技能与培训

熟练使用微信公众号、小红书等平台运营，掌握 Premiere 基础剪辑、PS 图片处理，擅长撰写爆款文案。

完成"新媒体运营实战训练营"课程（线上，40 课时），系统学习用户增长、数据分析及活动策划技巧。

3. 应聘职位与所学专业不相关

实际上，现在越来越多的应届毕业生所找的工作与自己所学的专业并不相关。面对这种情况，在写简历时，一是突出双学位/辅修专业/选修课程。虽然有些职业对专业性要求不强，但如果你具有一定的相关专业背景，在求职中就能更胜一筹。二是突出个人技能。在跨专业求职中，工作能力是用人单位最重要的考量指标。与应聘职位相关的技能应该是简历中突出的亮点。举例如下。

姓名：张明

求职意向：UI 设计师

教育背景

××职业学院｜英语专业（主修）& 数字媒体艺术（辅修）｜2022/09—2025/07

主修课程：高级英语、笔译理论与实践、跨文化交际等

辅修核心课程：UI 界面设计（90 分）、用户体验设计（88 分）、视觉传达设计（89 分）、交互原型设计（Axure 分）

（说明：通过辅修专业课程，系统掌握设计领域知识，弥补专业背景差异。）

技能与证书

设计能力：精通 Adobe Photoshop、Illustrator、Sketch，熟练使用 Figma 完成原型设计；独立完成 10 多款 APP 界面设计练习，作品获校内设计比赛二等奖。

语言能力：英语专业八级（TEM-8）、日语 N2，可支持多语言设计需求及国际化项目沟通。

附加技能：掌握 HTML/CSS 基础代码，能与开发团队高效协作；通过 Coursera 完成"用户体验设计专项课程"并获得认证。

4. 有利与负面信息处理不当

制作简历时，务必全面呈现有利信息，同时规避负面信息。像年龄、性别、联系方式等信息，有助于用人单位快速了解求职者基本情况，为匹配合适岗位提供便利，尤其是联系电话，要准确填写。若仅提供邮箱且不常登录查看邮件，极有可能错失诸多求职机会。此外，应尽量避免提及对求职不利的因素，如学业挂科记录；若应聘单位无特殊要求，诸如薪水要求、期望工作地点、婚姻状况、血型、星座等信息，可不列入简历，以免画蛇添足。

二、网申简历

网申简历指求职者通过互联网招聘网站（如智联招聘、BOSS 直聘、前程无忧、中华英才等），或企业官方网站招聘系统中填写提交的数字化简历。不同网站有各自简历模板，求职者按要求详细完整填写，网站会依求职意向做针对性职位推荐。招聘网站对个人求职者免费，可在多个网站注册体验。

小贴士

制作简历的步骤

有些大学生在制作简历时，不知道从哪里开始。图 9-3 为制作简历的步骤。

明确求职意向 → 分析职位，找出职业胜任力要求 → 梳理个人大学成就清单 → 撰写简历 → 复查简历

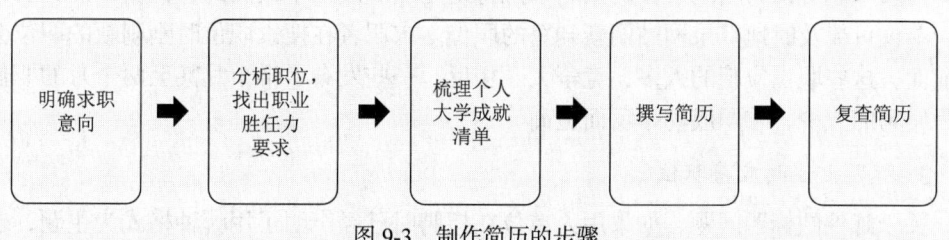

图 9-3 制作简历的步骤

(1) 明确求职意向：确定自己想要从事的职业。

(2) 分析职位，找出职业胜任力要求：针对目标职位，研究其岗位职责、所需技能和素质等，明确职业胜任力要求。

(3) 梳理个人大学成就清单：回顾大学期间的学习成果、获奖情况、实践经历等，整理出能体现自身能力与优势的事项。

(4) 撰写简历：依据前面梳理的信息，按照简历规范和目标职位要求，制作简历初稿。

(5) 复查简历：仔细检查简历初稿有无错误，确保简历质量。

知识拓展　简历的投递

（一）现场投递

最常见的现场投递简历的场合就是招聘会。投递简历前要仔细检查各项信息的完整性。现场投递简历时，还应注意不要盲目乱投。正确的做法是，投递简历之后争取与现场招聘人员进行简单的交流，给对方留下一个好的印象，争取面试的机会。投递简历时，应注意以下几点。

（1）要表现得礼貌大方，不要缩手缩脚。

（2）简历应干净整洁，有褶皱的简历会让招聘人员觉得求职者不重视他。

（3）以自己的独特之处来吸引招聘人员，让招聘人员觉得该岗位非你莫属。

（4）在恰当的时候投递简历，不要在招聘人员没空的时候还去打扰他。

（5）着装要得体，以最佳形象出现在招聘人员面前。

（二）网络投递

网络投递简历，就是在网上填写简历后进行投递。网络投递时要注意以下几点。

1. 经常刷新简历

当用人单位搜索简历库中的简历时，符合条件的简历一般是按刷新的时间顺序排列的，用人单位大多只会看前面几页。为获得更多的求职机会，求职者每次登录网站后最好都刷新一下简历，这样自己的简历就能排在前面，更容易被用人单位搜索到。

2. 不要只应聘近三天发布的职位

一般求职者认为刚刚发布的招聘信息肯定是求职成功率最高的，其实不然，有很多用人单位可能及时地登录网站刷新刊登的职位。求职者在搜索职位时刚刷新的职位会排在前面，这些职位应聘的人多、竞争大。相反，一些发布了半个月甚至两个月的职位，因为应聘的人少，求职成功率反而更高。

3. 标题上注明应聘职位

关于邮件的标题问题，如果用人单位在招聘时已经声明了用哪种格式为主题，求职者应尽量照着要求做，因为这是用人单位初步筛选的标准。邮件标题不能只写"应聘""求职""简历"等，至少要写清应聘的职位，这样才便于用人单位分门别类地去筛选。最好在标题中就写上自己的名字，这样便于用人单位再次审核自己的简历。

4. 应聘职位要准确

应聘职位的名称应与用人单位在招聘公告中的一致，不要自己随意发挥。例如，应聘"渠道部总经理助理"，不要写成"总经理助理"或是"渠道助理"；应聘"副总裁秘书"，不要写成"总裁秘书""文秘"等。

5. 发邮件掌握最佳时机

发邮件有一个最佳的时间段，在这个时间段收件人打开并阅读邮件的概率最大。大部分人会在上午上班前或下午上班前先打开邮箱浏览需要处理的邮件。下班前或者下班后发送的邮件被阅读的概率是最小的。因此，邮件最佳投递时间是 8:00~9:30，其次是 14:00~15:30。

生涯行动　简历优化与投递

选择一款 AI 简历优化工具，如智一面、秘塔写作猫等，或者进入学校就业网站的"优化简历实验室"，按照要求进行优化操作，把修改后的简历进行投递，并记录投递信息。

任务三 求职练兵，模拟面试

情景导入

观看教师所提供的视频，如果你是面试官，会选择谁留下，并说明理由。

知识链接

一、面试是什么

（一）面试的概念

面试是指用人单位根据岗位需求，事先经过严谨规划与设计，在特定的场景下，面试官与求职者展开的面对面直接沟通与观察。这一过程不仅仅局限于简单的问答，更涵盖了面试官对求职者多方面素质的综合考量。

（二）面试的底层逻辑

面试是简历投递的直接目标。当求职者获得面试邀约，意味着其简历已得到企业认可。面试作为招聘流程中的核心环节，承载着企业与求职者双向选择的重要功能：企业通过面试筛选出契合岗位需求的人才；求职者借助面试展示自身优势，提供证明材料，以过往经历佐证自身与岗位的匹配度。在此过程中，双方通过综合评估，最终达成企业需求与个人职业发展的双向适配。

二、面试的分类

面试的类型多种多样，按照不同的标准，可以将面试划分为不同的类型。

按结构化程度，可将面试分为结构化面试、非结构化面试和半结构化面试。其中，结构化面试亦称"标准化面试"，是事先准备好所提的全部问题、各种可能的答案、评分标准和操作程序等；非结构化面试是可以即兴、随机地和求职者讨论各种话题，内容可以任意展开，可以追踪提问；半结构化面试是上述两者的结合。

按目的不同，可将面试分为压力面试和非压力面试。压力面试是将求职者置于紧张的气氛中，人为施加心理压力，测试求职者承受压力、情绪调节及应变的能力；非压力面试是在没有人为制造压力的情景下面试。

按参加人员多少，可将面试分为个别面试、小组面试、集体面试和依序面试。其中个别面试是一对一的面试；小组面试是多对一的面试；集体面试是多对多的面试；依序面试是每一个求职者按次序分别面对几个考官的面试。

此外，还有电话面试、视频面试、情景模拟面试等。

【想一想】

以上视频中的求职者，如果提前做哪些准备，可能面试的成功率会更高。

知识链接　面试前的准备

（一）信息准备

1. 自我介绍

自我介绍是一种艺术和技巧的结合，它可以帮助你在面试或任何社交场合中留下良好的第一印象。"三句话结构"是一种精炼而高效的自我介绍方法。

第一句话：展示未来价值。

这句话是自我介绍的开端，目的是立即吸引面试官的注意力。在这里，你需要传达你在未来可能为对方或组织带来的价值或服务。这不仅表明了你的积极态度和前瞻性思维，还展示了你希望与对方建立联系的意愿。

第二句话：陈述过去成就。

这句话用来证明你具备实现第一句话中提到价值的能力和经验。通过分享你过去的成功案例或成就，建立信任和可信度。这一步骤至关重要，因为它为你所承诺的未来价值提供了实际的证据。

第三句话：明确行动号召。

最后，你需要以一个明确的行动号召结束自我介绍。这个号召可以是邀请对方进行更深入的交流，或是提出希望面试官考虑的具体行动。目的是将面试官的兴趣转化为实际的互动或结果。

举例：

尊敬的面试官，您好！我叫李晓明，是某高校某专业的一名学生。凭借扎实的专业知识和对科研探索的热情，我希望能在贵公司研发团队发挥所学，为公司的技术创新注入新活力，助力攻克科研难题。

在校期间，我参与了学校的科研项目，负责数据采集与分析环节。通过运用所学算法，成功优化了数据处理流程，将项目数据处理效率提高了30%，该项目成果还获得了校级科研创新奖。另外，我在数学建模竞赛中，凭借过硬的理科知识，与团队共同解决复杂的数学问题，斩获省级奖项。

现在，我渴望能加入贵公司，将自己的专业知识和实践经验运用到实际工作中。我相信自己的专业能力和创新思维，能为团队带来价值。感谢您给我这次机会，期待与您深入交流，为公司发展贡献力量。

2. 岗位胜任力事件

岗位胜任力是指在特定工作岗位、组织环境和文化氛围中有优异成绩者所具备的任何可以客观衡量的个人特质，指承担职务（职位）的资格与能力。在面试前，我们要准备一两件能体现你具备岗位胜任力的事件。

(1) 岗位胜任力事件的选取

①剖析岗位说明书。仔细研读目标岗位的招聘信息，明确岗位所需的核心技能、知识和能力。如技术岗对编程、算法的掌握要求，销售岗对沟通、客户拓展能力的侧重。结合这些要求，回忆过往学习、工作或实践经历中，能够直接体现这些能力的事件。比如，应聘软件开发岗，可挑选参与过的软件项目开发经历，尤其是解决关键技术难题的环节。

②突出成果导向。优先选择能展现自己取得显著成果的事件。例如，在销售岗位，曾通过创新的营销方案，使产品销售额在季度内提升 30%；在项目管理岗位，提前一周完成复杂项目交付，并节省 15% 的预算。这些量化的成果能直观证明你的胜任能力。

③涵盖多元场景。除工作场景外，也可从校园活动、志愿者经历中选取事件。如在学生会组织大型活动时，成功协调多个部门，吸引超 500 人参与，体现组织协调和团队合作能力。

(2) 岗位胜任力事件的描述

我们可以采用 STAR 法则进行岗位胜任力事件的描述。STAR 法则是一种广泛应用于求职面试、团队管理、沟通技巧和问题解决等领域的行为描述和评估方法。它的核心思想是将复杂的问题和情景分解为四个部分：情境（situation）、任务（task）、行动（action）和结果（result），以便更好地理解、分析和解决问题。

①situation（情境）。描述事件发生的背景和环境，让面试官了解事件的来龙去脉。如"在公司业务快速扩张，市场竞争激烈的背景下，我们团队负责新产品的市场推广。"

② task（任务）。明确你在事件中承担的任务和目标，如"我的任务是制定推广策略，提高产品在目标市场的知名度和占有率。"

③ action（行动）。详细阐述你采取的具体行动和方法，突出你的思考过程和解决问题的能力，如"我通过市场调研，分析竞争对手策略，制定了线上线下相结合的推广方案，线上利用社交媒体进行精准营销，线下举办产品体验活动。"

④ result（结果）。重点强调事件取得的成果，用数据和事实说话，如"通过实施该方案，产品在三个月内市场占有率提升了 10%，销售额增长了 20 万元。"

最后，要注意语言简洁明了，避免冗长复杂的表述，抓住关键信息，突出重点。确保描述在 2~3 分钟内完成，既能让面试官充分了解事件，又不会感到冗长乏味。

3. 用人单位信息

面试前大学生需要了解的用人单位的企业基本信息、目标岗位信息、企业近期动态，以有针对性地准备面试内容，展示自己对企业的了解，提升面试成功率。

(1) 企业基本信息。企业基本信息包括企业的发展历程、业务范围、组织架构、企业文化等。大学生可以通过企业官网、社交媒体账号、新闻报道等渠道获取信息。

(2) 目标岗位信息。除招聘信息外，大学生可以通过联系企业的招聘人员、咨询在职员工等方式，了解岗位的具体职责、工作流程、职业发展路径等。

(3) 企业近期动态。大学生需要关注企业的最新产品发布、市场活动、重大合作等动态。这些信息可在企业官网、行业媒体、社交媒体等平台获取。在面试中可以结合企业近期动态提出自己的见解和想法,展现你的思考能力和创新思维。

（二）材料准备

面试前,我们需要提前准备好求职简历、求职信（自荐信）和其他求职材料（如学历证明、作品集、荣誉证明、答辩材料、技能证书、就业推荐表、成绩单等）。

（三）面试礼仪

1. 着装礼仪

求职者需要在面试前了解面试服饰方面的要求。着装选择应与求职者的身份和应聘岗位相吻合,目的在于营造一种专业、得体的形象。男性求职者应当追求整洁、干练的整体效果,穿着应大方稳重,显示出自信的职业风采;女性求职者应在保持庄重大方的同时流露出一种端庄而不失优雅的气质,服装搭配应体现仪表之美。

2. 言谈举止

面试中的举止仪态主要涉及站姿、坐姿、走姿。面试中要保持正确的站姿,不要驼背、摇晃或倚靠;两脚自然分开,与肩同宽,双手自然下垂,不过分摆动,双膝不过度弯曲;挺胸收腹,目光平视前方,面带微笑。关于坐姿,要看清楚椅子位置,双手将椅子拉后一点再坐下,并将椅子调整到与桌子和自己身体相对合适舒适的位置。在调整过程中注意轻拿轻放,不要发出过大声响。切忌出现晃脑、抖腿、分腿等动作。关于走姿,进场的脚步从容稳定,速度不可以过快。此外,面试中还要注意礼貌谈吐、口齿清晰、语言流利、音量适中,避免过度使用口头禅。

知识链接　面试考察的主要内容

面试作为人才筛选的关键环节,系统考察求职者多个维度的素养与能力,具体涵盖基本素质和相关能力两大模块主要内容。

（一）基本素质

1. 仪表风度

仪表风度主要涵盖求职者的体型、外貌、气色,以及衣着举止和精神状态等方面。对于国家公务员、教师、公关人员和企业经理等特定岗位,仪表风度是重要考量标准。通常,仪表端庄、衣着整洁、举止文明的求职者,在工作中更倾向于遵循规律,具备较强的自我约束能力和责任心。因此,求职者需注重着装的适宜性,保持举止文雅大方,在面试作答时秉持认真诚实的态度。

2. 专业知识

面试官会评估求职者专业知识掌握的深度与广度,并判断其知识更新是否契合目标岗位要求。

3. 道德品行

面试官着重考察求职者的责任感，判断其能否可靠地完成工作任务，思考问题是否客观全面，情绪是否稳定，能否适应复杂业务要求，以及工作态度是否严谨认真。求职者在应答时，应突出自身的自信心、坚强意志和强烈的责任感。

4. 求职动机

面试官通过了解求职者期望入职本单位的原因、感兴趣的工作类型，以及在工作中的追求，评估本单位所能提供的职位和工作条件，是否能够满足其工作需求与期望。

（二）相关能力

1. 口头表达能力

口头表达能力是指求职者运用口头语言清晰描述信息的能力，包含语速、语调、语气等要素。面试官会观察求职者能否有条理、完整且准确地向对方传递表达内容，引例和用语是否恰当，发音是否准确，语气是否温和，以及说话时的姿势和表情是否得当。

2. 综合分析能力

求职者需具备全面分析问题的能力，能从多个维度审视问题，并找出最优解决方案。面试过程中，面试官会考察求职者能否抓住问题本质，做到说理透彻、分析全面、逻辑清晰。

3. 思考判断能力

思考判断能力即求职者对工作中各类问题进行合理思考、准确判断，并迅速做出决策的能力。面试官通过与求职者互动，观察其能否准确且迅速地判断所处状况，妥善处理突发事件，以及能否简洁贴切地快速回应问题。

4. 反应与应变能力

反应能力体现为求职者在短时间内做出快速反应的水平，应变能力则表现为遇到突发情况时，能够积极调整思路和行动以达成目标的能力。面试官会通过设置非常规问题，考察求职者对问题理解的准确性，回应的速度与精准度，对突发问题的反应是否机智，回答是否恰当，以及对意外事件的处理是否妥善。

5. 学习能力

学习能力指求职者快速学习新技能和知识，理解并接纳新事物、新观念的能力。在快速变化的职场环境中，良好的学习能力是所有岗位的必备素养。只有及时掌握与职位相关的新事物和新观念，才能跟上时代发展，提升工作水平，创造性地履行岗位职责。

6. 人际沟通能力

求职者需具备与他人进行有效沟通，清晰表达自身想法的能力。面试中，面试官通过模拟对话和交流，或询问求职者参与的社团活动、交往人群类型以及在社交场合扮演的角色，来评估其人际沟通能力，了解其人际交往倾向和与人相处的能力。

7. 实践操作能力

实践操作能力是指求职者熟练掌握各类工具和设备，并运用相关知识技能解决实际工作问题的能力。在技术性岗位的面试中，面试官常通过模拟实际工作场景，考查求职者的实践操作能力。

8. 职位特定能力

不同职位对特殊能力有不同要求，如组织协调能力、领导能力、项目管理能力等。在招聘过程中，面试官会提前明确这些能力要求，便于求职者了解，并在面试中进行针对性考查。

体验活动　面试问题速答

观看面试视频，视频中面试问题，你会如何回答？并思考面试官考查什么？

知识链接　常见的面试问题

在面试中有一些问题是常见的、固定的，了解常见的面试问题，有助于我们顺利通过面试。常见的面试问题有以下几类。

1. 自我介绍类

在自我介绍类问题中，我们需要简洁明了地介绍自己的基本信息、教育背景、工作经历及核心竞争力，重点突出与应聘职位相关的部分。

例如：请简单介绍一下你自己，并说明为什么你认为自己适合这个岗位？

2. 职业规划类

在职业规划类问题中，我们需要展示明确的职业规划，包括短期目标（如入职后的学习计划、期望达成的业绩）和长期目标（如职业晋升路径、希望达成的行业地位）。

例如：如果成功入职，未来1—3年你有怎样的职业规划？

3. 行为面试类

在行为面试题中，要遵从"STAR法则"，使用情境、任务、行动、结果法则来结构化回答，展现具体事例中的能力和成就。

例如：请分享一段你在团队合作中遇到意见分歧的经历。你是如何协调并推动项目完成的？

4. 压力与困境类

在压力与困境面试题中，我们要展示面对挑战时的冷静分析、快速决策和解决问题的能力，以及从失败中学习的态度。

例如：假设你在项目执行过程中发现关键数据出现严重偏差，而距离项目截止时间仅剩 24 小时，你会如何处理？

5. 专业知识类

在专业知识类问题中，面试官会考查你是否具备岗位所需的专业知识。回答时需紧扣岗位要求，通过理论阐述或案例，展示你的专业知识。

例如：请阐述"具体专业领域知识"的核心要点和应用场景？

6. 工作经验与成果类

此类问题聚焦于你过往的工作经历和所取得的成果，希望了解你在实际工作中的能力、价值和贡献。回答时要围绕岗位要求，量化成果，突出自己在项目中的关键作用。

例如：请详细说明在你之前的工作中，主导过（或参与过）哪些项目，取得了什么成果？

7. 综合素养与能力类

综合素养与能力类问题关注你的沟通能力、团队协作能力、领导力、抗压能力、创新能力等多方面综合素养与能力。回答时要结合自身经历，展现能力。

例如：当团队内部出现意见不合导致项目进度受阻时，你会如何协调各方，推动项目顺利进行？

8. 动机类

动机类问题主要探究你申请该岗位的原因。回答时要表现出对公司的了解、对岗位的热爱，说明自己的优势与岗位的契合点，以及能为公司带来的价值。

例如：为什么选择我们公司？是什么吸引你申请这个岗位？

通过对以上常见问题的思考与掌握，我们可以触类旁通，了解一般面试情况可能会遇到的面试问题，从而做好更充分的准备。

小贴士

面试心法

1. 个别面试的面试技巧

个别面试时，与面试官一对一沟通，要注意眼神交流，展现自信与专注。语言表达简洁明了，避免冗长复杂的叙述。根据面试官的反馈，适时调整回答内容和方式，积极互动，给对方留下良好印象。个别面试形式自由，问题随机性强。要求你具备较强的应变能力，保持开放、积极的心态，认真倾听面试官的问题，不慌不忙地给出回答。在交流中，适时展示自己的独特见解、过往经历与成就，将话题引导到自己擅长的领域，凸显个人优势。

2. 小组面试的面试技巧

无领导小组讨论，俗称"群面"，是被广泛应用的一种面试形式。一般由多个应聘者（一般是5—7人）组成一个临时小组，在规定的时间内，根据面试官给定的某个问题进行头脑风暴，在充分地讨论后形成小组成员一致认可的解决方案。无领导小组讨论的流程分为四个阶段：开始准备阶段、个人轮流发言阶段、自由讨论阶段和总结汇报阶段。

在无领导小组讨论中，有组织者、领导者、计时者、记录员、汇报者等角色，但没有角色的区别，只有贡献的大小。角色随时变化，无法提前设定，也无法固守一个角色。小组成员之间既是竞争者，又是合作者。在进行无领导小组讨论时，我们要主动倾听他人观点，尊重团队成员意见，展现包容的态度；要适时提出有建设性的想法，采用先表明核心观点，再分点阐述论据的方法，做到逻辑清晰、条理分明；要主动推动讨论进程，若团队出现分歧，协调各方意见，促进达成共识，凸显领导能力与团队合作精神。

表 9-3　无领导小组讨论评价参考

维度	关键行为参考
领导力与影响力	主动承担讨论的领导者角色，确保讨论有序进行 在讨论中提出有说服力的观点，影响团队决策 鼓励沉默的成员发言，确保团队内每个人都有参与的机会 在团队出现分歧时，能够有效调解并推动达成共识
沟通技巧	清晰、准确地表达自己的想法和意见 倾听他人观点时展现出开放和尊重的态度 使用有效的非语言沟通，如肢体语言和眼神交流 在必要时，能够进行有效的总结和澄清，以确保信息准确传达
团队协作	在团队中扮演积极角色，如记录员、计时者等 支持和帮助其他团队成员，共同推进讨论 在团队面临挑战时，能够提出建设性的解决方案 尊重团队决策，即使个人意见未被采纳，也能积极执行
问题解决能力	能够快速识别问题的核心，并提出解决方案 在讨论中展现出批判性思维，对提出的方案进行合理分析 能够灵活调整策略，应对讨论过程中的意外情况 促进团队成员之间的思维碰撞，激发创新想法
适应性和灵活性	能够适应讨论节奏的变化，灵活调整自己的发言策略 对于新信息和意见保持开放态度，愿意接受并整合 在团队方向或策略需要调整时，能够迅速适应并支持新方案
专业素养与态度	在讨论中展现出对专业知识的掌握和行业理解 保持专业和礼貌的态度，即使在压力或冲突下也能保持冷静 对团队的决策结果承担责任，展现出积极的工作态度 在讨论结束后，能够提供有价值的反馈和建议

3. 电话面试的面试技巧

选择一个安静、信号良好的空间，避免周围有嘈杂的声音或干扰因素，比如施工噪音、人声喧哗等。提前准备好笔、纸、简历以及与应聘岗位相关的资料，方便在交流过程中记录重要信息或参考相关内容。要注意保持热情、积极的语气，音量适中，语速平稳且清晰，让面试官感受到你的亲和力与自信。注意运用恰当的停顿，避免连续不断地讲话，给面试官留出回应的时间。在聆听面试官提问时，不要急于回答，认真理解问题的核心。回答要有条理，可以使用"首先、其次、再次、最后"等连接词，分点阐述自己的观点。对于不太明确的问题，礼貌地请面试官进一步解释说明，确保回答的针对性。

4.视频面试的面试技巧

提前测试摄像头、麦克风等设备，确保画面清晰、声音流畅。选择光线明亮、背景整洁的场地，避免身后杂乱无章或出现敏感信息。最好使用电脑进行面试，相较于手机，电脑屏幕更大，操作更方便，能提升面试体验。同时，着装要符合应聘岗位的职业形象，保持面部整洁，眼神与摄像头保持交流，展现出专注和自信。坐姿端正，不要随意晃动身体或做小动作，双手自然放置，给面试官留下良好的印象。面试过程中，要注意自己的表情管理，适时微笑，展现积极的态度，保持积极的互动。在阐述观点时，适当运用肢体语言，增强表达的感染力。

生涯行动　AI 模拟面试

选择一款 AI 模拟面试软件，如知页简历的 AI 面试助手，或进入学校就创业网站的"面试优化实验室"，进行至少三次模拟面试。每次模拟后，根据软件反馈，分析自身在语言表达、回答内容、肢体语言等方面的不足，制定针对性。

任务四　求职制胜，稳定心态

体验活动　求职心理探讨

请同学认真思考并讨论以下问题：

（1）面对求职，自己当下持何种态度？是积极主动筹备，还是存在抵触情绪不想求职？

（2）对于理想工作，是倾向于找一份大致符合需求、差不多就行的，还是执着于找到完全契合自身所有要求的？

（3）若在求职过程中未能找到符合预期的工作，自己预想着会采取怎样的应对方式？

（4）结合自身理解，思考：求职前应做好哪些心理准备。

知识链接　求职前的心理准备

面对求职，大学生的心理状态通常复杂且多变。一方面，大学生为即将步入社会，运用所学知识实现人生价值、迈向幸福人生而感到欣喜；另一方面，又常常陷入各种矛盾心理之中。因此，在求职前做好充分的心理准备显得尤为关键。大学生在求职前应做好哪些心理准备？

一、避免理想主义，树立理性观念

有些大学生在求职前对职业存在理想化认知，认为大学生就应该从事体面的白领工作，觉得投身生产一线是大材小用，甚至认为从事这类工作浪费了多年的大学学习时光。有些学生期望找到一份体制内工作，希望这份工作稳定、工资高、离家近、不太忙碌、不机械，同时还要有成长性和专业性。这种理想主义严重限制了大学生的求职选择，在面对就业抉择时，容易引发不良情绪。所以，大学生要时刻保持理性思维，审视自己内心的观念，识别并纠正非理性想法。要认识到职业无高低贵贱之分，每个岗位都在为社会创造价值，都能积累宝贵经验、实现个人成长。

二、克服从众心理，避免消极心理

有些大学生在求职时缺乏独立思考与判断能力，盲目跟随他人的求职方向与选择。看到身边同学纷纷投递热门行业或岗位，便不假思索地跟风，完全不顾自身兴趣与能力是否匹配，从而错失更适合自己的职业机会。还有些大学生在求职时过分退缩，对自己能胜任的工作也不敢说"行"，害怕求职，不想面对毕业后的求职，产生了懒就业等消极就业心理。面对这种情况，大学生要深入了解自己的兴趣、优势与职业目标，明确自身的职业定位。在求职过程中，依据自身实际情况做出决策，而非盲目追随他人。同时，要学会独立思考，对他人的求职建议保持批判性思维，结合自身实际情况进行分析与判断，不轻易被他人观点左右。

三、勇于挑战自我，坦然面对挫折

在求职中遇到挫折很正常。有些学生在求职中遇到问题，不敢主动与用人单位联系，不敢独立开展求职活动，一旦遭遇求职失败，就容易灰心丧气、自我否定。大学生要在求职前就认识到，挫折是求职过程中的常态。在遭遇挫折时，要不抱怨、不气馁，将每一次求职失败都视为成长的机遇，冷静分析原因，总结经验教训，为下一次求职做好充分准备。大学生可以通过积极参加各类实践活动与模拟求职，锻炼自己的能力，增强自信心；勇于尝试不同类型的岗位与行业，拓宽自己的求职渠道，在不断挑战自我的过程中积累经验，提升求职成功率。

大学生在求职前务必充分做好以上心理准备，以健康、积极的心态迎接求职挑战，开启成功的职业生涯，迈向幸福人生。

案例思考 小静该如何稳定心态

小静在求职的过程中，经历了面对有限招聘岗位的失望，对自己能力准备的沮丧与无力，简历投递出后，焦虑地等待，接到面试通知的喜悦，接下来是一次次面试失败的打击，她开始怀疑自己，心态变得消极，觉得自己找不到好工作，甚至产生放弃求职的想法。

思考：
小静产生了求职过程中的消极心态，遇到这种心态问题，小静应该怎么办？

知识链接

一、求职中常见的消极心态

在求职过程中，大学生常受多种消极心态困扰，这些心态对其求职进程和职业发展带来不同程度的负面影响。

（一）焦虑

焦虑指个体因心理冲突或挫折，产生的紧张、恐惧、焦躁不安的情绪状态。在求职阶段，部分大学生由于学习成绩欠佳、实践经验匮乏，面对竞争激烈的就业市场和严苛的录用标准，内心会滋生择业焦虑。这种焦虑不仅干扰他们对自身能力的客观评估，还可能导致决策时犹豫不决，错失就业良机。

（二）妒忌

妒忌是个体对他人的成就、特长或优越条件与地位，怀有的既羡慕又敌视的复杂情感。在求职过程中，当看到身边同学成功斩获理想工作时，部分大学生会心生妒忌。这种消极情绪不仅破坏同学间的关系，还会让他们将精力耗费在对他人的攀比上，忽视自身优势与职业规划，阻碍个人发展。

（三）自卑

自卑的大学生常对自己做出过低评价，缺乏自信，认为难以觅得理想工作。在求职时，他们表现得缩手缩脚、言行拘谨，不敢主动争取就业机会，甚至放弃行动。自卑心理的产生，源于对自身认识不够客观，这类消极心态在大学生群体中较为普遍，严重限制了他们的职业选择与发展空间。

（四）自负

部分大学生对自身能力估计过高，因在校期间取得的荣誉奖项、优越家境或自身条件，滋生目空一切、自视甚高的自负心理。在这种心理驱使下，他们在求职时好高骛远，"这山望着那山高"，难以准确评估自身与岗位的匹配度，致使与许多适合自身发展的就业机会擦肩而过。

（五）抑郁

抑郁状态表现为情绪低落、悲观厌世、心情压抑，对事物丧失兴趣，常自我贬低、回避社交。大学生群体的抑郁情绪多源于就业压力。心理承受力较弱、缺乏自我调节能力的学生，容易将求职挫折完全归咎于自身，长期沉浸在消极情绪中，严重时甚至发展为抑郁症。因此，一旦出现抑郁情绪，需及时进行心理调适。

（六）从众

从众心理指个体将多数人的意见作为自我评价的依据。在求职过程中，大学生的从众行为表现为盲目跟风，缺乏独立思考与判断。例如，在选择就业方向和岗位时，未结合自身兴趣与优势，而是一味追随热门行业或多数同学的选择，这可能导致其错过真正适合自己的职业发展路径。

（七）失落

当大学生未能找到理想工作时，失落情绪便会随之而来。长期处于失落状态，会削弱他们的求职积极性与自信心，降低应对挑战的能力。因此，大学生需及时调整心态，主动出击，积极寻求就业机会。

二、消极心态产生的主要原因

大学生在求职过程中，易滋生焦虑、妒忌、自卑等消极心态，追根溯源，错误的求职思维是关键诱因。大学生错误的求职思维主要体现在以下四个维度。

（一）"精英情结"的禁锢

一方面，我国悠久的儒家思想孕育的"精英情结"与"官本位"文化，深深影响着人们的价值取向，也持续催生出"精英情结"。另一方面，恢复高考后，大学生在特定时期享受的特殊待遇以及"统包统分"政策，加深了社会对学历的推崇，赋予大学生精英色彩。即便高等教育已走向大众化，这种观念仍未彻底转变。当大学生秉持"精英情结"求职，却遭遇激烈的市场竞争，难以找到符合"精英"定位的工作时，焦虑、失落等消极心态便会随之而来。

（二）"都市情结"的误导

国家长期以来的教育分配制度使得上大学和进入城市、成为精英产生了联系，也在人们的意识中深深烙下了只要上大学就能跳出"农门"，在城市谋得一份体面工作的"印迹"，所以每逢毕业季怀揣着梦想的毕业生从四面八方向大城市汇聚。此外，出于教育投资回报的考量，以及现代城市在经济、文化等方面的优势，加之高等教育浓厚的城市指向性，也使大学生"都市情结"愈发浓厚。当众多大学生扎堆大城市，竞争激烈导致部分人无法在大城市立足时，抑郁、失落等消极情绪便会产生，而且在求职过程中因过度关注大城市岗位，错过其他合适机会，也会加剧焦虑心理。

（三）"从众心理"的干扰

在就业市场中，大学生作为初次就业群体，相较于用人单位，处于信息劣势。信息的不对称，致使大学生在就业决策时，更倾向于"同群对照"，以降低决策成本。这种"从众效应"，反映出大学生独立思考能力的欠缺。在这一过程中，部分大学生会盲目跟风选择职业，一旦所选择的职业不符合预期，便容易引发妒忌、失落等消极心态。

（四）"高就业预期"的落差

毕业生就业预期与现实之间的矛盾，是消极就业心理产生的重要原因。薪资待遇、工作岗位与地区等未能达到预期，社会资本在就业中引发的不公平竞争，不同专业就业境遇的差异，以及自身就业能力的不足，都会使大学生在就业过程中产生心理落差、失衡与失望情绪。这些负面情绪不断消耗大学生的心理资本，导致其在面对就业困难时，滋生自卑、抑郁等消极心态，采取消极应对策略。

体验活动　就业心态测试

一、测试目的

了解大学生在就业过程中的心理状态，以便发现潜在的心理问题，为大学生提供就业心理指导和帮助，促进大学生顺利就业。

二、测试题目

1. 你对当前高校毕业生就业形势的看法是（　　）
    A. 就业形势较为严峻　　　　　　　　B. 就业形势十分严峻
2. 你对自己就业前景的感受是（　　）
    A. 不容乐观，但可以就业　　　　　　B. 压力很大，难以顺利就业
3. 你是否有明确的职业发展规划（　　）
    A. 有清晰的规划　　　　　　　　　　B. 有大致的想法，但不太明确
    C. 没有规划，走一步看一步
4. 你对未来就业最担心的问题是（　　）
    A. 就业市场不景气，岗位供给不足，担心找不到工作
    B. 自身能力不足，无法满足用人单位要求
    C. 缺乏工作经验
    D. 其他（请注明）
5. 在就业过程中，如果期望值与实际不相符，你会（　　）
    A. 调整心态，降低期望值　　　　　　B. 坚持自己的期望，继续寻找
    C. 感到失落和沮丧，不知道该怎么办
6. 面对就业市场上的竞争，你的态度是（　　）
    A. 积极应对，努力提升自己的竞争力　B. 有些担心，但会尽力争取
    C. 感到害怕，不知道如何应对
7. 你认为自己在求职过程中最大的优势是（　　）
    A. 专业知识扎实　　　　　　　　　　B. 实践经验丰富
    C. 沟通能力强　　　　　　　　　　　D. 学习能力强
    E. 其他（请注明）
8. 你认为自己在求职过程中最大的不足是（　　）
    A. 专业知识不足　　　　　　　　　　B. 实践经验欠缺
    C. 沟通能力有待提高　　　　　　　　D. 缺乏自信
    E. 其他（请注明）
9. 当你收到面试通知时，你的心情是（　　）
    A. 兴奋和期待，积极准备　　　　　　B. 有点紧张，但会努力调整
    C. 非常紧张，担心自己表现不好
10. 在面试过程中，你通常（　　）
    A. 能够清晰地表达自己的观点和想法　B. 有时会紧张，导致表达不够流畅
    C. 紧张得不知道该说什么
11. 如果面试失败，你会（　　）
    A. 分析原因，总结经验，继续努力　　B. 感到失落，但会很快调整过来
    C. 长时间陷入沮丧情绪中，难以自拔
12. 你对高校毕业生"慢就业"的看法是（　　）

A. 以理解，是一种合理的选择　　　　B. 不太赞同，认为应该尽快就业

C. 无所谓

13. 你是否愿意为了一份理想的工作而接受较低的起薪（　　）

A. 愿意，只要有发展空间

B. 不愿意，认为自己的价值应该得到相应的回报

C. 看情况而定

14. 你在选择工作时，最看重的因素是（　　）

A. 薪资待遇　　　　　　　　　　　　B. 职业发展前景

C. 工作环境　　　　　　　　　　　　D. 工作稳定性

E. 其他（请注明）

15. 你认为家庭背景对就业的影响程度如何（　　）

A. 影响很大　　　　　　　　　　　　B. 有一定影响，但不是决定性的

C. 影响不大　　　　　　　　　　　　D. 没有影响

三、评分标准

对于选择题，选项 A 计 3 分，选项 B 计 2 分，选项 C 计 1 分，选项 D 计 0 分（如果有其他注明的选项，可根据具体情况赋分）。将所有题目的得分相加，得到总分。

四、结果分析

36~45 分：说明你对就业形势有较为清晰的认识，对自己的能力和就业前景有一定的信心，具备积极的就业心态，在求职过程中能够较为理性地面对各种问题和挑战。

24~35 分：表明你的就业心态处于中等水平，对就业有一定的担忧和焦虑，但也有积极应对的意识和行动。需要进一步调整心态，增强自信，提高应对挫折的能力。

15~23 分：说明你可能存在一些就业心理问题，如过度焦虑、自卑、对就业形势过于悲观等。建议你加强自我认知，调整就业期望，积极寻求心理支持和帮助，提升自己的就业能力和心理素质。

知识链接　　塑造和保持积极就业心态

大学生要摒弃消极心态，塑造和保持积极的就业心态。塑造和保持积极心态可以通过情绪的调节和思维的重塑两个方面来进行。

（一）调节情绪的方法

1. 呼吸放松法

呼吸放松法着重倡导腹式呼吸。找一处安静、舒适的地方安稳坐下，确保身体自然舒展，不受束缚；轻轻闭上眼睛，将全部注意力聚焦在呼吸过程上；接着，缓缓吸气，用心感受腹部逐渐鼓起，直至达到最大限度，随后缓慢呼气；呼气时，细细体会气流经

鼻腔缓缓呼出，直至感觉前后腹部贴近。如此循环往复，持续该过程，直到明显察觉心跳逐渐平稳、神经趋于放松。呼吸放松法操作简便易行，只要能保证有10分钟左右不受外界打扰的时间，便可随时开展练习。长期坚持，缓解紧张焦虑情绪的效果会十分显著。

2. 音乐想象法

音乐想象法借助情绪色彩鲜明的音乐，实现对情绪状态的有效调节。依据个人可支配时间，精心挑选2—3首节奏舒缓、契合个人音乐品味的纯音乐；然后，选择一个舒适放松的姿势，全身心投入音乐营造的世界，让大脑跟随音乐的旋律自由驰骋、展开丰富想象。当脑海中自然而然浮现出大海山川的壮美辽阔、鸟语花香的清新美好等积极美好的画面时，内心的紧张情绪会随之慢慢消散。在初次尝试该方法时，思绪可能会较为混乱，难以顺利沉浸其中，这属于正常现象。一旦察觉到杂念出现，及时将注意力拉回到音乐和想象上即可。随着练习次数的增加，思绪混乱的情况会逐渐减少，对情绪的调节作用也会愈发明显。

3. 运动宣泄法

心理学和脑科学的大量研究均已证实，运动是极为有效的情绪调节方式之一。长期规律的运动能够促使大脑分泌多巴胺，这是一种可让人产生愉悦感的神经递质，能有效改善情绪状态。像慢跑、瑜伽、跳操这类运动，动作简单易学，且不受特定设施和场地限制，非常适合用于缓解求职过程中产生的紧张感。不过，在运动过程中，务必做好防护措施，如穿着合适的运动装备、提前进行热身活动等，避免因运动不当造成身体损伤。

（二）思维重塑的方法

1. 将"精英情结"转化为"大众情结"

大学生应深刻认识到，随着高等教育的普及，提升学历已逐渐成为大众提升自我的途径，不再是精英身份的专属标识。大学生需要摒弃传统观念中对"精英"的片面认知，放下身段，将自己视为普通劳动者中的一员。在求职时，不过分追求所谓"精英化"的工作岗位和环境，而是以更务实的态度，关注自身能力与岗位需求的匹配度，从基础工作做起，在平凡岗位上积累经验、提升能力，实现自身价值。例如，一些大学生毕业后投身新兴的电商行业基层岗位，从客服、运营助理等做起，通过努力逐步成长为行业骨干，在大众创业、万众创新的浪潮中找到自己的立足之地。

2. 将"都市情结"转化为"基层情结"

大学生要清晰地意识到，基层同样蕴含着广阔的发展空间和机遇。国家持续推进乡村振兴战略，大力发展基层经济，在基层，大学生的知识与能力能够得到充分施展。一方面，从教育投资回报视角来看，基层竞争相对较小，一旦扎根并取得成绩，个人晋升空间和发展前景广阔，同样能获得可观的回报。另一方面，深入基层能够更切实地接触民生百态，积累丰富的实践经验，为个人职业发展奠定坚实基础。比如，有许多大学生响应号召，投身农村支教等工作，在改善基层教育的同时，自身也得到了全方位的锻炼和成长，实现了个人理想与社会价值的统一。

3. 将"从众心理"转化为"个性心理"

在信息不对称的就业市场中，大学生需努力提升自身独立思考的能力。积极主动地多方搜集就业信息，深入了解不同行业、企业以及岗位的详细情况，而非单纯依赖他人意见或盲目跟风。在做职业选择时，充分结合自身兴趣、优势以及长远发展规划，明确自身职业定位。遇到问题时，不急于随大流做决策，而是冷静分析，敢于坚持自己的合理判断。比如，有的大学生对小众但有发展潜力的新兴行业感兴趣，经过深入调研后，不顾他人质疑，坚定投身其中，最终在该领域取得不俗成绩。同时，参考韦奇定律，在听取他人意见时保持客观，既不盲目排斥，也不盲目接受，综合考量后形成自己的主见。

4. 将"高就业预期"转化为"合理就业预期"

大学生全面、客观地评估就业现实状况，综合考虑自身专业技能水平、市场需求以及行业发展趋势等因素，合理调整就业预期。薪资、岗位和工作地区并非衡量工作好坏的唯一标准，更应关注职业的发展前景、个人成长空间以及工作带来的满足感等。面对就业过程中出现的问题，要保持理性，不过度沮丧或消极。把精力更多地放在提升自身就业能力上，如通过参加实习、培训、考取相关证书等方式，增强自己在职场上的竞争力。例如，一些大学生在求职初期因过高的就业预期屡屡碰壁，在调整预期后，顺利入职一家能提供良好学习成长机会的企业，通过后续努力实现了职业晋升，薪资和职业发展均达到了理想状态。

生涯行动　检视个人的就业心态

检视自己的内心，列出自己在求职过程中出现的消极心态和积极心态。针对消极心态，运用所学调适方法制定改善计划；对于积极心态，思考如何进一步强化保持，形成书面总结。

任务五　求职无忧，维护权益

案例导入

观看新闻报道中的学生求职真实反面案例。

思考：大学生享有哪些就业权益？大学生应如何维护自身就业权益？

知识链接

一、就业权益的内涵

就业权益是指劳动者在就业过程中所拥有的权力和所应该获得的利益。就业权益是一种合法权益，劳动者在国家法律允许的范围所实现的就业及其权益受到法律保护。

二、大学生享有的就业权益

1. 接受就业指导权

接受就业指导权，是指大学毕业生有权从学校、社会、国家获得及时、有效的就业指导与就业信息服务。接受就业指导对大学生来说有重大意义，就业指导工作会直接影响毕业生的就业方向、就业意识、就业技巧等。

《中华人民共和国高等教育法》第五十九条规定，高等学校应当为毕业生、结业生提供就业指导和服务。其中包括向毕业生宣传国家有关就业的政策方针，对毕业生进行择业技巧的指导，引导毕业生根据国家和社会需要，结合个人实际情况进行择业并合理择业等。由此可以看出，接受就业指导是大学毕业生的一项重要权益。

2. 就业信息知情权

就业信息知情权，是指大学毕业生拥有及时全面地获取各种应该公开的就业信息的权利。从广义上说，就业信息既包括与毕业生求职择业相关的国家有关方针、政策与法规，也包括国家宏观经济发展状况和各个地区与行业的发展情况，还包括用人单位的规模、性质、产品、市场、企业文化、工作环境、学习培训、福利待遇等单位的总体情况，以及专业需求、上岗条件、未来发展前景等工作岗位的具体信息，是毕业生择业与就业的基础。

大学生的就业信息知情权包括三方面含义：一是信息公开，即就业信息对任何毕业生来说都应该是公开透明的，任何团体、组织和个人都不得隐瞒、截留用人信息或者公布虚假用人信息；二是信息及时，也就是毕业生获取的信息必须是及时、有效，而不能将过时无利用价值的信息传递给毕业生；三是信息全面，毕业生有权获得准确、完整、全面的就业信息，以便对单位、职位情况有更加深入全面的了解，进而根据自己的实际情况，做出恰当的职业选择。

3. 接受就业推荐权

接受就业推荐权是指高校毕业生拥有被学校如实、公正、及时推荐到用人单位就业的权利。毕业生享有被推荐权包含三方面的内容：一是如实推荐。即高校在对毕业生进行推荐时，应实事求是，根据毕业生本人的实际情况向用人单位进行介绍、推荐，不能故意贬低或随意捧高该毕业生在校表现的评价。二是公正推荐。学校对毕业生进行推荐应做到公平、公正，应给每一位毕业生以就业推荐的机会，不能厚此薄彼。三是择优推荐。学校根据毕业生的在校表现，在公正、公开的基础上，还应择优推荐，用人单位在录用毕业生时也应坚持择优标准，真正做到优生优用、人尽其才。

4. 就业选择自主权

就业选择自主权，是指在国家就业方针、政策指导下，高校毕业生有按照自己的意愿选择职业的权利，包括自由选择是否从事职业劳动，从事何种职业劳动，何时从事职业劳动，在哪一类或哪一个用人单位从事职业劳动等权利。毕业生的就业选择自主权，否定了行政安置和强制劳动，充分体现了毕业生在人才市场自主择业的权利。

5. 平等就业权

平等就业权，是指根据国家相关法律法规及政策，高校毕业生在择业过程中享有的平等的权利，不因民族、种族、性别、信仰、身体条件、社会出身等原因，受到就业歧视或被排斥、取消、损害其就业机会。这种平等不仅体现在符合招聘条件的毕业生都可以平等地接受学校推荐，参加单位公开招聘，进行公正、平等竞争，并且要求用人单位在录用毕业生和确定福利待遇时要做到公平、公正、一视同仁。

6. 隐私保护权

隐私保护权，是指毕业生在求职择业过程中，不可避免地要将自己的部分信息提供给用人单位，但是这些信息仅限于与应聘岗位招聘条件密切相关的范围之内。如果不经毕业生同意，任何单位或个人都不得将毕业生的个人信息随意发布和使用，用人单位更无权以招聘考核为名过问毕业生的各种隐私。

7. 违约求偿权

违约求偿权，是指高校毕业生在与用人单位签订就业协议后，如果用人单位无故违约或解约，毕业生有权要求用人单位进行相应的赔偿。毕业生就业协议一经签订，毕业生、用人单位、学校三方都应严格履行，任何一方不得擅自毁约。如果用人单位无故要求解约，毕业生有权依照《中华人民共和国劳动合同法》要求对方严格履行就业协议，签订劳动合同，否则用人单位应对毕业生承担违约责任，支付违约金。

> **体验活动** 就业协议知多少

阅读就业协议样本，标注出不理解或认为重要的条款，并提出疑问。

项目九　搭建职业生涯发展平台

备注：

编号： NO.

云南省普通大中专学校毕业生就业协议书

毕 业 生 _____

用人单位 _____

学校名称 _____

云南省教育厅　　制表

协议条款

根据国家就业工作的方针、政策，为明确毕业生（以下简称甲方）、用人单位（以下简称乙方）、培养学校（以下简称丙方）三方在毕业生就业工作中的权利和义务关系，经平等协商，共同达成以下协议条款：

一、甲方有权利按国家有关就业方针、政策的规定就业；有向乙方了解使用意图，表面自己的就业意见的权利。同时，有向乙方如实介绍自己情况及与乙方签定协议后有按规定的时间到乙方报到的义务。甲方若遇到特殊情况不能按时报到，须征得乙方的同意。

二、乙方有根据自己的需求情况，当面与甲方交谈，挑选的权利，有向甲方如实介绍本单位的情况，明确自己的要求及使用意图的义务。乙方对甲方成绩有特殊要求，应在备注中加以明确；要求甲方进行就业前体检的，也应在备注栏中明确约定体检的时间、地点和相关要求。如约定不明确，甲方到乙方报到后，乙方不得以甲方成绩、身体等原因为借口辞退甲方。

三、丙方有审查甲方和乙方"双向选择"意思表示是否真实的权利，有为甲方出具毕业推荐书和向乙方提供甲方真实情况，做好推荐工作的义务。甲、乙双方签定就业协议后，由丙方按国家就业的方针、政策为甲方办理就业的有关手续。

四、甲、乙、丙三方如有其他约定，应在备注中加以说明，备注栏中约定的事项，属本协议的补充部分，与本协议条款具有同等效力。

五、本协议一经协议各方签字或盖章后即产生法律效力。协议三方应严格履行本协议，若有一方提出变更协议，须征得其他方的同意，并按事先约定承当违约之责任。

六、本协议一式四份，甲、乙、丙三方各执一份，另外一份由甲方或乙方或丙方交有关毕业生就业主管部门备案（复印件无效）。

	姓名		性别		年龄		民族	
甲方情况及意见	政治面貌		培养方式			健康情况		
	专业				学制		学历	
	家庭地址							
	应聘意见：							
	毕业生签名：　　　　　年　月　日							
乙方情况及意见	单位名称				单位隶属			
	联系人		联系电话			邮政编码		
	通讯地址			所有制性质		全民、集体、合资、其它		
	单位性质		机关、科研设计单位、高等学校、其他教学单位、医疗卫生单位、其他事业单位、金融单位、国有企业、三资企业、其他企业、部队					
	档案转寄详细地址							
	乙方使用意见： 签章 年　月　日				乙方上级主管部门意见： （有用人自主权的单位此栏可略） 签章 年　月　日			
丙方意见	学校联系人			联系电话			邮政编码	
	学校通讯地址							
	丙方（院、系、所）意见： 签章（盖章） 年　月　日				丙方毕业生就业部门意见： 签章（盖章） 年　月　日			

知识链接

一、就业协议的含义

就业协议全称是全国普通高等学校毕业生就业协议书，又叫三方协议。它是明确大学毕业生、用人单位、学校三方在毕业生就业工作中的责任、权利和义务的书面表现形式，能够解决大学毕业生户籍、档案、保险、纳税等一系列相关人事劳动问题，是对大学毕业生、用人单位、学校都具有约束力的文书契约。就业协议书一式三份，毕业生、用人单位和学校各保存一份，由教育部高校学生司统一制表、省（自治区、直辖市）毕业生就业工作主管部门统一印制。

二、就业协议的签订

（一）就业协议书的签订原则

1. 主体合法原则

签订就业协议书的当事人必须具备合法的主体资格。例如，毕业生在派遣时未取得毕业资格，用人单位可以不予接收而无须承担法律责任。用人单位具有从事各项经营或管理活动的能力。用人单位应有录用毕业生计划和录用自主权，否则毕业生可解除协议且无须承担违约责任。

2. 平等协商原则

双方法律地位平等，不得将一方的意志强加到另一方；学校不得采用行政手段要求毕业生到指定单位就业。

（二）就业协议书的签订流程

就业协议书的签订是在毕业生与用人单位供需见面、双向选择之后达成一致意见的结果。签订就业协议书的流程如下。

（1）毕业生填写本人基本情况，在协议书上以文字形式，明确表达自己同意到选定单位工作的意愿，同时签署本人姓名。

（2）用人单位人事部门的负责人代表单位签署同意接收该毕业生的文字意见，并签字盖章。若该单位没有人事决定权，则还须报送其上级主管部门签字盖章，予以批准认可。

（3）毕业生所在院（系、所）和学校就业管理部门签署意见并签字盖章。

（4）学校毕业生就业指导中心将就业协议书单位联、毕业生自存联返还单位和毕业生。

（5）学校指导毕业生及时完成毕业去向登记，学校核实相关信息后，编制就业计划，上报省级教育部门备案。

三、就业协议违约

（一）违约情形

就业协议书的违约分为毕业生违约和用人单位违约。

1. 毕业生违约

就业协议违约有毕业前违约和毕业后违约两种情况。办理毕业前违约需要提供以下书面材料：①单位同意解约的公函（简称"解约函"）；②原就业协议书一式三份；③本人的解约申请（写清楚申请事由，是否愿意承担违约责任等）；④新的用人单位同意接收的公函。学校同意解约后，由学校就业管理部门办理相关违约手续和报批手续，给学生换发新的就业协议书，重新办理就业手续。

毕业后违约手续的办理一般称为"改派"。违约改派的时限为一年，即从当年签约，春季毕业生到第二年 3 月 15 日，秋季毕业生到第二年的 7 月 15 日止，其间皆可以办理改派手续。违约改派需准备以下材料：原单位出具的同意解除就业协议的书面证明；新单位同意接收的录用函；原就业协议书；完整填写的就业协议书申领表。毕业生需领持以上材料至学校就业指导中心办理改派手续。

2. 用人单位违约

如果用人单位无故要求解约，大学毕业生有权要求对方严格履行就业协议。为保障大学毕业生的合法权益，学校应向违约单位及其上级主管部门和省级毕业生就业管理部门反映情况，进行交涉，由大学毕业生和用人单位协商解决。在协商未果的情况下，大学毕业生可通过法律途径保护自己的合法权益。

（二）违约责任

就业协议书对毕业生和用人单位均具有法律效力，任何一方违约都需担责。毕业生或用人单位若不履行合同义务，或履行不符合约定，即为违约行为。

依据《中华人民共和国民法典》第一百八十六条规定，因当事人一方违约，损害对方人身权益、财产权益的，受损害方有权选择请求其承担违约责任或侵权责任。就业协议书作为民事协议，违约金属可约定范畴。若协议中有违约金约定，一旦违约，违约方需按约定支付违约款。

对于被违约方，虽违约金难以完全弥补遗憾，但应尽快振作，及时止损。若违约方认为违约金明显高于实际损失，可先与守约方协商；协商无果，可依据《中华人民共和国民法典》第五百八十五条，请求人民法院调整。当事人可约定违约时支付一定数额违约金，或约定损失赔偿额计算方法。若约定违约金低于损失，法院或仲裁机构可依当事人请求增加；若明显高于实际损失，可依请求适当减少。若当事人就迟延履行约定违约金，违约方支付违约金后，仍需履行债务。

体验活动 劳动合同模拟签订

请用老师提供的简化劳动合同模板，分别模拟劳动者和用人单位双方，进行劳动合同签订过程，注意检查合同条款。

知识链接

一、劳动合同的含义

劳动合同是劳动者与用人单位之间确立劳动关系，明确双方权利和义务的协议。《中华人民共和国劳动法》第十九条规定，劳动合同应当以书面形式订立，并具备以下条款：（一）劳动合同期限；（二）工作内容；（三）劳动保护和劳动条件；（四）劳动报酬；（五）劳动纪律；（六）劳动合同终止的条件；（七）违反劳动合同的责任。劳动合同除前款规定的必备条款外，当事人可以协商约定其他内容。

二、劳动合同的签订

（一）劳动合同的签订时间

用人单位与劳动者应当在建立劳动关系的一个月内签订劳动合同。如果超过一个月不满一年未签订书面劳动合同，用人单位须向劳动者支付双倍工资。如果超过一年未签订书面劳动合同，自用工之日起满一个月的次日至满一年的前一日向劳动者每月支付两倍的工资，并视为自用工之日起满一年的当日已经与劳动者订立无固定期限劳动合同。

（二）劳动合同的必备条款

毕业生在签订劳动合同之前，应与用人单位认真协商，不可以草率签订，特别要注意劳动合同是否具备《中华人民共和国劳动合同法》（简称《劳动合同法》）规定的必备条款，以及有关用人单位义务和劳动者权利的条款是否缺失。

《劳动合同法》第十七条规定，劳动合同应当具备以下条款：（一）用人单位的名称、住所和法定代表人或者主要负责人；（二）劳动者的姓名、住址和居民身份证或者其他有效身份证件号码；（三）劳动合同期限；（四）工作内容和工作地点；（五）工作时间和休息休假；（六）劳动报酬；（七）社会保险；（八）劳动保护、劳动条件和职业危害防护；（九）法律、法规规定应当纳入劳动合同的其他事项。

劳动合同除前款规定的必备条款外，用人单位与劳动者可以约定试用期、培训、保守秘密、补充保险和福利待遇等其他事项。

三、劳动合同争议处理

劳动争议是指劳动关系双方当事人因劳动问题而引起的争议。为了公正及时解决劳动争议保护当事人合法权益，促进劳动关系和谐稳定，第十届全国人民代表大会常务委员会第三十一次会议于 2007 年 12 月 29 日通过了《中华人民共和国劳动争议调解仲裁法》。《中华人民共和国劳动争议调解仲裁法》规定发生劳动争议时处理的方法主要有以下几种。

（1）劳动者可以与用人单位协商，也可以请工会或者第三方共同与用人单位协商，达成和解协议。

（2）当事人不愿协商、协商不成或者达成和解协议后不履行的，可以向调解组织申请调解；不愿调解、调解不成或者达成调解协议后不履行的，可以向劳动争议仲裁委员会申请仲裁；对仲裁裁决不服的，除本法另有规定的外，可以向人民法院提起诉讼。

（3）当事人对自己提出的主张，有责任提供证据。与争议事项有关的证据属于用人单位掌握管理的，用人单位应当提供；用人单位不提供的，应当承担不利后果。

（4）发生劳动争议的劳动者一方在十人以上，并有共同请求的，可以推举代表参加调解、仲裁或者诉讼活动。

县级以上人民政府劳动行政部门会同工会和企业方面代表建立协调劳动关系三方机制，共同研究解决劳动争议的重大问题。

用人单位违反国家规定，拖欠或者未足额支付劳动报酬，或者拖欠工伤医疗费、经济补偿或者赔偿金的，劳动者可以向劳动行政部门投诉，劳动行政部门应当依法处理。

因此，大学生在发生劳动争议时，可通过以下方式解决。

（1）协商。大学生可与用人单位直接进行沟通协商，就争议问题摆明事实、阐述诉求，寻求双方都能接受的解决方案。协商具有灵活性和高效性，若能达成一致，可快速解决争议。

（2）申请调解。可向劳动争议调解委员会等调解组织申请调解。调解组织会居中协调，促成双方达成调解协议。调解协议达成后，双方应按约定履行。

（3）申请仲裁。若协商、调解不成，大学生可向劳动争议仲裁委员会申请仲裁。需准备好相关证据，如劳动合同、工资条、工作记录等，以支持自己的主张。仲裁裁决具有法律效力。

（4）提起诉讼。若对仲裁裁决不服，大学生可在规定期限内向人民法院提起诉讼。在诉讼过程中，应遵守法定程序，积极举证、辩论，维护自身合法权益。大学生在解决劳动争议时，要注意保留证据，依法依规维护自身权益。

体验活动　求职陷阱大曝光

学生分组，每组收集一个常见求职陷阱案例，展示案例及防范方法。

知识链接

一、常见的求职陷阱

（一）收费陷阱

用人单位或中介机构借招聘之机，巧立名目向高校毕业生收取报名费、服装费、体检费、培训费、押金、岗位稳定金、资料审核费等费用。部分中介与不法用人单位勾结，中介先以推荐工作为由收费，毕业生入职时，用人单位编造借口拒绝其上岗或中途辞退。还有机构以提供高薪行业实习岗位为诱饵，要求毕业生缴纳服务费用。

（二）试用陷阱

用人单位存在超过法定上限约定长时间试用期，或重复约定试用期的情况。部分用人单位以试用期为由，支付工资低于当地最低工资标准，或不为毕业生缴纳社会保险。更有甚者，有些用人单位大量招聘应届高校毕业生，试用期给予低薪，试用期满便以各种理由解聘，实质是"假试用，真使用"，以此降低用人成本。

（三）传销陷阱

传销指组织者或经营者通过发展人员，要求其缴纳费用或购买商品等方式，获取加入或发展他人资格，进而牟取非法利益。传销通常借亲友极力推荐传播，以轻松赚大钱、无须面试直接上岗为噱头吸引求职者。其面试或工作地点多偏僻且变换频繁，公司业务含糊不清，无法清晰说明。

（四）合同陷阱

求职过程中，有的用人单位以各种借口拒绝与劳动者签订书面劳动合同；部分签订合同后，未给劳动者留存合同文本；还有合同中缺少工作岗位、劳动报酬、劳动条件等关键信息。当劳动者到岗工作，一旦出现争议，用人单位便可能以无书面劳动合同或违反合同条款为由，拖欠或拒发薪酬。

（五）智力陷阱

部分单位假意按正规流程对毕业生进行面试、笔试，将单位实际问题伪装成考查内容，要求毕业生作答或设计。待毕业生凭借专业优势完成项目后，单位便找理由推辞，不录用任何求职者，却将其劳动成果据为己有，使毕业生陷入智力陷阱。

（六）职位陷阱

职位陷阱形式多样，如招聘广告中职位薪资水平具有误导性，实际工资远低于所标数字；职位描述模糊不清，求职者难以明确实际工作内容与要求；承诺高额薪资，但背后是超长工作时间与巨大工作压力；招聘要求的技能和经验远超实际工作所需，误导求职者应聘。

（七）内推陷阱

个别中介机构或个人声称能帮助求职者内推进知名企业并优先录取，借此收取高额费用。然而，此类"内推"往往无法兑现承诺，本质是骗取钱财。

（八）"培训贷"陷阱

个别中介机构或用人单位以高薪就业为诱饵，承诺培训后包就业，但要求毕业生支付培训费用。培训结束后，却难以履行就业承诺，导致毕业生背负高额借贷，或花费高价培训后仍未就业。

（九）境外高薪诱骗陷阱

一些不法分子将电信诈骗、网络赌博等违法犯罪活动包装成境外"高薪"工作，吸引求职者。求职者一旦上钩，可能被拐骗至境外，被迫从事违法犯罪活动。

二、求职陷阱防范方法

（一）收费陷阱防范方法

毕业生应牢记，正规应聘工作无须任何费用。面对以先交费为前提的招聘、面试、实习等，务必谨慎对待，核实其收费是否有法律依据。若需交费，务必要求出具正规发票并加盖单位公章，以便日后维权。

（二）试用陷阱防范方法

毕业生需明确，试用期最长不超过 6 个月，且同一用人单位与同一劳动者仅能约定一次试用期。试用期内，用人单位应为劳动者缴纳社保，工资不得低于单位相同岗位最低档工资的 80%，或不低于劳动合同约定工资的 80%，同时不得低于当地最低工资标准。

（三）传销陷阱防范方法

高校毕业生要清楚传销属违法行为。求职时，了解传销基本特征，对发展下线的宣传保持高度警惕，避免陷入传销圈套。若不慎误入传销，在确保人身安全的前提下，第一时间脱身并报警。

（四）合同陷阱防范方法

《劳动合同法》规定，建立劳动关系应订立书面劳动合同。已建立劳动关系但未同时订立的，应自用工之日起一个月内订立。劳动合同由双方协商一致，并经签字或盖章生效，且用人单位和劳动者各执一份。毕业生入职前，务必仔细阅读并签订劳动合同，重点核实涉及个人权益的条款，切实保护自身合法权益。对于非全日制工作，虽可订立口头协议，但应留存相关约定资料。若未签订合同或协议，遇到纠纷可寻求人力资源社会保障等部门帮助。

（五）智力陷阱防范方法

在面试、笔试环节，若发现单位问题与考查目的不符，或问题过于复杂且明显指向单位实际业务，应提高警惕。可委婉询问问题用途，若单位拒绝说明或表现可疑，可拒

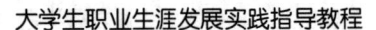

绝作答。对于要求现场完成复杂项目设计的情况，可要求签订保密协议，明确成果归属，防止劳动成果被窃取。

（六）职位陷阱防范方法

识别职位陷阱，大学生可采取以下方法：一是全面研究公司背景，通过网络检索、社交媒体、专业网站等渠道，了解公司规模、声誉、职场文化；二是仔细研读职位描述，确认职责与要求是否清晰明确，留意模糊词汇；三是向现任或前任员工咨询，借助人脉或职业社交网络获取一手信息；四是查看公司评价和反馈，在求职网站、社交平台了解其他员工评价，判断公司真实情况。

（七）内推陷阱防范方法

收费"内推"、保 offer 等多为虚假宣传，求职者不可抱有"走捷径""靠关系"心态轻信此类话术，应通过正规人力资源服务机构或用人单位正规渠道求职。

（八）"培训贷"陷阱防范方法

毕业生要增强辨别意识，慎重签署贷款协议或含贷款内容的培训协议，妥善保留相关材料。一旦发现被骗，立即向有关部门报案。

（九）境外高薪诱骗陷阱防范方法

面对境外高薪诱惑，务必核查经营公司是否具备对外劳务合作经营资格，了解行业平均薪资水平。若薪资过高，需警惕是否存在陷阱。

生涯行动　研读就业协议和劳动合同条款

仔细研读就业协议和劳动合同条款，明确自身权益。入职过程中，留存相关凭证，如遇权益问题，运用所学方法维护自身权益。

学习总结

在完成本部分的学习后，小静通过深入探索，精准确定了自己的求职意向，不再盲目投递简历。她运用所学技巧，对简历进行了多次优化，使其更具针对性和吸引力，在简历投递中获得了更多回应。通过模拟面试，小静熟悉了面试流程和技巧，提升了面试应对能力。面对求职中的心态起伏，小静掌握了情绪调节的方法，能够主动保持积极就业心态。同时，她清楚了解了自己在就业过程中享有的权益、可能会遭遇的求职陷阱以及就业权益保护、求职陷阱防范的方法，为顺利入职做好了充分准备。小静已经搭建好了自己的职业生涯发展平台，她即将带着满满的知识和技能，自信地迈向职场。

推荐阅读/观看

1. 电影《毕业第一年》。这是一部聚焦大学生毕业就业题材的电影。以"毕业第一年"为时间节点,讲述了毕业生从学生转变为职业人的过程中,独自选择人生道路,消化生活酸甜苦辣的故事。影片主人公陈博文在毕业第一年换了 5 份工作,通过他的经历以及他与同学们的故事,探讨了当下年轻人面临的就业现状以及如何正确选择人生道路,对未投身职场的大学生有很好的启示作用。

2. 综艺《初入职场的我们》。这是一档帮助职场新人适应职场,获悉正确的职场法则,勇敢步入职场的职场类综艺。

参考文献

陈伟民. 2011. 职业生涯规划与管理. 北京：现代教育出版社.
付玉华，张静，郭丽虹. 2011. 大学生职业发展与就业指导. 北京：现代教育出版社.
龚永坚，戴艳，吴乐央. 2016. 大学生职业生涯规划. 北京：高等教育出版社.
顾雪英. 2013. 大学生职业生涯发展与管理. 南京：东南大学出版社.
韩宝平，郭贵川. 2012. 大学生职业生涯发展与规划. 北京：现代教育出版社.
韩国昌. 2011. 高等职业院校学生职业规划与素质拓展. 北京：现代教育出版社.
何平. 2011. 大学生职业生涯规划与就业创业指导. 北京：现代教育出版社.
黄希红，徐健宁. 2023. 大学生职业生涯规划与发展. 天津：天津人民出版社.
黄晞建，夏伯平. 2010. 大学生职业生涯规划训练教程. 北京：现代教育出版社.
刘琳琳，谢伟. 2019. 大学生就业与职场指导教程. 北京：北京工业大学出版社.
刘琳琳，谢伟. 2024. 大学生就业与职场指导教程. 哈尔滨：黑龙江教育出版社.
柳君芳，姚裕群. 2018. 职业生涯规划. 3版. 北京：中国人民大学出版社.
浦解明，宋丽贞. 2012. 大学新生生涯导航：教师用书. 北京：现代教育出版社.
石勇，薛文湃. 2011. 新编职业规划与就业创业指导. 北京：现代教育出版社.
史梅，白冰，孙晓杰. 2020. 赢在规划：大学生职业生涯规划与职业素质拓展. 北京：科学出版社.
汤锐华. 2014. 大学生职业规划与发展——职业规划与职业素养. 2版. 北京：高等教育出版社.
王孝晨. 2011. 大学生职业生涯规划的反馈机制研究. 淮海工学院学报（社会科学版·教育论坛），9（22）：33-35.
王兴宇. 大学生就业观：误区，成因与对策. 教育与考试，2020（3）：6.
徐俊祥，兰华. 2017. 幸福密码 大学生学业与职涯发展导航. 北京：现代教育出版社.
徐俊祥，张宁，王全利. 2022. 成功就业——大学生就业技能实训教程. 天津：天津人民出版社.
伊芃芃，刘萍，白冰，等. 2012. 大学生职业生涯规划. 北京：现代教育出版社.
张波. 2011. 新编大学生职业发展与就业指导. 北京：现代教育出版社.
张福建. 2010. 大学生职业生涯发展与规划. 北京：现代教育出版社.
张晖怀. 2012. 大学生涯与职业发展规划. 北京：现代教育出版社.
张延东. 2012. 大学生职业生涯规划与设计. 北京：现代教育出版社.
钟思嘉，金树人. 2017. 大学生职业生涯规划：自主与自助手册. 北京：高等教育出版社.
周璋斌，黄路明. 2011. 大学生职业发展与就业指导. 北京：现代教育出版社.
朱坚强，周静. 2013. 大学生职业生涯规划. 北京：现代教育出版社.

附　　录

附录一　云南国土资源职业学院职业生涯规划书案例

附录二　职业世界说明书

一、《职业世界说明书》撰写指南

（一）该职业对工作者的要求

1. 基本条件

包括需要具备的教育背景（专业、学历）、年龄、职业技能证书、工作经验等。

2. 技能要求

（1）专业知识技能：职业需要掌握的专业知识、工具的使用等的水平程度。

（2）可迁移技能：职业需要具备的通用能力，如沟通、表达、写作、情绪管理、团队协作等能力。

（3）自我管理技能：职业需要重点具备的品质，如细心、亲和力、热情等品质。

3. 岗位职责

包括岗位名称、岗位级别、直接上司、管理对象、职责提要、具体职责、任职条件、岗位权利等。

（二）职业所在行业调研

所在行业的发展现状、未来趋势、国家相关政策、龙头企业、目标地区的行业发展水平等。

（三）该职业的工作环境

（1）该职业从事的主要工作内容。
（2）该职业的组织环境。
（3）该职业的空间环境。

（四）该职业工作者的待遇及发展空间

（1）该职业工作者的薪酬（等级）。
（2）该职业工作者的职业发展路径。

（五）格式要求

选手提交 PDF 格式的《职业世界说明书》，页面设置为左、右、上边距 2.8 厘米，下边距 2.5 厘米；标题为小 2 号黑体加粗；正文为 4 号宋体。

二、《职业世界说明书》优秀学生案例

附录三　首届全国职业生涯规划大赛评分标准

云南省首届职业生涯规划大赛评分细则如附表 3-1，3-2 所示。

附表 3-1　云南省大学生职业生涯规划大赛成长赛道评分细则

指标	说明	分值
职业目标	1. 职业目标体现积极正向的价值追求，能够将个人理想与国家需要、经济社会发展相结合。 2. 职业目标匹配个人价值观、能力优势、兴趣特点。 3.准确认识目标职业在专业知识、通用素质、就业能力等方面的要求，科学分析个人现实情况与目标要求的差距，制定合理可行的计划	20

续表

评分要素	评分标准	分值
行动成果	1. 成长行动符合目标职业在通用素质、就业能力、职业道德等方面的要求。 2. 成长行动对弥补个人不足的针对性较强。 3. 能够将专业知识应用于成长实践，提高通用素质和就业能力。 4. 成长行动内容丰富，取得阶段性成果	40
目标契合	1. 行动成果与职业目标的契合程度。 2. 总结成长行动中存在的不足和原因，对成长计划进行自我评估和动态调整	30
实习意向	现场获得用人单位发放实习意向情况	10

附表 3-2　云南省大学生职业生涯规划大赛就业赛道评分细则

一级指标	二级指标	说明	产品研发	生产服务	市场营销	通用职能	公共服务
通用素质	职业精神	具有家国情怀，有爱岗敬业、忠诚守信、奋斗奉献精神等	9	9	12	12	12
	心理素质	具备目标岗位所需的意志力、抗压能力等	7	7	8	7	7
	思维能力	具备目标岗位所需的逻辑推理、系统分析和信息处理能力等	7 / 35	7 / 35	6 / 35	8 / 45	8 / 45
	沟通能力	具备目标岗位所需的语言表达、交流协调能力等	5	5	11	9	9
	执行和领导能力	能够针对工作任务制定计划并实施，具备目标岗位所需的团队领导、协作、激励和执行能力等	7	7	8	9	9
岗位能力	岗位认知程度	全面了解目标行业现状、发展趋势和就业需求，准确把握目标岗位的任职要求、工作流程、工作内容等	20	20	15	15	15
	岗位胜任能力	具备目标岗位所需的专业能力、实习实践经历、解决实际工作问题的能力等	25	25	20	20	20
发展潜力	—	职业目标契合行业发展前景和人才需求	10	10	10	10	10
录用意向	—	现场获得用人单位提供录用意向情况	10	10	10	10	10